Gestaltwandler

von Vogel-Männern und Wolfs-Kriegern, Drachen-Ahnen und Schwanen-Frauen

Band 65 der Reihe „Die Götter der Germanen"

Bücher von Harry Eilenstein:

- Astrologie (496 S.)
- Photo-Astrologie (428 S.)
- Horoskop und Seele (120 S.)
- Tarot (104 S.)
- Handbuch für Zauberlehrlinge (408 S.)
- Physik und Magie (184 S.)
- Der Lebenskraftkörper (230 S.)
- Die Chakren (100 S.)
- Das Chakren-System mit den Nebenchakren (296 S.)
- Meditation (140 S.)
- Reinkarnation (156 S.)
- Drachenfeuer (124 S.)
- Krafttiere – Tiergöttinnen – Tiertänze (112 S.)
- Schwitzhütten (524 S.)
- Totempfähle (440 S.)
- Muttergöttin und Schamanen (168 S.)
- Göbekli Tepe (472 S.)
- Hathor und Re 1: Götter und Mythen im Alten Ägypten (432 S.)
- Hathor und Re 2: Die altägyptische Religion – Ursprünge, Kult und Magie (396 S.)
- Isis (508 S.)
- Die Entwicklung der indogermanischen Religionen (700 S.)
- Wurzeln und Zweige der indogermanischen Religion (224 S.)
- Der Kessel von Gundestrup (220 S.)
- Der Chiemsee-Kessel (76 S.)
- Cernunnos (690 S.)
- Christus (60 S.)
- Odin (300 S.)
- Die Götter der Germanen (Band 1 – 80)
- Dakini (80 S.)
- Kursus der praktischen Kabbala (150 S.)
- Eltern der Erde (450 S.)
- Blüten des Lebensbaumes 1: Die Struktur des kabbalistischen Lebensbaumes (370 S.)
- Blüten des Lebensbaumes 2: Der kabbalistische Lebensbaum als Forschungshilfsmittel (580 S.)
- Blüten des Lebensbaumes 3: Der kabbalistische Lebensbaum als spirituelle Landkarte (520 S.)
- Über die Freude (100 S.)
- Das Geheimnis des inneren Friedens (252 S.)
- Von innerer Fülle zu äußerem Gedeihen (52 S.)
- Das Beziehungsmandala (52 S.)
- Die Symbolik der Krankheiten (76 S.)

- König Athelstan (104 S.)
- Herz des Tanzes – Tanz des Herzens (160 S.)

Kontakt: www.HarryEilenstein.de / Harry.Eilenstein@web.de

Herstellung und Verlag: Books on Demand GmbH, Norderstedt   **ISBN:** 9783746090764

Die Themen der einzelnen Bände der Reihe „Die Götter der Germanen"

Inhaltsverzeichnis

A Gestaltwandel

B Die Verwandlung in einen Vogel

E   Die Verwandlung in ein Wassertier

11

J   Die Verwandlung in eine Pflanze

K   Die Vervielfältigung von Körperteilen

A Der Gestaltwandel

Der Wandel der Gestalt eines Menschen ist ein weitverbreitetes mythologisch-magisches Thema. Der Gestaltwandel ist ein Bild für die Verwandlung des Zustandes eines Menschen – für den Tod, für das Erlangen der Kampfekstase, für die Jenseitsreise und anderes mehr.

Am weitaus häufigsten ist die Verwandlung in ein Tier, dessen mythologisch-magische Qualität ein Mensch dadurch annimmt. Die Tiergestalt eines Menschen ist in gewisser Hinsicht ein „bildliches Adjektiv": die Herdentiere symbolisieren die Fruchtbarkeit, die Großraubtiere die Stärke, die Vögel die Fähigkeit der Astralreise usw.

Das Motiv der Tierverwandlung eines Menschen ist bei so gut wie allen Völkern Welt zu finden – wie z.B. bei den ägyptischen Göttern oder bei den indianischen Totemtieren. Ein weiteres weites Feld sind die Krafttiere – die „Tier-Begleiter" der Menschen. Daher wird in diesem Buch immer nur eine kleine Auswahl von Beispielen bei anderen Völkern als Ergänzung zu den einzelnen Gestaltwandlungen bei den Germanen angeführt.

Als Ergänzung zu den in diesem Band beschriebenen Verwandlungen kann auch die allgemeine Tiersmybolik bei den Germanen in den Bänden 40 bis 44 dieser Reihe hinzugezogen werden. Die Bedeutung der Krafttiere habe ich in meinem Buch „Krafttiere – Tiergöttinnen – Tiertänze" dargestellt.

B Die Verwandlung in einen Vogel

Der Vogel ist fast ausschließlich ein Symbol der Seele, die bei der Astralreise (Nahtod-Erlebnis) als über dem eigenen Körper schwebend erlebt wird.

I Die Verwandlung in einen Schwan

I 1. Germanen

Der Schwan ist ein Seelenvogel. Da die Jenseitsgöttin die Toten im Jenseits als Seelenvögel wiedergebiert, kann sie auch selber die Gestalt eines Vogels annehmen. Dies ist in der Regel ein Schwan, der der beliebteste indogermanische Seelenvogel gewesen ist. Aufgrund der Wiedergeburtssymbolik ist die Jenseitsgöttin vervielfältigt worden – schließlich kann sie nicht mit allen Toten gleichzeitig schwanger sein …

Auf diese Weise ist das Motiv der Walküren, die sich in einen Schwan verwandeln können, entstanden.

Siehe zu diesem Thema auch das Kapitel „Schwan" in Band 40 und den Band 31 über die Walküren.

I 1. a) Das „Schwanenkleid" der Walküren

Das „Schwanenkleid", also die Haut und die Federn des Schwanens, in das sich die Walküren kleideten, wurde „alptar-hamr", also „Schwanen-Gestalt" genannt. „Alptr" ist mit dem germanischen „alf" und dem lateinischen „alba" verwandt und bedeutet „weiß". Von dem Wort „ham" leitet sich auch das Substantiv „hamingja" für „Schutzgeist, Seele" ab.

Die Gestalt eines Schwanes, die die Walküren annehmen konnten, nannte man „alptar-liki", d.h. „Schwanen-gleich", also „Schwanen-gleiche Gestalt".

Der Schwan ist ursprünglich der Seelenvogel gewesen. Aus ihm entstand zum einen der „hamingja"-Schutzgeist (Seele) und zum anderen die Schwanen-gestaltigen Walküren, die die vervielfältigte Wiedergeburts-Mutter im Jenseits sind, die die Gestalt

17

der Schwanen-Seelenvögel angenommen hat, die sie gebiert. Schließlich könnte auch noch der Name „Alf“, der ebenfalls „Weiße“ bedeutet, aus dem Motiv des Schwanen-Seelenvogels heraus gebildet worden sein – schließlich waren die Alfen die Seelen der Toten in dem Himmelsjenseits des Tyr.

I 1. b) Brünhildens Hel-Fahrt

Brünhild ist eine Walküre und besitzt als solche ein Schwanenhemd, das in der folgenden Strophe „Fluggewand“ genannt wird:

Der hochsinnige Fürst ließ die Fluggewande
Uns acht Schwestern unter die Eiche tragen;
Zwölf Winter war ich, wenn Du es wissen willst,
Als ich dem jungen Fürsten den Eid schwur.

I 1. c) Wieland-Lied

Auch die drei Walküren Swanwit („Schwanweiß“), Alwit („Allweiß“) und Aelrun („Bier-Rune“) besitzten ein Schwanen-Gewand, wie schon zwei ihrer Namen zeigen.

Nidud hieß ein König in Schweden. Er hatte zwei Söhne und eine Tochter; die hieß Bödwild. Drei Brüder waren Söhne des Finnenkönigs; der eine hieß Slagfid, der andere Egil, der dritte Wölund. Die schritten auf dem Eise und jagten das Wild. Sie kamen nach Ulfdalir (Wolfstal) *und bauten sich da Häuser. Da ist ein Wasser, das heißt Ulfsiar* (Wolfssee).
Früh am Morgen fanden sie am Strand drei Frauen, die spannen Flachs; bei ihnen lagen ihre Schwanenhemden; es waren Walküren. Zwei von ihnen waren Töchter König Hlödwers: Hiadgud Swanwit und Herwör Alwit; aber die dritte war Aelrun, die Tochter Kiars von Walland. Die Brüder führten sie mit sich heim.
Egil nahm die Aelrun, Slagfid die Swanwit und Wölund die Alwit. Sie wohnten sieben Winter beisammen: da flogen die Frauen davon, Kampf zu suchen, und kamen nicht wieder.
Da schritt Egil aus, die Aelrun zu suchen, und Slagfid suchte Swanwit; aber Wölund saß in Ulfdalir. Er war der kunstreichste Mann, von dem man in alten Sagen weiß.

Das Wolfstal und der Wolfssee sind Hinweise auf das „Land des Wolfes", d.h. das Jenseits.

Der Finnenkönig ist Tyr im Jenseits – Finnland ist oft eine Saga-Vaiante des Jenseits gewesen. Seine drei Söhne Wieland, Egil und Slagfid sind die Repräsentanten der drei Stände.

In der älteren Vers-Variante lautet diese Szene wie folgt:

Durch Myrkwid flogen Mädchen von Süden,
Alwit die junge, Urlog zu entscheiden.
Sie saßen am Strande der See und ruhten;
Schönes Linnen spannen die südlichen Frauen.

Ihrer eine hegte sich Egil,
Die liebliche Maid, am lichten Busen;
Die andre war Swanwit, die Schwanfedern trug
(Um Slagfid schlang sie die Hände);
Doch die dritte, deren Schwester,
Umwand Wölunds weißen Hals.

„Urlog" bedeutet „Bestimmung, Schicksal".

I 1. d) Die Saga über Hromund Greipsson

Die Walküre Kara ist in der Saga über Hromund Greipsson eine Mischung aus Schwan-Walküre und Geliebter. Die Wurzel dieser Mischung ist die Auffassung der Jenseitsgöttin als Schicksals-Bestimmerin (Norne, Walküre) und als Wiederzeugungs-Geliebte.

In der Szene, in der Kara auftritt, kämpfen zwei Haddinger-Könige zusammen mit Helgi gegen König Olaf.

Kara kommt hinzu und hilft den Haddingern und Helgi.

Hromund gehört zu Olafs Männern. Seine Walküren-Helferin ist Svanvit.

Sie zogen in die Schlacht und kämpften tapfer und alle Männer in dem Heer der Haddinger, die sich ihnen entgegenstellten, fielen in großen Haufen nieder.

Da kam eine Hexe in der Gestalt eines Schwanes über sie. Sie sang und formte solch machtvolle Zauber, daß keiner von Olafs Männern noch darauf achtete, sich selber zu verteidigen. Dann flog sie zu den Söhnen der Greip und sang laut. Ihr Name war Kara.

... ...

Zu diesem Zeitpunkt griff Hromund in die Schlacht ein.

Helgi der Kühne erblickte ihn und rief: „Da kommt der Mann, der meinen Bruder Hröngvith erschlug. Achtet auf das Schwert, daß er in dem Hügelgrab erbeutete."

Und er fuhr an Hromund gewandt fort: „Du hast Dich ferngehalten, als ich Deine Brüder erschlug."

„Du brauchst nicht meinen Mut anzuzweifeln, Helgi," erwiderte Hromund, „denn einer von uns beiden muß jetzt fallen."

Helgi sprach: „Mistelzweig ist eine so schwere Waffe, daß Du sie nicht schwingen kannst. Ich werde Dir eine andere leihen, mit der Du zurechtkommen kannst."

„Du brauchst mich nicht aus der Verzagtheit Deines Herzens heraus verspotten," rief Hromund, „Erinnere Dich an den Schlag, den ich Hröngvith gab, als ich seinen Schädel zu Staub zermalmte!"

Helgi sprach: „Du hast das Strumpfband eines Mädchens um Deine Hand gewunden, Hromund. Leg den Schild, den Du trägst, zur Seite. Es ist unmöglich, Dich zu verwunden, solange Du diesen magischen Schutz trägst: Ich bin mir sicher, daß Du von dem Schutz durch dieses Mädchens abhängig bist!"

Dieses „Mädchen" ist Helgis Walküren-Freundin.

Hromund konnte diese beißenden Worte nicht ertragen und warf seinen Schild und seinen Schutz fort.

Helgi der Kühne war immer siegreich gewesen und er hatte seine Siege durch Magie erlangt. Der Name seiner Geliebten war Kara – sie war bei ihm in der Gestalt eines Schwanes. Helgi schwang sein Schwert so hoch über sich, daß er die Beine seiner Schwanenfrau abschlug. Er rammte sein Schwert bis zum Griff in den Boden und sprach: „Mein Glück ist geflohen: Es war schlimm, daß ich Dich nicht getroffen habe."

Hromund entgegnete: „Du hattest großes Unglück, Helgi, daß Du der Mörder Deiner eigenen Geliebten geworden bist und nun kein Glück mehr haben wirst."

Kara stürzte tot herab. Und mit dem Hieb, den Helgi gegen Hromund geführt hatte und durch den das Schwert bis zu dem Griff in der Erde versunken war, hatte er Hromunds Bauch aufgeschlitzt. Helgi aber stürzte durch die Wucht seines eigenen Streiches vorwärts nieder. Hromund zögerte nicht und schlug Helgi mit Mistelzweig auf den Kopf, spaltete seinen Helm und seinen Schädel und brach dabei einen Splitter aus der Klinge von Mistelzweig. Dann nähte er seinen eigenen Bauch zusammen und kämpfte weiter und die Männer sanken in Haufen vor ihm nieder.

I 1. e)   Ein Seelenvogel-Kettenabhänger

Dieser Kettenanhänger ist in der Form eines Männerkopfes (Schnauzbart), auf dessen Kopf ein Vogel sitzt, gearbeitet worden. Die Flügel des Vogels liegen links und rechts an dem Kopf an, sein Kopf liegt auf der Stirn des Mannes und sein Schnabel reicht bis auf Nase des Mannes hinab.

Dieser Vogel könnte seinem Schnabel zufolge eine Ente oder ein Schwan sein. Es ist vermutlich der Seelenvogel dieses Mannes.

Dieser Kettenanhänger stammt aus dem Grab einer Frau in Östergötland in Schweden.

Die Deutung des Tieres auf dem Kopf des Mannes ist allerdings nicht ganz sicher, da Schlangen recht ähnlich dargestellt worden sind.

Kopf mit Vogel

I 1. f)   Jakob Grimm: Deutsche Mythologie

Ich habe nornen und μοῖραι zusammengestellt, gleich treffend lassen sich valkyrien und κῆρες (ohne alle wörtliche gemeinschaft, die hier wol nur scheinbar wäre) nebeneinander setzen: auch die κήρ erscheint auf der walstatt in blutigem gewande, verwundete pflegend, todte fortziehend; schon dem neugebornen wird eine κήρ zugetheilt; Achill hatte zwei κῆρες, zwischen welchen er wählen durfte, und zwei legt Zeus in die wagschale, über Achills oder Hectors tod zu entscheiden.

Hesiod läßt die dunkeln, weißzähnigen κῆρες um fallende krieger streiten, jede schlägt ihre klauen um den verwundeten, begierig sein blut zu trinken; gerade wie er den moeren klauen und blutgier beilegt, wodurch sich von neuem die identität der nornen und valkyrien bestätigt. die klauen der moeren und keren, die flügel der thrien deuten auf vogelgestalt. Die spätere ansicht hebt in den keren das unheilvolle hervor.

Nun ist aber eine neue seite der valkyrien zu erörtern. es heißt von ihnen, daß sie durch luft und wasser ziehen, „rîða lopt ok lög“. die gabe zu fliegen und zu schwimmen ist ihnen eigen, mit andern worten: sie können den leib eines schwans annehmen, und weilen gern am seeufer, der schwan aber galt für einen weissagenden vogel. In Völundarqviða wird gesagt: drei frauen saßen am strand, spannen flachs und hatten neben sich ihre âlptarhamir, ihre schwanhemde, um augenblicklich wieder als schwäne fortfliegen zu können. ›meyjar flugo‹ und „settuz at hvîlaz â sævarströnd"; eine unter ihnen hat sogar den beinamen svanhvît (schwanweiß) und trägt schwanfedern (svanfiaðrar drô).

Jene Kâra, worin nach der edda Svava wiedergeboren ward, tritt in Hrômundarsaga als zauberin mit schwanhemd (fiölkŷngiskona î álftarham) auf und schwebt singend über den helden.

Helgi hatte durch ihren beistand immer gesiegt, es geschah aber, daß er in einem kampf mit dem schwert zu hoch in die luft fuhr und seiner geliebten den fuß abhieb: da fiel sie zu boden, sein glück war zerronnen.

Fridlevus, bei Saxo grammaticus vernimmt nachts aus der luft ›sonum trium olorum superne clangentium‹, die ihm weissagen und einen gürtel mit runen herabfallen lassen.

Brynhildr gleicht dem schwan auf der welle; das gleichnis verräth uns noch, daß sie wirklich die gabe hatte sich in den vogel zu wandeln.

Manche erzählungen von schwanfrauen leben noch unter dem nord. volk. Ein jüngling sah drei schwäne sich am strand niederlassen, ihr weißes vogelhemd ins gras legen und sich in schöne jungfrauen wandeln, dann im wasser baden, das hemd wieder nehmen und in schwangestalt fortfliegen. er lauerte ihnen ein andermal auf und entwandte der jüngsten das hemd, da fiel sie vor ihm auf die knie und flehte darum; er aber führte sie mit sich heim und heiratete sie. als sieben jahre verstrichen waren, zeigte er ihr das bisher verborgen gehaltne hemd: kaum hatte sie es in der hand, so entflog sie als schwan durch das ofne fenster, und der trauernde gatte starb kurz hernach.

Afzelius umgekehrt verläßt der schwanheld seine gattin, sobald die untersagte frage geschieht. Ein bauer hatte einen acker, auf welchem ihm alles, was er ausstellte, jedes jahr in der Johannisnacht niedergetreten wurde. er ließ zwei jahre hintereinander seine beiden ältesten söhne auf dem acker wachen, sie hörten mitternachts ein brausen in der luft und fielen davon in tiefen schlaf. als das nächste jahr der dritte sohn wachte, sah er drei jungfrauen geflogen kommen, die ihre flügel von sich legten und nun den acker auf und ab tanzten. er sprang auf, holte die flügel und legte sie unter den stein, auf dem er saß. nachdem sich die jungfrauen müde getanzt hatten, kamen sie zu ihm und baten um ihre flügel. er erklärte, wenn eine bleiben und sich ihm vermählen wolle, sollten die beiden andern die flügel zurück erhalten. von hier an nimmt das märchen andere wendung, die in den mythus von den schwanfrauen weniger eingreift, doch ist bemerkenswerth, daß eine der jungfrauen dem geliebten mit einem goldbecher in der hand einen trunk wasser reicht, gerade wie sonst die elbinnen und wunschweiber erscheinen.

Diese lieblichen schwanjungfrauen kannte deutsche überlieferung sicher schon lange. in kühler flut badend legen sie am ufer den schwanring oder das schwanhemd ab: wer es raubt, hat sie in seiner gewalt. obgleich es nicht ausdrücklich gesagt wird, die drei weissagenden meerweiber, denen Hagne das gewand weggenommen hatte, sind eben solche; es heißt wieder gleichnisweise:

sie swebten sam die vogele vor ihm ûf der fluot.

Zwar nennt unser lied nur zwei frauen (wîsiu wîp), Hadburc und Sigelint (das dänische sogar nur eine), aber die eine hebt zu weissagen an, und der frauen gewand wird als „wunderlich" bezeichnet.

Dem mythus von Völundr begegnen wir in einer altdeutschen dichtung, welche statt der schwäne tauben setzt: drei tauben fliegen zu einer quelle, als sie die erde berühren, werden sie jungfrauen, Wielant entwendet ihnen die kleider und erstattet sie nicht eher, bis sich eine derselben bereit erklärt, ihn zum manne zu nehmen.

In andern gleichverbreiteten erzählungen werfen jünglinge hemd, ring oder kette über, die sie in schwäne verwandeln. kann die wiederannahme menschlicher gestalt nicht vollständig erfolgen, so behält der held einen schwanflügel bei: einen beweis des hohen alters dieser dichtung liefert ihr zusammenhang mit der heldensage von Scoup oder Sceáf; selbst in spätere genealogien hat sie sich fortgepflanzt.

Zumal wichtig, weil sie das genaue verhältnis dieser schwanfrauen zu den walküren deutlich erkennen läßt, ist eine darstellung: in einem wilden wald sah ein jagender edelmann eine nakte jungfrau im fluß baden, schlich hinzu und nahm ihr die goldne kette an der hand weg; da konnte sie nicht entfliehen. mit dieser kette war besondere kraft verbunden: „dor ümme werden sülche frowen wünschelwybere genant". er heiratete sie und sie gebar auf einmal sieben kinder, alle hatten goldringe um die hälse, d. h. gleich ihrer mutter das vermögen schwangestalt anzunehmen. die schwankinder sind also wunschkinder.

In Gudrun naht der weissagende engel als ein schwimmender wilder vogel, d. h. als schwan über die meersflut, im Lohengrin geleitet ein redender schwan den held im schif; der angelsächsichen poesie war es geläufig das meer selbst svanrâd (iter olorum) zu benennen, und alpiz, älfet berührt sich mit dem namen des geisterhaften alp, älf.

Man erzählt von einem schwan, der auf dem see eines hohlen berges schwimmend im schnabel einen ring halte: wenn er ihn fallen lasse, gehe die erde unter. auch auf dem Urðarbrunnr werden zwei schwäne unterhalten; eine andere sage von einem weissagenden schwan theilt Kuh aus der Mittelmark mit. auf einen verwandelten schwanjüngling zielt der bekannte westfälische kinderreim:

swane, swane, pek up de nesen,
wannehr bistu krieger wesen?

   ein andrer, aus Achen, lautet:

krune krane (kranich), wiße schwane,
we wel met noh Engeland fahre?

   auch in den angelsächischen genealogien scheint der name Sæfugel einen schwan-
helden anzuzeigen.

   An schwanjungfrauen darf die spinnende Berhta, und gansfüßige königin gemah-
nen. konnten jene weissagenden gallicenae beliebige thiergestalten annehmen; so
mag auch den Celten frühe schon verwandlung in schwäne bekannt gewesen sein,
und man darf in französischen feensagen, was sie verschweigen, ergänzen:

en la fontaine se baignoient
trois puceles preuz et senées,
qui de biaute sembloient fées:
lor robes a tout lor chemises
orent desoz un arbre mises
du bout de la fontaine en haut.

   Die hemde werden geraubt und die jungfrauen aufgehalten. im lai du Desire er-
blickt der ritter eine schwanjungfrau ohne schleier (sans guimple) im wald. der weiß-
gekleideten feen schleier gleicht den schwanhemden.

   Wir sehn die wünschelfrauen auf weihern und seen des tiefen waldes erscheinen, sie
sind zugleich waldfrauen, und auch an diese eigenschaft knüpfen sich weitere
betrachtungen, der alte heilige wald scheint ihr lieblingsaufenthalt; da in hainen, auf
bäumen götter thronten, werden die weisen frauen ihres gefolges und geleites
denselben raum gesucht haben. wohnten die goth. aliorunen nicht im wald unter
waldgeistern? lag der Veleda thurm nicht auf einem felsen, also des waldes?

   Völundarquiða hebt an mit den worten:

meyjar flugo sunnan Myrkvið igögnom,

   Sie flogen von süden durch den schwarzen wald zum seegestade, nachdem sie da
sieben jahre geweilt hatten, erwachte ihr heimweh:

meyjar fýstoz â myrkvan við,

Nicht länger widerstanden sie und kehrten zurück in den schwarzen wald. fast alle schwanjungfrauen werden im walde angetroffen. die sieben jahre stimmen zu denen der angeführten schwedischen sage.

Wie Sigrûn, Sigrdrîfa, Sigrlinn namen der valkyrien sind, noch in unserm epos eine der weisen weiber Sigelint heißt, glaube ich, daß althochdeutsch siguwîp, angelsächsisch sigevîf, altnordisch sigrvîf allgemeine bezeichnung aller weisen frauen war, und kann dafür einen mir von Kemble mitgetheilten angelsächsich zauberspruch beibringen:

sitte ge sigevîf, sîgađ tô eorđan!
næfre ge vilde (lateinisch ville) tô vuda fleogan!
beo ge svâ gemyndige mînes gôdes,
svâ biđ mannagehvylc metes and êđeles.

gleich nornen, unter versprechung von gaben, werden sie ins haus geladen.

Hierzu soll nun noch eine stelle des Saxo erwogen werden, worin er unverkennbar von valkyrien redet, obgleich, seiner weise nach, diese einheimische benennung meidend. in der bei ihm überhaupt so abweichenden geschichte des Hother und Baldr heißt es:

Hotherus inter venandum errore nebulae perductus in quoddam silvestrium virginum conclave incidit, a quibus proprio nomine salutatus, quaenam essent, perquirit. illae suis ductibus auspiciisque maxime bellorum fortunam gubernari testantur: saepe enim se nemini conspicuas praeliis interesse, clandestinisque subsidiis optatos amicis praebere successus: quippe conciliare prospera, adversa infligere posse pro libitu memorabant.

Nachdem sie ihm rathschläge ertheilt, verschwinden die jungfrauen und ihr haus (aedes, conclave) vor Hothers augen. Späterhin:

At Hotherus extrema locorum devia pervagatus insuetumque mortalibus nemus emensus, ignotis forte virginibus habitatum reperit specum: easdem esse constabat, quae eum insecabili veste quondam donaverant.

sie berathen ihn jetzt aufs neue, und heißen nymphae.

Dies scheint nicht jüngere, entstellte ansicht, daß man sich die in Ođins himmlischer gesellschaft wohnenden, durch luft und flut ziehenden schlachtjungfrauen zugleich in waldeshölen hausend dachte; also durfte sie Saxo silvestres nennen, und ihr gemach, ihre höle in den wald setzen.

I 2.   Indogermanen

I 2. a) Kelten

Bei den Kelten hat Aiofe ihre Stiefkinder in Schwäne verwandelt, um sie loszuwerden.

Möglicherweise sind auch die Vögel bei der Vogelgöttin auf dem Kessel von Gundestrup Schwäne oder Gänse.

I 2. b) Inder

Der Schwan bzw. die Gans ist bei den Indern der Seelenvogel.

I 2. c) Griechen

Zeus hat sich in einen Schwan verwandelt, um sich mit Leda zu vereinen – das ist ist einst ein beliebtes Motiv in der Malerei gewesen.

Dieselbe List wandte Zeus auch bei der Rachegöttin Nemesis an, nachdem diese sich in eine Gans verwandelt hatte, um den Nachstellungen des Zeus zu entkommen. Aus der Vereinigung der beiden entstand ein Ei, aus dem dann die schöne Helena von Troja entsprungen ist.

I 3.   andere Völker

I 3. a) Ägypter

Auch bei den Ägyptern war die Gans ein Seelenvogel. Wie aus dem Schwan-Seelenvogel bei den Germanen die Walküren entstanden sind, ist aus dem Gänse-Seelenvogel bei den Ägyptern eine Gänsegöttin mit dem Namen „Seret" entstanden.

I 4. Zusammenfassung

Der Schwan ist ein Seelenvogel.

Er erscheint häufige als Gestalt der Walküren, die die vervielfältigte Form der Jenseitsgöttin als Wiederzeugungs-Geliebte waren. Da zwischen der Wiederzeugung und der Wiedergeburt neun Monate vergingen und jedes Jahr mehr als ein Mensch starb, ergab sich fast zwingend die Annahme einer vielfachen Gestalt der Jenseitsgöttin, wodurch aus Freya die Walküren entstanden.

Diese „Mütter der Seelenvögel" nahmen des öfteren die Gestalt ihrer Seelenvogel-Kinder an und wurden dadurch selber zu einem Schwan. Das „Schwanen-Gewand" ist eine magisch-technische Rationalisierung der Schwan-Verwandlung.

Der Schwan/Gans-Seelenvogel ist ein ursprüngliches Motiv in der Mythologie der Indogermanen.

In vielen Mythologien findet sich eine Kombination des Seelenvogels mit der Farbe „weiß", da die Totengeister hellsichtig als milchigweiße Schemen („Bettlaken-Gespenster") wahrgenommen werden. Aufgrund der Vorstellung einer Wasserunterwelt war der weiße Wasservogel das ideale Symbol für den Seelenvogel: Schwan, Gans, Storch (der bekanntlich die Babys bringt), Kranich, Ibis usw.

II Die Verwandlung in eine Krähe oder einen Raben

Die Krähen-Verwandlung tritt bei den Germanen nur zweimal auf und beide male bei Walküren. Es ist allerdings wahrscheinlich, daß dieses Motiv einst wichtiger gewesen ist.

II 1. Germanen

II 1. a) Völsungen-Saga

Die im folgenden Text auftretende „Wunsch-Magd" ist eine Walküre – die „Mägde" des Odin sind generell Walküren.

Da die Walküren die Seelen der Toten aus dem Diesseits abholen und sie ins Jenseits geleiten, konnten sie auch eine Seele aus dem Jenseits in den Bauch einer Frau im Diesseits bringen, sodaß diese dann schwanger wurde.

Rerir erlangte in seinen Kriegen große Reichtümer für sich und nahm sich eine Frau, wie er sie passend für sich fand, und sie lebten lange zusammen, aber hatten kein Kind, das ihre Reichtümer hätte erben können; und sie waren beide sehr unzufrieden damit und beteten zu den Göttern mit ihren Herzen und ihren Seelen und baten sie, daß sie ihnen ein Kind schenken sollten.

Und es wird erzählt, daß Frigg ihre Gebete erhörte und Odin erzählte, worum sie gebeten hatten. Er war nicht mittellos und rief seine Wunsch-Magd, die Tochter des Riesen Hrimnir zu sich, legte ihr einen Apfel in ihre Hand und befahl ihr, ihn dem König zu bringen.

Sie nahm den Apfel, zog ihr Krähen-Gewand an und flog davon bis sie dorthin kam, wo der König auf einem Hügelgrab saß, und ließ den Apfel in den Schoß des Königs fallen; er aber nahm den Apfel und ihm dünkte, daß er wisse, wozu dieser er gut sei; so ging er heim von dem Hügelgrab seines Volkes und kam zu der Königin und sie aß einen guten Teil dieses Apfels.

Da, so erzählt die Geschichte, spürte die Königin schon bald, daß sie ein Kind trug, aber es verging eine lange Zeit, ohne daß sie das Kind gebar; so kam es, daß der König auf einen Kriegszug gehen mußte, wie es bei den Königen Brauch ist, damit er den Frieden in seinem eigenen Land wahren konnte: und auf dieser Reise geschah es, daß Rerir krank wurde und starb und er dazu bestimmt war, zu Odin heimzugehen – dies war etwas, das sich in jenen Tagen viele Menschen wünschten.

Der magische Apfel, der den Kinderwunsch des Königs Rerir und seiner Frau erfüllte, ist wahrscheinlich mit den Äpfeln der Idun identisch.

Die Äpfel gehören in dieser Sage unerwarteterweise dem Odin. Da es jedoch in der gesamten Völsungen- und Siegfried-Sage immer Odin ist, der handelnd eingreift, könnte es sich bei Odins Besitz der magischen Äpfel auch um eine Vereinheitlichung der Mythe handeln. Für diese Auffassung spricht, daß nur an dieser Stelle der Völsungen-Saga noch eine andere Gottheit als Odin selber auftritt, nämlich Odins Frau Frigg.

Der Umstand, daß sich derjenige, der diese Sage niedergeschrieben hat, genötigt sah, in hier eine Göttin auftreten zu lassen, läßt vermuten, daß das Motiv der magischen Äpfel so eng mit einer Göttin verbunden war, daß es ein zu arger Bruch mit der Tradition gewesen wäre, die Göttin an dieser Stelle ganz zu ignorieren.

Die Göttin Frigg ist in dieser Szene ganz dem Odin untergeordnet, was sich daraus ergeben haben wird, daß Odin in dieser Sage der Lenker der Geschicke ist.

Hrimnir ist ein Tyr-Riese. Daher sollte seine Tochter die Jenseitsgöttin Freya als Walküre sein. Rabe und Schwan scheinen dieselbe Symbolik gehabt zu haben.

II 1. b)   Die Saga über Ragnar Lodbrök

In dieser Saga erhält die Walküre Aslaug Sigurd-Tochter den Beinamen bzw. Ersatz-Namen „Kraka", also „Krähe". Es wäre denkbar, daß sie sich in früheren Fassungen dieser Saga wie die Hrimnir-Tochter in der Völsungen-Saga in eine Krähe verwandeln konnte – zumal Aslaug-Kraka die Tochter des Sigurd Fafnir-Töter ist, der wiederum eine Saga-Variante des Tyr ist.

II 1. c)   Odins Raben

Odins Raben Hugin und Munin sind die Seelenvögel der beiden Pferde-Söhne („Alcis") des ehemaligen Göttervaters Tyr, die bei dessen Entmachtung um 500 n.Chr. durch Odin zu dessen achtbeinigem Doppelpferd Sleipnir, seinen beiden Wölfen (Krieger-Söhne) und seinen beiden Raben (Seelenvögel) geworden sind.

II 2. Indogermanen

II 2. a) Kelten

Bei den Kelten gibt es mehrere Krähen-Göttinnen wie Badb oder Morrigan, die ähnlich den germanischen Walküren die Gestalt dieser Vögel annehmen können, weil die Göttin die Mutter der Seelenvögel ist und daher auch selber eine Vogelgestalt haben kann. Sie sind auch ähnlich den Walküren in der Regel Kriegsgöttinnen.

In dem Lied über seine Einweihung singt der Barde-Druide Taliesin, daß er sich in eine Krähe verwandelt hat:

Zuerst war ich ein normaler Mensch,
dann litt ich am Hofe der Cerridwen;
Obwohl ich nur wenig geachtet wurde, ließ man mich dort wirken.
Ich war wichtig an dem Ort, zu dem man mich führte;
Ich war die hochgeschätzte Verteidigung des Werkes,
Und von dem Verbot des Sprechens wurde ich
durch eine lächelnde schwarze alte Hexe befreit,
die voller furchtbarer Wut das verfolgte, was sie als das ihre ansah:

Ich floh voller Kraft, ich floh als Frosch,
Ich floh in der Gestalt einer Krähe, die kaum Ruhe findet,
Ich floh mit aller Macht, ich floh in der Gestalt einer Kette,
Ich floh als Reh in ein verwuchertes Gestrüpp,
Ich floh als Wolfwelpe, ich floh als Wolf in die Wildnis,
Ich floh in der Gestalt einer unheilverkündenden Drossel,
Ich floh als Fuchs, der Revierkämpfe gewohnt ist,
Ich floh als Schwalbe, was mir aber nichts nützte,
Ich floh als Eichhörnchen, das sich vergeblich versteckte,
Ich floh als Hirsch mit großem Geweih – doch vergeblich,
Ich floh als Eisen in einem glühenden Feuer,
Ich floh als Speerspitze, die denen Leid brachte, die das wünschten,
Ich floh als wütender Stier, der bitter kämpfte,
Ich floh als borstiges Wildschwein, das in einer Senke gesehen wurde,
Ich floh als weißes Weizenkorn,
das sich am Rand eines Lakens aus Hanf verfangen hatte,
das die Größe des Felles des Fohlens einer Stute hatte,
das wie ein Schiff auf dem Wasser dahintrieb;

Ich wurde in den dunklen Ledersack geworfen,
und auf eine Reise über die grenzenlose See gesandt;
Das war für mich ein Omen der zärtlichen Fürsorge,
Und schließlich gab mir der Herrgott meine Freiheit wieder zurück.

II 2. b) Römer

In Ovids „Metamorphosen" versucht Neptun (Poseidon) Cornix zu verführen und als er damit keinen Erfolg hat, versucht er sie zu vergewaltigen. Da ruft Cornix die Götter um Hilfe an und wird von Minerva (Athene) in eine Krähe verwandelt.

II 2. c) Inder

Bei den Indern gibt es die Krähengöttin Dumawati, die wie die keltische Morrigan und die germanischen Walküren mit dem Jenseits assoziiert wurde und als eine Erscheinungsform der Durga oder Kali angesehen wurde.

II 2. d) Indogermanen

Die indogermanischen Raben- und Krähengöttinnen sind somit alle ursprünglich die Jenseitsgöttin, die im Jenseits die Seelenvögel der Toten gebiert.

II 3. andere Völker

II 3. a) Yaquis

Der bekannteste Krähen-Seelenvogel bei den Indianern ist vermutlich die Krähe, in die sich der Yaqui-Zauberer Don Juan in den Büchern des Carlos Castaneda verwandelt. Sein Argument für die Wahl dieser Gestalt ist, daß Krähen keine Feinde haben.
Aber auch der Häuptling Wakiash der Kwakiutl in Westkanada verwandelt sich in

einen Raben. Es gibt viele derartige Geschichten.

II 4. Zusammenfassung

Die Krähen und Raben sind Seelenvögel. Sie können anstelle der Schwäne bei der Vogel-Verwandlung der Walküren auftreten.

Als Seelenvogel erscheinen sie bei den Germanen nur noch als Odins Raben – sie sind die Seelenvögel seiner beiden Wölfe, die ursprünglich die beiden Söhne des ehemaligen Göttervaters Tyr gewesen sind, die als zwei Schimmel seinen Streitwagen gezogen haben.

Die Krähe bzw. der Rabe als Seelenvogel scheint ein allgemein-indogermansiches Motiv gewesen zu sein.

III Die Verwandlung in einen Adler

Der Adler als „König der Vögel" ist der Seelenvogel des Göttervaters, der der „König der Götter" ist.

III 1. Germanen

III 1. a) Skaldskaparmal

Die bekannteste Erzählung über die Adler-Gestalt des ehemaligen nordgermanischen Sonnengott-Göttervaters Tyr (Thiazi) findet sich in Snorri Sturlusons Lehrbuch der Skaldenkunst.

Er begann seine Erzählung damit, daß drei Asen auszogen: Odin, Loki und Hönir.

Diese drei Götter, die in den Mythen und Sagen der Nordgermanen mehrfach als Gruppe auftreten, stellen die Repräsentanten der drei Stände der Germanen dar.

Sie fuhren über Berge und öde Marken, wo es um ihre Kost übel bestellt war. Als sie aber in ein Tal herabkamen, sahen sie eine Herde Ochsen; da nahmen sie ein Tier und wollten es kochen. Und als sie glaubten, daß es gesotten wäre, und den Sud aufdeckten, war es noch nicht gar. Und zum zweitenmal, als sie den Sud wieder aufdeckten, nachdem einige Zeit vergangen war, fanden sie ihn noch immer nicht gar.
Da sprachen sie unter sich, wovon das kommen möge. Da hörten sie oben in der Eiche über sich sprechen, daß der, welcher dort sitze, schuld sei, daß der Sud nicht zum Sieden komme. Als sie hinschauten, saß da ein Adler, der war nicht klein.
Da sprach der Adler: „Wollt ihr gestatten, daß ich mich von dem Ochsen sättige, so soll der Sud sieden."
Das sagten sie ihm zu. Da ließ er sich vom Baum nieder, setzte sich zum Sud und nahm sogleich die zwei Lenden des Ochsen vorweg mit beiden Vorderteilen.

Diese Szene könnte aus einer Mythe stammen, die sich auf die Jenseitsreise bezieht. Für diesen Verdacht sprechen vier Dinge:
Die Fremde oder die Einöde sind oft Umschreibungen für das Jenseits, weil auch das Jenseits etwas Fremdes und Unbekanntes ist. Im Zusammenhang mit diesem Bild der Wildnis wird der in das Jenseits reisende Schamane, Priester, König o.ä. dann oft

33

zu einem Jäger umgedeutet.

Der Adler und generell die Vögel sind in Mythen oft der Seelenvogel. Die Vorstellung, daß die Seele die Gestalt eines Vogels hat, liegt darin begründet, daß man bei z.B. einem Nahtod erleben kann, wie man den eigenen materiellen Körper verläßt und dann „wie ein Vogel" über ihm schwebt („Astralreise").

Wenn der Adler ein Seelenvogel ist, sollte der Baum, auf dem der Adler sitzt, der Weltenbaum sein, da dieser die Verbindung zwischen Diesseits und Jenseits ist. In der Edda wird berichtet, daß auf dem Weltenbaum der Adler Farseti sitzt, der mit dem hier erscheinenden Adler in symbolischer Hinsicht identisch sein könnte. Da der Adler als der stärkste Vogel bei den Indogermanen der Seelenvogel des Göttervaters ist, sollte dieser Adler auf dem Weltenbaum daher die Seele des Göttervaters sein – der Seelenvogel des ehemaligen Göttervaters Tyr, da der neue Göttervater Odin ja bereits unter dem Baum sitzt.

Der erlegte Ochse könnte mehr als nur Speise in der Wildnis sein, denn die Germanen opferten bei den Bestattungen ihren Toten ein männliches Herdentier. Dieses Herdentier hatte innerhalb der Jenseitsvorstellungen eine wichtige Funktion. Das grundlegende und schon aus vor-indogermanischer Zeit stammende Bild dazu, was mit den Toten im Jenseits geschieht, ist die Wiedergeburt durch die Muttergöttin. Dieses Bild wurde schon früh durch eine Wiederzeugung ergänzt. Um die Fruchtbarkeit der Muttergöttin und die Zeugungskraft des Toten zu sichern, nahmen beide bei der Wiederzeugung und bei der Wiedergeburt die Gestalt eines Stieres und einer Kuh, eines Hirsches und einer Hindin, eines Hengstes und einer Stute, eines Keilers und einer Bache o.ä. an. Diese Verwandlung wurde im Bestattungsritual dadurch magisch bewirkt, daß man für die Toten ein Herdentier opferte und sie dann in das Fell dieses Tieres wickelte.

Der seltsame Umstand, daß das Fleisch dieses Stieres nicht gar wurde, bevor der Adler, der ein Seelenvogel sein könnte, einen Teil zugesprochen bekam, spricht dafür, daß der Stier in dem Kessel einen direkten Bezug zu dem Adler haben muß.

Symbolisch gesehen findet die Opferung des Stieres (bzw. eines Hirsches, Rentiers, Hengstes, Keilers oder Ziegenbocks) bei einer Bestattung oder einer anderen Jenseitsreise wie z.B. bei einer Krönung dort statt, wo der Eingang zum Jenseits ist, also unter dem Weltenbaum.

Der Stier als das größte Opfertier ist mit dem Göttervater verbunden – das größte und stärkste Herdentier gehörte auch zu dem größten und stärksten Gott. So besitzt der Riese Hrungnir (Vater des Tyr = Tyr im Jenseits) einen besonderen Stier, Zeus verwandelt sich in einen Stier, die Druiden opferten bei den wichtigsten Gelegenheiten Stiere usw.

Da wurde Loki zornig, ergriff eine große Stange und stieß sie mit aller Macht dem Adler in den Leib. Der Adler wurde scheu von dem Stoß und flog empor: Da haftete

34

die Stange in des Adlers Rumpf; aber Lokis Hände an dem andern Ende.

Diese Szene ist schon stark umgedeutet worden: Ursprünglich hat Tyr den Falken-Seelenvogel des Loki mit einer Leimrute gefangen – hier fängt der Adler-Seelenvogel des Tyr den Loki mit einem „magischen Stab".

Der Adler flog so nah am Boden, daß Loki mit den Füßen Gestein, Wurzeln und Bäume streifte; die Arme aber, meinte er, würden ihm aus den Achseln reißen. Er schrie und bat den Adler flehentlich um Frieden; der aber sagte, Loki solle nimmer loskommen, er schwöre ihm denn, Idun mit ihren Äpfeln aus Asgard zu bringen.
Das bewilligte Loki: Da ward er los und kam zurück zu seinen Gefährten; und diesmal wurde von dieser Reise mehr nicht erzählt bis sie heimkamen.

Der Wintergott Loki und der Sommergott Tyr stritten sich in den alten Mythen vor 500 n.Chr., als Tyr durch Thor und Odin entmachtet worden ist, um die Göttin (Freya, Sif, Idun) oder um das Symbol der Wiedergeburt (Äpfel der Idun, Brisingamen der Freya, Ring Andvari).

Zur verabredeten Zeit aber lockte Loki Idun aus Asgard in einen gewissen Wald, indem er vorgab, er habe da Äpfel gefunden, die sie Kleinode dünken würden; auch riet er ihr, ihre eigenen Äpfel mitzunehmen, um sie mit jenen vergleichen zu können.
Da kam der Riese Thiazi in Adlershaut dahin, ergriff Idun und flog mit ihr fort gen Thrymheim, wo seine Heimstatt war.

Der Adler auf dem Baum ist identisch mit dem Riesen Thiazi als Adler. „Thiazi" ist eine ältere Variante des Namens „Tyr".

Die Asen aber befanden sich übel bei Iduns Verschwinden, sie wurden schnell grauhaarig und alt. Da hielten sie Versammlung und einer fragte den andern, was man zuletzt von Idun wisse. Das letzte, was man von ihr gesehen hatte, war, daß sie mit Loki aus Asgard gegangen war.
Da wurde Loki ergriffen und zur Versammlung geführt, auch mit Tod oder Peinigung bedroht. Da erschrak er und versprach, er wolle nach Idun in Jötunheim suchen, wenn Freyja ihm ihr Falkengewand leihen wolle. Als er das erhielt, flog er nordwärts gen Jötunheim und kam eines Tags zu des Riesen Thiazi Behausung.

Der Adler ist in den alten, Tyr-zentrierten Mythen der Seelenvogel des Tyr und der Falke ist der Seelenvogel seines Gegenspielers Loki.

Er war eben auf die See gerudert und Idun allein daheim. Da wandelte Loki sie in

35

Nußgestalt, hielt sie in seinen Klauen und flog was er konnte.

Die Nuß, in die Loki die Asin Idun verwandelt, scheint dieselbe Symbolik wie Iduns Äpfel zu haben, da in germanischen Gräbern sowohl Körbe mit Äpfeln als auch Körbe mit Äpfeln und Nüssen gefunden wurden. In Südengland sind Nüsse noch heute ein Fruchtbarkeitssymbol.

Die Kelten, die den Germanen nah verwandt waren, sahen die Haselnuß als ein Symbol für Weisheit und Magie an, was häufige Sekundärbildungen zu dem Motiv der Wiedergeburt sind. Die Zauberstäbe in den keltisch-irischen Mythen und Sagen wurden meistens aus Haselzweigen gefertigt.

Bei den ebenfalls mit den Germanen verwandten Balten gab es die Göttin Lazdu Mate, deren Name „Mutter der Haselsträucher" bedeutet. Sie könnte einen ähnlichen Charakter wie Idun gehabt haben.

Diese Fahrt des Thiazi auf das Meer hinaus könnte eine Analogie zu der Fahrt des Hymir auf das Meer hinaus sein, denn der ehemalige Sonnengott-Göttervater Tyr sank als Sonne jeden Abend in die Wasserunterwelt hinab. In der Hymir-Mythe ist diese Szene dazu benutzt worden, um die Überlegenheit des Thor über Hymir und somit über Tyr zu demonstrieren.

Als aber Thiazi heimkam und Idun vermißte, nahm er sein Adlerhemd und flog Loki nach mit Adlersschnelle. Als aber die Asen den Falken mit der Nuß fliegen sahen und den Adler hinter ihm drein, da gingen sie hinaus unter Asgard und nahmen eine Bürde Hobelspäne mit. Und als der Falke in die Burg flog und sich hinter der Burgmauer niederließ, warfen die Asen alsbald Feuer in die Späne.

Der Adler vermochte sich nicht innezuhalten, als er den Falken aus dem Gesicht verlor: deshalb schlug das Feuer ihm ins Gefieder, so daß er nicht weiterfliegen konnte. Da waren die Asen bei der Hand und töteten den Riesen Thiazi innerhalb des Gatters; allbekannt ist dieser Totschlag.

Es wäre denkbar, daß dieses Feuer etwas mit dem Feuer als Symbol des Eingangs in das Jenseits zu tun hat. In dieser Funktion erscheint es mehrfach in der Edda als „Waberlohe" – z.B. in der Szene, in der Siegfried Brünhild findet, auf Skirnirs Reise in die Welt der Riesen oder rings um die Burg der Göttin Menglöd.

III 1. b) Gylfis Vision

Da frug Gangleri: „Woher kommt der Wind, der so stark ist, daß er das Weltmeer aufrührt und Feuer anfacht? Aber so stark er ist, kann ihn doch niemand sehen: wie ist das wunderlich beschaffen!"

Da antwortete Har: „Das kann ich Dir wohl sagen. Am nördlichen Ende des Himmels sitzt ein Riese, der Hräswelg heißt. Er hat Adlergestalt und wenn er zu fliegen versucht, entsteht der Wind unter seinen Fittichen.

Davon heißt es so:

Hräswelg heißt, der an Himmels Ende sitzt,
Im Adlerkleid ein Jote.
Mit seinen Fittichen facht er den Wind
Über alle Völker."

Der Riese Hraesvelgr („Leichenfresser") hat die Gestalt eines Adlers und sitzt am Nordende des Himmels. Seine Adlergestalt läßt vermuten, daß er der Seelenvogel des ehemaligen Sonnengott-Göttervaters Tyr ist, der im Jenseits zu einem Riesen wurde.

Die beiden Tyr-Riesen Windsval und Windkald, deren Namen beide „kalter Wind" bedeuten, könnten mit dem Adler Hraesvelgr, der mit seinen Schwingen den Wind erzeugt, identisch sein.

Hraesvelgr wird daher mit dem Adler, der auf dem Wipfel des Weltenbaumes sitzt, identisch ist. Auch der Tyr-Riese Hymir wohnt wie Hraesvelgr „an des Himmels Ende" – und zudem am nördlichen Horizont, wo der Weltenbaum Yggdrasil am Nordpol im Niflheim-Jenseits steht.

Die Deutung des Adlers auf dem Weltenbaum als Tyrs Seelenvogel ist somit recht sicher.

III 1. c) Haustlöng

Dieses zweiteilige Preislied wurde um ca. 850 n.Chr. von Thjodolfr von Hvinir verfaßt. Der erste Teil des Liedes stellt die Mythe von Idun und Thiazi dar, während der zweite Teil den Kampf zwischen Thor und Hrungnir beschreibt.

Die folgende Mythe ist ca. 370 Jahre älter als die des Snorri Sturluson in seiner Skaldskaparmal. Die Wurzeln dieser Mythe werden in der Mitte der Völkerwanderungszeit, also um ca. 500 n.Chr., d.h. ca. 350 Jahre vorher, liegen.

Wie kann ich dieses Geschenk
einer Kriegs-Wall-Brücke entgelten?
Ich erhielt eine schön-geschmückte
Stimmen-Klippe von Thorleif.

Ich kann die ungewisse Situation
dreier Gottes-mutiger Asen sowie Thiazi
auf der glänzend fertiggestellten Seite
des Schlachten-Tuches sehen.

„*Kriegs-Wall-Brücke*", „*Stimmen-Kliff*" und „*Schlachten-Tuch*" sind alles Kenningar für den „Schild", der im Krieg wie ein Wall schützt, der die Stimmen wie eine Klippe bricht, da er sich auch vor dem Mund befindet, und der aufgrund seiner flachen Form einem Tuch ähnelt.

Auf dem Schild sind drei Asen und der Riese Thiazi zu sehen. Wie sich im folgenden zeigt, sind die drei Asen Odin, Loki und Hönir. Diese Aufzählung bezieht sich nur auf die Idun-Mythe.

Kenning-freie Übersetzung der Strophe: „*Wie kann ich dieses Geschenk eines Schildes entgelten? Ich erhielt einen schön geschmückten Schild von Thorleif. Ich kann die die ungewisse Situation dreier gottes-mutiger Asen sowie Thiazi auf der glänzend fertiggestellten Seite des Schildes sehen.*"

Der Wolf der redegewandten Dame flog
laut lärmend nur kurze Zeit zuvor
in der Gestalt eines Alten los,
zu den Erzählern der Geschichte.

Der Adler ließ sich am Anfang dort nieder,
wo die Asen ihr Fleisch in einen Erdofen gelegt hatten.
Der Tyr des Fluchtortes der Gefion des Berges
konnte nicht der Feigheit bezichtigt werden.

Die „*redegewandte Dame*" ist Idun oder Loki. Im ersten Fall wäre der „Wolf der Idun" eine Umschreibung für „Entführer der Idun". Es wird allerdings sonst nirgendwo berichtet, daß Idun besonders redegewandt ist. Im zweiten Fall wäre die „Dame" vermutlich eine Anspielung darauf, daß Loki sich einst in eine Stute verwandelt hat, um sich mit dem Hengst Svadilfari des Reifriesen, der die Mauer rings um Asgard erbaut hatte, vereinen und anschließend Odins achtbeinigen Hengst Sleipnir gebären zu können. Der „*Wolf der Dame*" wäre dann der Riese Thiazi, der dem Loki im folgenden arg zusetzt. Von Loki ist im Gegensatz zu Idun gut bekannt, daß er redegewandt (und lügnerisch) ist. Die Deutung der „*redegewandten Dame*" als Loki ist somit wahrscheinlicher.

„Alter" ist eine Heiti für „Adler" – der Riese Thiazi (Tyr) hatte die Gestalt eines Adlers angenommen.

Wie im Hymir-Lied erscheint somit im Zusammenhang mit dem Opfer der Götter-vater Tyr bzw. dessen Vater. Indirekt erscheint auch der Adler des Göttervaters im Hymir-Lied, da der Riese Hymir mit dem Riesen Hraesvelgr identisch, da beide „am Rand der Welt wohnen" und Hraesvelgr die Gestalt eines Adlers hat

Die *„Erzähler der Geschichte"* sind die drei Asen Odin, Hönir und Loki. Es ist be-merkenswert, daß die Skalden ihre Mythen auf die Erlebnis-Berichte der Asen zu-rückführten. Aus dieser Auffassung ergibt sich, daß die Skalden sich selber als die Be-wahrer der Worte der Asen aufgefaßt haben müssen.

„Gefion" ist eine Asin. Eine *„Gefion des Berges"* ist folglich eine Riesin. Der *„Fluchtort einer Riesin"* sind die Berge. Daher ist der *„Tyr (Gott) der Berge"* ein Riese, d.h. in diesem Zusammenhang Thiazi. Der *„Berg eines Riesen"* ist ein Hügel-grab wie z.B. der „Hnitbiorg" der Riesin Gunnlöd.

Kenning-freie Übersetzung der Strophe: *„Thiazi war nur kurze Zeit zuvor laut lärmend in der Gestalt eines Adlers zu den Asen geflogen und ließ sich dort nieder, wo die Asen ihr Fleisch in einen Erdofen gelegt hatten. Thiazi war wirklich mutig."*

Dieses Lied stimmt inhaltlich mit der Schilderung in der Skaldskaparmal überein. Im Weiteren wird zwar noch einige male von Thiazis Flug gesprochen, aber nicht mehr explizit seine Adler-Gestalt erwähnt, die nun als bekannt vorausgesetzt wird.

III 1. d) Skaldskaparmal

Nachdem in diesem Lehrbuch über die Skaldenkunst die Entstehung des Göttermets beschrieben worden ist, wird anschließend berichtet, wie der Met von den Riesen, d.h. aus der Unterwelt zu den Göttern kam.

Nachdem es Odin, der sich in dieser Mythe „Bölwerk" nennt, durch eine List gelun-gen war, zu Gunnlöd (Jenseitsgöttin) zu gelangen (Jenseitsreise), sich mit mit ihr zu vereinigen (Wiederzeugung) und den Met zu trinken (Wiederstillen), verwandelte er sich in einen Adler (Wiedergeburt als Seelenvogel).

Da fuhr Bölwerk dahin, wo Gunnlöd war, und lag bei ihr drei Nächte, und sie erlaubte ihm drei Trünke von dem Met zu trinken. Und im ersten Trunk trank er den Odhrörir ganz aus, im andern leerte er den Bodn, im dritten den Son und hatte nun den Met alle.

Gunnlöd im Hügelgrab ist identisch mit Hel in der Unterwelt und auch mit Freya bei den vier Zwergen in deren Hügelgrab: Sie ist die Göttin im Jenseits, d.h. eine Rie-sin, und sie ist die Göttin als die Geliebte bei der Wiederzeugung – auch Odin vereint sich in dem Hügelgrab mit Gunnlöd.

Der Met ist ursprünglich neben der Wiederzeugung und der Wiedergeburt das dritte wesentliche Element der Vorstellungen über das Jenseits gewesen: das Wiederstillen.

Da wandelte Odin sich in Adlersgestalt und flog eilends davon.

Durch die Wiedergeburt durch Gunnlöd, die in dieser Mythe nicht berichtet wird, verwandelt Odin sich in seinen Seelenvogel, der bei allen indogermanischen Göttervätern der Adler ist.

Als aber Suttung den Adler fliegen sah, nahm er sein Adlerhemd und flog ihm nach.

Da sich auch Suttung in einen Adler verwandeln kann, muß auch er eine Form des Göttervaters sein – wofür nur „Tyr im Jenseits" in Frage kommt.

Dadurch erhält diese Mythe eine zusätzliche Bedeutung: Sie beschreibt u.a., wie der Göttermet und somit die Macht von dem ehemaligen Göttervater Tyr-Suttung auf den neuen Göttervater Odin übergeht.

Und als die Asen Odin fliegen sahen, da setzten sie ihre Gefäße in den Hof. Und als Odin Asgard erreichte, spie er den Met in die Gefäße.

Als aber Suttung ihm so nahe gekommen war, daß er ihn fast erreicht hätte, ließ er von hinten einen Teil des Metes fahren. Danach verlangt niemanden: habe sich das, wer da wolle; wir nennen es der Dichterlinge Teil.

Dies ist ein Beispiel für den meist etwas derben Humor der Wikinger: Der Teil, den Odin vor lauter Angst auspinkelt, ist der Met, der die Möchtegern-Poeten, d.h. die „Dichterlinge" zu ihren schlechten Versen „inspiriert".

III 1. e) Das Lied über Helgi Hiörward-Sohn

Die Adler-Verwandlung des Göttervaters erscheint in den Liedern manchmal auch als magische Kunst der Helden. Dies ist wie einige andere Tier-Verwandlungen eine Übertragung aus dem mythologischen in den kriegerischen Bereich, der durch die Bär- und Wolfs-Verwandlungen inspiriert worden ist.

Franmar Jarl hatte sich in Adlergestalt gekleidet und die Jungfrauen durch Zauberei vor dem Heer behütet.

III 1. f)   Die Saga über Sturlaug den Mühen-Beladenen

In dieser Saga verwandeln sich gleich zwei Krieger in Adler. Diese „Kampf-Verwandlungen" treten mit Vorlieben in solchen Sagas auf, in denen auch die Kämpfe selber sehr drastisch und dramatisch geschildert werden … Diese Verwandlungen sind dort offensichtlich ein Element, das zur Steigerung der Spannung verwendet wird.

Auch in dieser Saga heißt einer der beiden Männer, die sich in einen Adler verwandeln konnten, wie im eben angeführten Helgi-Lied „Franmar".

Franmars anderer Gefährte war ein gewisser Finn, der gegen Svipud kämpfen sollte. Sie trafen aufeinander und kämpften hart und schnell, rascher als das Auge sehen kann, aber keinem gelang es, den anderen zu verwunden.

Als die Zuschauer wieder dorthin blickten, waren Finn und Svipud verschwunden und an ihrer Stelle waren zwei Hunde erschienen, die einer wütend bissen.

Und als man es am wenigsten erwartete, waren die Hunde verschwunden, aber man konnte oben in der Luft einen Lärm hören. Und als die Zuschauer aufblickten, sahen sie zwei Adler am Himmel fliegen ud jeder der beiden riß mit Klauen und Schnabel an dem Gefieder des anderen, sodaß zur Erde herabregente.

Dies endete damit, daß einer der beiden zur Erde niederstürzte, während der andere fortflog, aber niemand wußte, welcher Adler das war.

III 2.   Indogermanen

III 2. a)   Kelten

Bei den Kelten verwandelt sich, wie die Geschichte über Blodeuwedd im Mabinogion berichtet, der Sonnengott in einen Adler.

III 2. b)   Inder

In diesem Text werden zwar Adlerfedern erwähnt, aber das reicht lediglich für die Annahme aus, daß die Adler auch für die Inder ein mythologisches Symbol gewesen sind.

<u>Rig-Veda 75, 6:</u>
Beschütze uns vor Übel, Pusan, beschütze uns, Stärker des Gesetzes: laß nicht zu,
daß uns die Übles-Wünschende beherrscht!
Ihr Zähne sind die eines Hirsches, sie ist in Adler-Federn gekleidet, sie ist mit einem
Kuhfell gegürtet, sie stürmt vor, sie flieht fort.

In den neueren Mythen ist der Adler Garuda das Reittier des Vishnu, was zeigt, daß auch in Indien das Motiv des Adler-Seelenvogels des Göttervaters (erst Dhyaus, später dann Vishnu) erhalten geblieben ist.

III 2. b) Griechen

Bei den Griechen verwandelt sich Zeus in einen Adler, um Ganymed zu verführen.
Auch Zeus' Tochter Athene kann sich in einen Adler verwandeln, wie Homer berichtet:

Odyssee 3, 371:
Also redete Zeus' blauäugichte Tochter, und schwebte,
Plötzlich ein Adler, empor; da erstaunte die ganze Versammlung.
Wundernd stand auch der Greis, da seine Augen es sahen,
Faßte Telemachos' Hand, und sprach mit freundlicher Stimme:
„Lieber, ich hoffe, Du wirst nicht feige werden noch kraftlos;
Denn es begleiten Dich schon als Jüngling waltende Götter!
Siehe kein anderer war's der himmelbewohnenden Götter,
Als des allmächtigen Zeus' siegprangende Tochter Athene,
Die auch Deinen Vater vor allen Achaiern geehrt hat!"

Es ist anzunehmen, daß die Adler-Verwandlung einst ein geläufiges Thema gewesen sein wird, da der Adler der Seelenvogel des Sonnengott-Göttervaters gewesen ist. Diese Verwandlung wird jedoch in der Regel der abendliche Tod der Sonne und ihre morgendliche Wiedergeburt gewesen sein.

III 3.   andere Völker

III 3. a)   Mayas

In den frühen Maya-Texten kann sich der Gestaltwandler Mestaclocan unter anderem in einen Adler verwandeln.

III 4.   Zusammenfassung

Der Adler ist der Seelenvogel des Göttervaters Tyr bzw. Odin. Sekundär können sich daher auch Priester des Göttervaters und Zauberer in Adler verwandeln.

Die Adler-Verwandlung des Göttervaters bei seinem Tod wurde später auch zu einer Adler-Verwandlung von Kriegern im Kampf umgedeutet.

IV   Die Verwandlung in einen Geier

Die folgenden Texte können kaum als eine Geier-Verwandlung gezählt werden. Da er sich jedoch in die allgemeine Verwandlung der Totenseelen bei ihrer Wiedergeburt in Seelenvögel einfügt, wird diese Geier-Verwandlung hier trotzdem aufgeführt.

IV 1.   Germanen

IV 1. a)   Der Runenstein von Noleby

Die Inschrift auf diesem Runenstein lautet:

Ich fertige Götter-kundig eine Rune.
Ich bereite diesen Zauber:
Suhurah! Susix!
Sie können diese zu Geiern machen!

Es fragt sich, ob mit „diese" die beiden Zaubersprüche, die Runen oder die Menschen gemeint sind. Auf jeden Fall ist die Geier-Verwandlung die Aktivierung des Schutzzaubers auf diesem Runenstein.

Diese Aktivierung der Runen scheint als Analogie zu der „Aktivierung", d.h. der Wiedergeburt der Totenseelen im Jenseits als Seelenvögel aufgefaßt worden zu sein.

Die Runen werden bei ihrer Aktivierung durch Beschädiger des Runensteines zu „Geiern", also zu einer Art von Totengeist-Seelenvögeln, die den Zerstörer des Runensteines angreifen.

IV 1. b)   Die ältere Version der Huldar-Saga

Das ganze von Hrungnir beherrschte Unholdenpack im Myrkvidarskoge war so zauberkundig, daß nur Odin und Huld ihm gewachsen waren; aber auf der letzteren Hilfe war mit Sicherheit zu rechnen. Daher sollte die Fahrt sofort angetreten werden.

Im Kampfe aber sollte Skjalgr selbst dem Hrungnir gegenübertreten, dessen Brüder Kolbjörn und Keingr dem Hrotti und dem Valbrand, Kollr aber dem Vikarr, um diesem die Gjaflaug abzugewinnen.

Sechzig Riesen wurden mit Schild und Schwert ausgerüstet; dann begannen sie auf Schneeschuhen die Fahrt.

Während einer Nachtruhe überfiel Flegda die Schaar und schlug mit einem Schwerte nach Skjalg, aber der Hund Skotti hatte gewacht und schützte ihn so kräftig, daß die Hamhleypa fliehen mußte.

Da wurden sie von einer plötzlich einfallenden Finsterniss umnachtet, aber der Hund führt sie auf dem richtigen Weg weiter, bis es wieder hell wurde und sie die Gegend des Myrkviðarskógs erkannten, an deren Westgrenze, den Gränuvellir, sie dann Rast hielten.

Hamhleypa = ham (Haut beim Gestaltwechsel in ein Tier) + hleypa (Rennen) = Frau, die in der Gestalt eines Tieres, in das sie sich verwandelt hat, rennt = „Hexe"

In dieser Zeit hatte Flegda einen Traum, durch den sie das Bevorstehende erfuhr und darüber dem Hrungnir berichtete. Alle Unholde rüsteten sich zum Kampf und hundert Riesen zogen mit Hrungnir aus.

Auf der Ebene mit dem Namen Grün-Quelle begegneten sich beide Scharen und nach einem kurzen Wortwechsel begann der Kampf. Skjalgr tötete in diesem den Hrungnir, Kollr den Vikar und Valbrand, und auch Hrotti fiel mit allen übrigen Unholden.

Gjaflaug sah jedoch inzwischen, wie ein großer Drache heranflog und zwei ihm sich entgegenstellende Geier tötete; da fand man Flegda und Molda tot.

Zugleich greifen zwei große Trollfrauen die im Haus zurückgeblieben waren, die Unholde an; von jedem ihrer Finger flog ein Pfeil, je einen Unhold tötend, und überdies spie der große Drache Gift und Feuer auf sie, so daß sie alle den Tod fanden.

Jetzt erst verschwand der Drache mit den beiden Weibern. Sie erkannten, daß dies Huld mit ihren beiden Töchtern gewesen war.

Sie fanden Gjaflaug unverletzt, die Behausung der Unholde wurde geplündert und verbrannt, und dann die Rückreise angetreten.

Kurz vor dem Naumu-Tal trennte sich Skalgr von Kollr, nachdem er ihm die Hälfte der Beute überlassen und eine Reihe von Trägern mitgegeben hatte.

IV 2. andere Völker

III 2. a) Ägypter

Die Geiergöttinnen Mut und Nechbet waren zwei wichtige Jenseitsgöttinnen, die u.a. die Mütter der Sonne sind und den Pharao beschützten.

III 2. b) Göbekli Tepe

In Göbekli Tepe am Oberlauf des Tigris ist bereits um 10.000 v.Chr. ein Geier dargestellt worden, der seine Flügel um eine Kugel legt – vermutlich ist dieser Geier die Geiergöttin, die die Mutter der Sonne ist.

III 2. c) Çatal Höyük

Auch in den Tempeln von Çatal Höyük in der West-Türkei sind um 7.000 v.Chr. viele Geier dargestellt worden, die zu dem Tempeln und zu den Türmen kommen und die Toten abholen. Diese Geier sind vermutlich wie 3000 zuvor in Göbekli Tepe und wie 4000 Jahre später in Ägypten die Jenseitsgöttin und die Mutter der Sonne und der Seelenvögel.

IV 3. Zusammenfassung

Als großer Vogel könnte der Geier ehemals die Gestalt des Göttervater-Seelenvogels gewesen sein, die normalerweise der Adler ist. Siehe dazu auch das Kapitel „Geier" in Band 40.

In den Religionen der Jungsteinzeit und des frühen Königtums in Mesopotamien und Äygpten sowie den angrenzenden Gebieten ist der Geier die Mutter der Seelenvögel und der Sonne gewesen. Es ist durchaus denkbar, daß der Geier in der germanischen Mythologie auf dieses alte Motiv zurückgeht.

V Die Verwandlung in einen Falken

Loki verwandelt sich mehrfach mithilfe des Falkengewandes der Frigg bzw. der Freya in einen Falken.

V 1. Germanen

V 1. a) Skaldskaparmal

Loki wurde von Thiazi (Tyr als Riese) ergriffen und gezwungen, ihm Idun auszuliefern. Als daraufhin die Asen zu altern begannen, zwangen sie Loki, ihnen Idun und ihre „Äpfel der ewigen Jugend" zurückzuholen.

Da wurde Loki ergriffen und zur Versammlung geführt, auch mit Tod oder Peinigung bedroht. Da erschrak er und versprach, er wolle nach Idun in Jötunheim suchen, wenn Freyja ihm ihr Falkengewand leihen wolle.
Als Loki Freyas Falkengewand erhielt, flog er nordwärts gen Jötunheim und kam eines Tags zu des Riesen Thiazi Behausung.

Um von Diesseits ins Jenseits oder umgekehrt zu gelangen, mußte man sich offensichtlich in einen Seelenvogel verwandeln.

V 1. b) Haustlöng

In diesem Lied findet sich eine Anspielung auf die eben geschilderte Szene:

Ich habe gehört,
daß der Tester von Hönirs Gedanken
später mit List und mit Hilfe einer Falken-Haut
die von den Asen Geliebte zurückholte –

und daß der wütende Vater der Marnar
mit kräftigem Spiel
der Feder-Klingen in einem Sturm
dem Nachkommen des Falken folgte.

Der „*Tester von Hönirs Gedanken*" ist Loki, wie sich aus dem Zusammenhang ergibt. In welcher Weise Loki die Gedanken, Absichten und Pläne des Hönir testet, ist unklar – vielleicht bezieht sich diese Kenning auf eine unbekannte Mythe. Da Hönir die Priester repräsentiert, könnte es sein, daß Loki in den Ritualen der Priester manchmal deren Gegenspieler darstellte.

Die „*Falkenhaut*" ist das Falken-Gewand, das sich Loki von Freya geliehen hat, um sich in einen Falken verwandeln zu können.

Die „*von den Asen geliebte*" ist Idun – schließlich hängt das Leben der Asen von Iduns Äpfeln ab.

Der „*wütende Vater der Marnar*" ist Thiazi. „Marnar" ist seine Tochter Skadi.

Die „*Feder-Klingen*" sind die Federn des Thiazi in Adler-Gestalt. Dies ist nicht wirklich eine Kenning, da das Gemeinte („Feder") ein Bestandteil dieser Wortkombination ist. Die „*Klingen*" haben hier eher die Funktion eines Adjektivs, das den Charakter der Schwingen des Thiazi als bedrohlich kennzeichnen soll. Das „*kräftige Spiel der Feder-Klingen*" ist eine Kenning für „Flug".

„*Nachkomme des Falke*" ist sozusagen eine „Minimal-Kenning" für „Falke", der in diesem Zusammenhang wiederum eine Heiti für Loki ist.

Kenning-freie Übersetzung der Strophe: „*Ich habe gehört, daß Loki später mit List und mit Hilfe einer Falken-Haut Idun zurückholte – und daß der wütende Thiazi dem Loki folgte.*"

V 1. c) Skaldskaparmal

Auch auf seiner Reise zu dem Tyr-Riesen Geirröd benutzt Loki ein Falken-Hemd, das ihm diesmal nicht von Freya, sondern von Frigg ausgeliehen wird. Das macht jedoch keinen großen Unterschied, da „Frigg" lediglich die südgermanische Form des Namens „Freya" ist.

Es verdient gar sehr erzählt zu werden, wie Thor nach Geirrödsgard fuhr, denn da hatte er weder den Hammer Miölnir, noch den Stärkegürtel, noch die Eisenhandschuhe bei sich, woran Loki schuld war, der ihn begleitete.

Der Name „Geirröd" bedeutet „Speer-Rad", womit ein Schild gemeint ist. Da Geirröd eine der vielen Gestalten des Tyr als Riese im Jenseits ist, wird der Schild der Sonnenschild des ehemaligen Sonnengott-Göttervaters Tyr sein.

Denn dem Loki war es einstmals begegnet, als er zu seiner Kurzweil mit Friggs Falkenhemd ausflog, daß er aus Neugierde nach Geirrödsgard flog, wo er eine große

Halle sah. Da ließ er sich nieder und sah ins Fenster. Aber Geirröd erblickte ihn und befahl, den Vogel zu greifen und ihm zu bringen.

Der Ausgesandte gelangte mit Not die Hallenwand hinan, so hoch war sie. Loki ergötzte sich daran, wie jener ihm so mühsam nachstrebte, und dachte, es sei noch früh genug für ihn, aufzufliegen, wenn der Mann das Beschwerlichste überstanden habe. Als dieser nun nach ihm langte, da schlug er die Flügel und spreizte die Füße; aber diese hingen fest.

Dies ist dasselbe Motiv wie in der Thiazi-Mythe, in der Loki an dem Stab festgeklebt ist, mit dem er nach dem Adler Thiazi geschlagen hat. Dieses Festkleben im Zusammenhang mit einem Vogel (Thiazi-Adler, Loki-Falke) wird durch die Vogeljagd mit einer Leimrute inspiriert worden sein.

Da wurde Loki ergriffen und dem Riesen Geirröd gebracht. Als der ihm in die Augen sah, da ahnte ihm, daß es ein Mann sein möge, und gebot ihm, Rede zu stehen; aber Loki schwieg. Da schloß ihn Geirröd in eine Kiste und ließ ihn da drei Monate hungern.

Dies ist eine weitere Gefangenschaft des Loki. Da Loki „Schloß, Verschluß, Luke" u.ä. bedeutet, ist sein Einsperren in einer Kiste eine Anspielung auf seinen Namen – oder eine Erklärung seines Namens. „Kiste" ist eine übliche Bezeichnung für „Grabkammer in einem Hügelgrab" gewesen und die drei Monate sind die Sommermonate – der Wintergott Loki wurde also also während des Sommers als Seelenvogel im Jenseits eingesperrt.

V 1. d) Thrym-Lied

Thrym ist ein weiterer Tyr-Riese. In diesem Lied wird nicht gesagt, welche Vogel-Gestalt Loki annimmt, aber man wird davon ausgehen können, daß er sich auch auf dieser Reise zu dem ehemaligen Göttervater Tyr als Riese im Jenseits in einen Falken verwandelt hat.

Wild ward Wingthor als er erwachte
Und sein Hammer nicht mehr vorhanden war.
Er schüttelte den Bart, er schlug das Haupt,
Überall suchte der Erde Sohn.

Die Bedeutung von „Wingthor" ist nicht ganz sicher. „Wingthor" könnte „Freund

Thor", „(den Hammer) schwingender Thor", „Stier-Thor" oder „Penis-Thor" bedeuten, wobei sich die letzten beiden Deutungen auf eine Wiederzeugung beziehen würden – die beiden ersten Deutungen sind jedoch wahrscheinlicher.

Thor ist der „Sohn der Erde", da seine Mutter die Erdgöttin Jörd ist.

Das war sein Wort, das er (Thor) als erstes sprach:
„Höre nun, Loki, und lausche der Rede:
Was auf Erden noch niemand ahnt,
Und auch nicht hoch im Himmel: Mein Hammer wurde geraubt!"

Sie gingen zum herrlichen Hause der Freyja,
Und das war sein Wort, das er als erstes sprach:
„Willst Du mir, Freyja, Dein Federhemd leihen,
Damit ich meinen Miölnir finden kann?"

Freyja:
„Ich würd' es Dir geben, selbst wenn es aus Gold wäre,
Du sollst es haben, selbst wenn es aus Silber wäre."

Da flog Loki, das Federhemd rauschte,
Bis er hinter sich hatte der Asen Gehege
Und dann zum Reich der Joten gelangte.

Es ist schon sehr auffällig, daß Loki ausgerechnet in den drei Mythen, in denen ein Riese (Thiazi, Geirröd, Thrym) auftritt, der der ehemalige Göttervater Tyr ist, als Falke erscheint. Loki scheint sich folglich bereits in der Mythe, die diesen drei Berichten über den Göttervater zugrundeliegt, in einen Falken verwandelt zu haben.

Für den Fortlauf der Geschichte hätte sich auch Thor in einen Falken verwandeln können – aber von dem Donnergott wird eine solche Verwandelung nirgendwo berichtet, sondern ausschließlich von Loki. Der zweite Gott, der sich in einen Vogel verwandelt, ist der Göttervater Thiazi bzw. Odin, die beide die Gestalt eines Adlers annehmen.

Die diesen Vogel-Verwandlungen zugrundeliegende Mythe wird daher der endlose, zyklische Kampf zwischen dem Sommergott Tyr und dem Wintergott Loki, der zu der Entstehung der Jahreszeiten führt: Im Sommer liegt Loki drei Monate lang als Falke gefesselt in seinem Hügelgrab und im Winter liegt Tyr neun Monate lang gefesselt in seinem Hügelgrab (siehe dazu auch das Kapitel „Fessel" in Band 66b).

V 1. e) Skaldskaparmal

In diesem Skalden-Lehrbuch wird die Göttin Frigg die „Herrin des Falkengewandes" genannt:

„Wie soll man Frigg umschreiben?"
„Nenne sie Tochter der Fiörgyn, Frau des Odin, Mutter des Baldur, Nebenfrau der Jörd und der Rindr, Schwiegermutter der Nanna, Herrin der Asen und Asinnen, Herrin der Fulla und des Falkenkleides und des Fensalir."

V 2. Indogermanen

VI 2. a) Kelten

In der Lebensgeschichte des Taliesin, der ursprünglich „Gwion" hieß, wird über eine Falken-Verwandlung berichtet, die jedoch keine spezielle Bedeutung zu haben scheint.

Als Cerridwen zurückkam, sah sie sofort, was geschehen war und wurde sehr zornig, denn nun mußte Afagddu häßlich und dumm bleiben. Sie stürzte sich auf Gwion, der hinunter zum Wasser floh. Um ihr zu entkommen, verwandelte er sich in einen Hasen, aber Cerridwen wurde zu einem Windhund und blieb ihm auf den Fersen. Da verwandelte sich Gwion am Ufer des Sees in einen Fisch und schwamm davon, aber Cerridwen verwandelte sich sofort in einen Fischotter und folgte ihm. Da tauchte Gwion auf und wurde zu einem Vogel, aber Cerridwen wurde zu einem Falken und setze ihm nach. Da ließ sich Gwion als Weizenkorn zu Boden fallen, mitten in einen Haufen anderer Weizenkörner. Cerridwen verwandelte sich daraufhin in eine Henne und pickte Korn für Korn auf bis sie auch Gwion hinuntergeschluckte hatte.

V 3. Zusammenfassung

Der Falke ist der Seelenvogel des Wintergottes Loki. Offenbar wird er im Jenseits von Frigg-Freya wiedergeboren, da er von diesen Göttinnen das Falkenhemd erhält, mit dessen Hilfe er sich in einen Falken verwandeln kann.

VI   Die Verwandlung in einen Habicht

VI 1.   Germanen

VI 1. a)   Gylfis Vision

Ein Adler sitzt in den Zweigen der Esche, der viele Dinge weiß, und zwischen seinen Augen sitzt ein Habicht, Wedfölnir genannt.

Der Name „Wedfölnir" bedeutet „Wetter-Fahler", „der vom Wetter Gebleichte".
Da der Adler der Seelenvogel des Sommergott-Göttervaters Tyr und der Falke der Seelenvogel des Wintergottes Loki ist, wird der Habicht, der dem Göttervater-Adler „auf der Nase herumtanzt", wohl Loki sein.
Vermutlich ist hier lediglich nicht klar zwischen „Falke" und „Habicht" unterschieden worden.

VI 2.   Indogermanen

VI 2. a)   Kelten

Tuan mac Cairill, der der erste keltische Siedler auf Irland gewesen ist, hat sich in seinem Jahrhunderte während Leben nacheinander für längere Zeit in einen Hirsch, in einen Keiler, einen Habicht, einen Lachs und schließlich wieder in einen Menschen verwandelt.
Möglicherweise wurde bei den Kelten wie bei den Germanen in mythologischer Hinsicht nicht genau zwischen Falke und Habicht unterschieden.

VI 3.   Zusammenfassung

Der Habicht ist vermutlich wie der Falke der Seelenvogel des Loki, wobei der Habicht an dieser Stelle vermutlich einfach durch die Ungenauigkeit eines Erzählers oder Schreibers entstanden ist und keine wesentliche Variante zu Lokis Falken-Seelenvogel darstellt.

VII Die Verwandlung in eine Schwalbe

VII 1. Germanen

VII 1. a) Egil-Saga

In dieser Saga wird eine lang andauernde Feindschaft zwischen Egil und Königin Gunnhild beschrieben. In einer Szene ist Egil gefangen und versucht ein Lied zu dichten, mit dem er den König, der ihn gefangenhält, preist, da dieser König dann gezwungen wäre, ihn freizulassen. Dies versucht Gunnhild in der Gestalt einer zwitschernden Schwalbe zu verhindern.

Egil sagte, daß er nichts erreicht hätte, „hier,“ sagte er, „saß eine Schwalbe am Fenster und zwitscherte die ganze Nacht, sodaß ich wegen ihr keine Ruhe finden konnte.“

Daraufhin verließ Arinbjorn ihn und ging durch die Tür hinaus und hinauf zu dem Hausdach und setzte sich an das Fenster des oberen Zimmers, an dem die Schwalbe gesessen hatte. Er sagte, daß etwas in Zauberinnen-Gestalt von dem Dach fortgegangen sei. Arinbjorn saß bis zum Morgengrauen dort am Fenster.

Nachdem Arinbjorn gekommen war, dichtete Egil das Lied und lernte es so auswendig, daß er es am Morgen auswendig aufsagen konnte, als er wieder mit Arinbjorn zusammentraf.

VII 2. Indogermanen

VII 2. a) Kelten

In dem folgenden Text kommt auch eine Verwandlung des Barden-Druiden Taliesin in eine Schwalbe vor, die allerdings nur eine Verwandlung unter vielen ist.

Ich floh voller Kraft, ich floh als Frosch,
Ich floh in der Gestalt einer Krähe, die kaum Ruhe findet,
Ich floh mit aller Macht, ich floh in der Gestalt einer Kette,
Ich floh als Reh in ein verwuchertes Gestrüpp,
Ich floh als Wolfwelpe, ich floh als Wolf in die Wildnis,

Ich floh in der Gestalt einer unheilverkündenden Drossel,
Ich floh als Fuchs, der Revierkämpfe gewohnt ist,
Ich floh als Schwalbe, was mir aber nichts nützte,
Ich floh als Eichhörnchen, das sich vergeblich versteckte,
Ich floh als Hirsch mit großem Geweih – doch vergeblich,
Ich floh als Eisen in einem glühenden Feuer,
Ich floh als Speerspitze, die denen Leid brachte, die das wünschten,
Ich floh als wütender Stier, der bitter kämpfte,
Ich floh als borstiges Wildschwein, das in einer Senke gesehen wurde,
Ich floh als weißes Weizenkorn,
das sich am Rand eines Lakens aus Hanf verfangen hatte,
das die Größe des Felles des Fohlens einer Stute hatte,
das wie ein Schiff auf dem Wasser dahintrieb;
Ich wurde in den dunklen Ledersack geworfen,
und auf eine Reise über die grenzenlose See gesandt;
Das war für mich ein Omen der zärtlichen Fürsorge,
Und schließlich gab mir der Herrgott meine Freiheit wieder zurück.“

VII 2. b)   Griechen

Odyssee 22, 236:
Also sprach sie; allein noch schenkte nicht völlig die Göttin
Ihm den wankenden Sieg; sie prüfte noch ferner die Stärke
Und den Mut Odysseus' und seines rühmlichen Sohnes.
Plötzlich entschwand sie den Blicken, und gleich der Schwalbe von Ansehn
Flog sie empor, und saß auf dem rauchigen Simse des Rauchfangs.

VII 3.   Zusammenfassung

Die Königin und Zauberin Gunnhild kann sich in eine Schwalbe verwandeln und in dieser Gestalt an andere Orte fliegen. Der Ursprung dieses Motivs ist die Astralreise der Schamanen und Schamaninnen, d.h. das Verlassen des physischen Leibes mit der Seele (Astralkörper, Seelenvogel).

Es ist möglich, aber unklar, ob es bei den Indogermanen eine allgemeine Schwalben-Seelenvogel-Symbolik gegeben hat.

VIII   Die Verwandlung in einen unbestimmten Vogel

An einigen Stellen wird in den Texten auch über die Verwandlung in einen nicht näher bestimmten Vogel berichtet.

Das Motiv des Seelenvogels hat bei vielen Völkern zu der Vorstellung von Vogel-Mensch-Mischwesen geführt – im Christentum z.B. zu den Engel (Menschen mit Vogelflügeln). Siehe zu diesem Thema auch die Kapitel „Vögel" in Band 40 und „Seelenvögel" in Band 50.

VIII 1.   Germanen

VIII 1. a)   Das größere der beiden Goldhörner von Gallehus

Auf diesem Goldhorn sind zwei Männer und ein Löwe (?) mit Vogelköpfen abgebildet worden, die sicherlich Menschen oder andere Wesen im Jenseits sind.

Vogelkopf-Mann mit Schwert oder Sense | *Vogelkopf-Mann mit Axt* | *Löwe (?) mit Vogelkopf*

VIII 1. b)   Die Saga über Yngvar den Fern-Fahrenden

Da sahen sie vom Land ein großes Heer zu den Schiffen herabkommen und einen Mann, der ihm ein Stück vorausrannte. Dieser Mann hatte drei Äpfel und warf einen so in die Luft empor, daß er vor Sveins Füßen niederfiel. Dann warf er den nächsten, der an genaudemselben Platz herunterkam.

Da sagte Svein, daß er nicht auf den dritten Apfel warten werde: „Da steckt eine teuflische Macht dahinter und ein starker Glaube."

Svein legte einen Pfeil auf seine Sehne und schoß. Der Pfeil traf den Mann auf der Nase und sie hörten die Nase wie Horn zerbrechen. Er warf seinen Kopf zurück und sie sahen, daß er den Schnabel eines Vogels hatte.

Da schrie er sehr laut und rannte zu seinem Heer zurück und alle rannten so schnell sie konnten landeinweärts zurück solange wie man sie sehen konnte.

Dieser Vogelmann war offensichtlich ein Zauberer, der Iduns „Äpfel des ewigen Lebens" in „Äpfel des Todes" verwandeln konnte. Sein Vogelkopf bzw. sein Vogel-schnabel wird ein Hinweis auf seine Verbindung zum Jenseits sein – er ist sowohl ein Schamane als auch ein „Todbringer".

VIII 2.   Indogermanen

VIII 2. a)   Kelten

Da die Seele bei allen Völkern als Vogel aufgefaßt wird, ist die Vogel-Verwandlung ein sehr weit verbreitetes Motiv. Das Motiv des Seelenvogels ist dadurch entstanden, daß man sich, wenn man seinen Körper verläßt („Astralreise") über sich schweben sieht und sozusagen „wie ein Vogel" ist.

Taliesin

Eine solche Vogel-Verwandlung auf einer Jenseitsreise, die im Zusammenhang mit einer Einweihung steht, wird in der Lebensgeschichte des keltischen Barden-Druiden Taliesin berichtet:

Auf einer Insel in Penllyn lebte einst Cerridwen mit ihren Kindern Creidwy und Morfan. Creidwy wuchs zu einer schönen und lieblichen Maid heran, aber ihr Bru-

*der war so häßlich, daß er nur „Afagddu" genant wurde, was „tiefste Finsternis"
bedeutet. Er hatte einen behaarten Körper wie ein Hirsch und ein rauhes, abscheu-
liches Benehmen. Das bekümmerte seine Mutter Cerridwen sehr, und so beschloß sie,
einen Trank zu brauen, der ihm als Ausgleich für sein abstoßendes Äußeres Weisheit
und Inspiration schenken sollte.*

*Der Trank mußte ein Jahr und einen Tag kochen, und zu vorgeschriebenen Zeiten
mußten bestimmte Kräuter gepflückt und hinzugefügt werden. Nach dieser Frist
sollten die „drei Tropfen der Inspiration" nach dem Willen Cerridwens ihren Sohn
zum Weisen und Zauberer machen. Der Rest der Flüssigkeit in dem Kessel würde
aber zu einem tödlichen Gift werden. Cerridwen stellte einen alten blinden Mann mit
dem Namen Morda („Tod") und seinen jungen Schützling Gwion Bach an, um den
Tank zu rühren, während sie selbst auf Kräutersuche war.*

*Gwion schürte das Feuer und wechselte sich mit dem Alten an Cerridwens Kessel
ab. So vergingen die Monde und es nahte der Tag, an dem der Zaubertrank fertig
werden sollte. Lange hatte Cerridwen den Trank gebraut und war weit gewandert, um
die seltenen und fremdartigen Kräuter zu sammeln, die sie für ihn benötigte. Schließlich hatte Cerridwen die letzten Kräuter hinzugefügt und ging ihren Sohn Afagddu
holen. Da blubberte das Gebräu plötzlich auf und drei Tropfen spritzten auf Gwions
Hand. Schnell leckte er sie ab, um seine Finger zu kühlen. Ab diesem Augenblick
konnte er alles in der Welt hören und verstand mit einem Mal alle Geheimnisse der
Vergangenheit, der Gegenwart und der Zukunft – und wußte sofort, daß Cerridwen
sehr wütend werden würde, wenn sie bemerkte, daß er die drei Tropfen geschluckt
hatte.*

*Als Cerridwen zurückkam, sah sie sofort, was geschehen war und wurde sehr
zornig, denn nun mußte Afagddu häßlich und dumm bleiben. Sie stürzte sich auf
Gwion, der hinunter zum Wasser floh. Um ihr zu entkommen, verwandelte er sich in
einen Hasen, aber Ceridwen wurde zu einem Windhund und blieb ihm auf den Fersen. Da verwandelte sich Gwion am Ufer des Sees in einen Fisch und schwamm davon, aber Cerridwen verwandelte sich sofort in einen Fischotter und folgte ihm. Da
tauchte Gwion auf und wurde zu einem Vogel, aber Ceridwen wurde zu einem Falken
und setze ihm nach. Da ließ sich Gwion als Weizenkorn zu Boden fallen, mitten in
einen Haufen anderer Weizenkörner. Cerridwen verwandelte sich daraufhin in eine
Henne und pickte Korn für Korn auf bis sie auch Gwion hinuntergeschluckt hatte.*

*Dann nahm Cerridwen wieder ihre menschliche Gestalt an. Doch nun trug sie den
Samen in sich und neun Monate später gebar sie einen prächtigen Sohn. Noch immer
hatte sich ihr Zorn auf Gwion nicht gelegt und sie wollte ihn loswerden. Er war aber
ein so schöner Knabe, daß sie es nicht übers Herz brachte, ihn zu töten. So legte sie
ihn in einen harten, fellbezogenen Weidenkorb und setzte ihn auf einem großen See
aus* (symbolische Jenseitsreise).

Taliesin

In dem Lied über seine Jenseitsreise singt Taliesin über seine Vogel-Verwandlung:

Zuerst war ich ein normaler Mensch,
dann litt ich am Hofe der Cerridwen;
Obwohl ich nur wenig geachtet wurde, ließ man mich dort wirken.
Ich war wichtig an dem Ort, zu dem man mich führte;
Ich war die hochgeschätzte Verteidigung des Werkes,
Und von dem Verbot des Sprechens wurde ich
durch eine lächelnde schwarze alte Hexe befreit,
die voller furchtbarer Wut das verfolgte, was sie als das ihre ansah:

Ich floh voller Kraft, ich floh als Frosch,
Ich floh in der Gestalt einer Krähe, die kaum Ruhe findet,
Ich floh mit aller Macht, ich floh in der Gestalt einer Kette,
Ich floh als Reh in ein verwuchertes Gestrüpp,
Ich floh als Wolfwelpe, ich floh als Wolf in die Wildnis,
Ich floh in der Gestalt einer unheilverkündenden Drossel,
Ich floh als Fuchs, der Revierkämpfe gewohnt ist,
Ich floh als Schwalbe, was mir aber nichts nützte,
Ich floh als Eichhörnchen, das sich vergeblich versteckte,
Ich floh als Hirsch mit großem Geweih – doch vergeblich,
Ich floh als Eisen in einem glühenden Feuer,
Ich floh als Speerspitze, die denen Leid brachte, die das wünschten,
Ich floh als wütender Stier, der bitter kämpfte,
Ich floh als borstiges Wildschwein, das in einer Senke gesehen wurde,
Ich floh als weißes Weizenkorn,
das sich am Rand eines Lakens aus Hanf verfangen hatte,
das die Größe des Felles des Fohlens einer Stute hatte,
das wie ein Schiff auf dem Wasser dahintrieb;
Ich wurde in den dunklen Ledersack geworfen,
und auf eine Reise über die grenzenlose See gesandt;
Das war für mich ein Omen der zärtlichen Fürsorge,
Und schließlich gab mir der Herrgott meine Freiheit wieder zurück.

Cormac mac Art

In der Geschichte über den keltischen König Cormac mac Art wird ein mithilfe von Magie ausgetragener Druiden-Kampf beschrieben, bei der sich einer der Druiden vor dem Zaubern eine Vogelkopf-Maske anzieht, um anschließend eine Astralreise zu unternehmen.

Cormacs Gastfreundschaft war so großzügig, daß sein königlicher Schatz schnell erschöpft gewesen war. Er versuchte, von dem Königreich Munster die doppelte Abgaben zu erhalten; da Munster aus zwei Provinzen bestand, glaubte Cormac, daß sie ihm den doppelten Betrag geben könnten. König Fiacha von Munster sah nicht ein, daß diese Forderung gerecht sei und bot ihm das an, was er für eine ausreichende Abgabe an den irischen Hochkönig Cormac hielt.

Cormac rief seine Druiden zusammen, damit sie ihm eine Vorhersage über die Ergebnisse eines Angriffs gegen Munster machten. Obwohl die Druiden ihm nur ungünstige Vorhersagen über einen Angriff auf Munster machten, brach er dennoch zum Kampf gegen Damhghaire auf. Cormacs Druiden ließen alle Quellen und Bäche in Munster versiegen. Aber Mogh Ruith („Sonnenrad"), der Druide des Königs Fiacha, kam Cormacs Heer entgegen. Mogh Ruith hatte im Osten gelernt, in der Schule des berühmten Simon Magus – denn Simon Magus war ein Kelte.

Mogh Ruith, der der Oberdruide Irlands war, beendete die Dürre in Munster. Da sagte Cormacs Druide Ciothruadh („Roter Regen"), daß es ihre letzte Möglichkeit sei, das Druidenfeuer gegen den Feind einzusetzen. Er befahl Cormacs Männern loszuziehen und Ebereschen zu fällen und aus dem Holz ein großes Feuer zu machen. Wenn der Rauch des Feuer nach Süden auf Munster zu ziehen würde, würde Cormac siegen, aber wenn er nordwärts ziehen würde, würde Munster Cormac besiegen.

Auch das Flechtwerk, auf das die Druiden das Stierfell bei ihren Jenseitsreisen legten, war aus Ebereschenholz. Die Eberesche hat somit eine Verbindung zu Orakeln und zur Jenseitsreise, die ihrerseits beide auch eng miteinander verbunden sind, da die Orakel aus dem Jenseits von den Ahnen und Göttern zu den Druiden kommen. Da der Rauch zu den Verlieren zieht, wird mit diesem Feuer anscheinend eine zerstörerische Wirkung auf den gerufen, zu dem es hinzieht. Man könnte daher vermuten, daß dieses Feuer aus Ebereschenholz mit der als Hitze empfundenen Kampfekstase verwandt ist. Es wäre denkbar, daß dieser „Feuerzauber" die Anrufung einer Kriegsgöttin ist, die dem, zu dem der Rauch zieht, die Niederlage bringt.

Das Verfahren ist insgesamt sehr heikel, wenn es keine Möglichkeiten gibt, den Rauch gezielt zu dem Gegner zu lenken. Dafür wäre dann eigentlich ein Windzauber in der Art, wie ihn Taliesin am Hof von Elphins König durchgeführt hat, notwendig.

Mogh Ruith erkannte, was Cormacs Druiden vorhatten und befahl den Männern von Munster, Reisigbündel aus Ebereschenholz aus dem Wald zu holen. Den König sandte er aus, ein besonderes Reisigbündel zu holen, das aus Zweigen bestand, die im Schutz von drei Dingen gewachsen waren: geschützt vor den Nordwestwinden, die im März von Tara her wehten, geschützt von den Seewinden, und geschützt von den Winden des großen Brandes, der von den Druiden des Cormac entzündet worden war, um den Männern von Munster zu schaden.

Mogh Ruiths Lehrling, Ceannmhaire, baute dieses Holz in der Form eines Dreieckes auf und ließ sieben Öffnungen für die Luft frei – Ciothruadhs Feuer war jedoch nur grob aufgehäuft worden mit drei Löchern für die Luft. Dann erbat sich Mogh Ruith von jedem Mann des Heeres von Munster einen Span von dem Schaft seines Speeres, vermischte sie mit Butter und rollte sie zu einer großen Kugel, während er die ganze Zeit über sprach:

„Ich mische ein brüllendes, mächtiges Feuer;
es wird die Wälder niederbrennen, es wird das Gras vernichten;
ein wütende Flamme mit rasender Geschwindigkeit;
sie wird wird zum Himmel emporlodern;
sie wird die Wut eines jeden brennenden Holzes unterwerfen;
sie wird eine Schlacht über die Clane des Conn hereinbrechen lassen. "

Dann warf er die Kugel in das Feuer, in der sie mit großen Wucht explodierte. Mogh Ruith sagte ihnen, daß er dabei war, dem Feind eine große Niederlage zuzufügen und forderte sie auf, zu schauen, ob das Feuer nordwärts zu ihren Feinden lodern würde. Dann atmete er seinen Druidenatem in den Himmel empor. Sein Druidenatem wurde sofort zu einer bedrohlichen dunklen Wolke, die in einem Schauer von dunklem Blut auf der Ebene vor ihnen niederregnete und von dort aus nach Tara weiterzog, während der Druide die ganze Zeit über seine rhythmischen Verse weitersang.

Mogh Ruith frug, wie sich die Flammen verhielten, der er war blind. Sie sagten ihm, daß die Feuer nach Norden und Westen wie Wellen übereinanderrollten und vorwärtsrasten und daß im mittleren Munster kein Baum mehr stand. Als er wieder fragte, hatten sich die Flammen wie wütende Krieger in den Himmel erhoben.

Da verlangte Mogh Ruith sein dunkelgraues, hornloses Stierfell und seinen weiße, gefleckte Vogelkopfbedeckung und flog in die Luft empor bis zu dem Rand der Flammen und befahl ihnen, nordwärts zu ziehen.

Als Ciothruad, Cormacs Druide, dies sah, erhob er sich ebenfalls in die Lüfte, um Mogh Ruith aufzuhalten. Aber Mogh Ruith schlug ihn nieder und lenkte die Flammen nach Norden.

Die Astralreise, bei der die Seele den Körper verläßt und über ihm schwebt, ist hier zu einem körperlichen Flug („Levitation") geworden, der u.a. auch von einigen christlichen Heiligen und vielen Yogis bekannt ist.

Das „fliegende Stierfell" ist u.a. eine Entsprechung zu den fliegenden Teppichen im Orient oder den Hexenbesen im europäischen Mittelalter.

Das Stierfell des Mogh Ruith ist offensichtlich nicht das Fell eines frisch geopferten Stieres, sondern eins, daß er bereits seit längerem in Gebrauch hatte. Es ist denkbar, daß es sich um das Fell handelte, daß bei seiner Einweihung geopfert wurde. Dadurch wäre dieses Fell fest mit seinem Nahtod-Erlebnis (Astralreise) bei seiner Einweihung verbunden und folglich sehr gut dafür geeignet, dieses Erlebnis zu wiederholen.

Die Vogelmaske des Mogh Ruith ist ein Symbol für seine Astralreise, die hier auf den physischen Flug, also auf die Levitaion übertragen worden ist.

Cormacs Heer zog sich zurück, dicht verfolgt von Mogh Ruith, der in seinem von wilden Stieren gezogen Streitwagen stand. Er frug seine Begleiter, wer die Männer in der Nachhut des feindlichen Heeres seien.

„Es sind drei große grauhaarige Männer," sprachen sie.

„Es sind Cormacs Druiden Cecht, Ciotha und Ciothruadh," sprach Mogh Ruith, „und meine Götter haben mir versprochen, sie in Steine zu verwandeln, wenn es mir gelingt, sie zu überholen und sie mit meinem Atem zu berühren."

Und er blies einen Druidenatem über sie und sofort wurden sie zu Stein. Dies sind die Steine, die bis heute die „Trittsteine von Raighne" genannt werden.

keltisches Ritual-Gefäß

In dem Grab des Keltenfürsten von Hochdorf ist ein Gefäß gefunden worden, an dessen Rand sich vier Flügel-Männer, also vermutlich Ahnen befinden.

Kessel von Hochdorf

Detail des Kessels von Hochdorf

VIII 2. b)   Hethiter

Von den Hethithern sind recht viele Flügel-Menschen und Flügel-Göttinnen bekannt, wobei jedoch unklar ist, ob sie von den Indogermanen oder von den mesopo-
tamischen Völkern stammen oder eine Mischung dieser beiden Religionen sind. Das
Folgende sind nur vier Beispiele aus einer großen Fülle von Motiven.

Löwe-Vogel-Mensch (Sphinx)

zwei Männer mit indogermanischer
Spitzmütze, Hörnern und Flügeln neben
einem Sonnensymbol (achtblättrige
Blüte)

zwei Vogelmenschen

nackte Flügel-Göttin
(vermutlich eine Jenseitsgöttin)

VIII 2. c) Griechen

Homer berichtet, daß sich auch die Göttin Athene in einen Vogel verwandeln konnte. Auch die Meeresgöttin Leukothea („Weiße Göttin") konnte die Gestalt eines Vogels annehmen.

<u>Odyssee 1, 319:</u>
Also redete Zeus' blauäugigte Tochter, und eilend
Flog wie ein Vogel sie durch den Kamin. Dem Jünglinge goß sie
Kraft und Mut in die Brust, und fachte des Vaters Gedächtnis
Heller noch an, wie zuvor. Er empfand es im innersten Herzen,
Und erstaunte darob; ihm ahnete, daß es ein Gott war.

Zeus' Tochter = Athene

<u>Odyssee 5, 333:</u>
Aber Leukothea sah ihn, die schöne Tochter des Kadmos,
Ino, einst ein Mädchen mit heller melodischer Stimme,
Nun in den Fluten des Meers der göttlichen Ehre genießend.
Und sie erbarmete sich des umhergeschleuderten Mannes,
Kam wie ein Wasserhuhn empor aus der Tiefe geflogen,
Setzte sich ihm auf den Floß, und sprach mit menschlicher Stimme:
„Armer, beleidigtest Du den Erderschütterer Poseidon,
Daß er so schrecklich zürnend Dir Jammer auf Jammer bereitet?
Doch verderben soll er Dich nicht, wie sehr er auch eifre!
Tu nur, was ich Dir sage; Du scheinst mir nicht unverständig.
Ziehe die Kleider aus, und lasse das Floß in dem Sturme
Treiben; spring in die Flut, und schwimme mit strebenden Händen
An der Phäaken Land, allwo Dir Rettung bestimmt ist.
Da, umhülle die Brust mit diesem heiligen Schleier,
Und verachte getrost die drohenden Schrecken des Todes.
Aber sobald Du das Ufer mit deinen Händen berührest,
Löse den Schleier ab, und wirf ihn ferne vom Ufer
In das finstere Meer, mit abgewendetem Antlitz."
Also sprach die Göttin, und gab ihm den heiligen Schleier;
Fuhr dann wieder hinab in die hochaufwallende Woge,
ähnlich dem Wasserhuhn, und die schwarze Woge verschlang sie.

Weiterhin erscheint Zeus im Zusammenhang mit Hera als Kuckuck und im Zusammenhang mit Leto als Wachtel.

Der Thraker-König Tereus und seine Frau, die griechische Königstochter Philomela sowie deren Schwester Prokne wurden von Zeus in Vögel verwandelt, um das Morden in dieser Familie zu beenden. Tereus wurde zu einem Wiedehopf und in einem anderen Bericht zu einem Habicht, Philomela zu einer Schwalbe bzw. zu einer

64

Nachtigall, und Prokne in beiden Berichten zu einer Nachtigall.

VIII 3.   andere Völker

VIII 3. a)   Sumer

In Sumer wurden die Ahnen im Jenseits als Menschen in einem Federkleid dargestellt.

VIII 3. b)   Ägypten

In Ägypten wurde die Seele als Vogel (Falke) mit Menschenkopf abgebildet. Es gab jedoch auch die Darstellung der Seele als einfacher Vogel: Kranich, Ibis, Gans, Falke, Geier u.a.

Von dem Pharao Chephren, dem Erbauer der zweithöchsten Pyramide von Gizeh ist eine Statue erhalten geblieben, auf der sein Falken-Seelenvogel schützend hinter seinem Nacken sitzt.

VIII 3. c)   Engel

Im Judentum, im Christentum und im Islam sind die Seelen Menschen mit Flügeln: Engel.

VIII 3. d)   Indianer

Bei den Indianern sind die Seelen in der Regel einfache Vögel, also keine Mensch-Vogel-Mischwesen. Meistens sind es unauffällige Vögel wie Krähen oder Raben.

VIII 3. e)   Göbekli Tepe

Zu dieser Zeit, also um ca. 10.000-8.000 v.Chr. sind die Seelenvögel Kraniche gewesen. Sie unterschieden sich von normalen Kranichen dadurch, daß sie ihre Beine an den Knien nicht wie normale Kraniche nach vorne knicken konnten, sondern wie Menschen nach hinten.

Die Sonnenmutter erschien hingegen als Geier.

VIII 3. e) Nevali Cori

In etwa zur selben Zeit wie in Göbekli Tepe wurde in einem der Tempel von Nevali Cori ein Totempfahl aufgerichtet, auf dem eine Frau mit zwei Seelenvögeln dargestellt worden ist.

Es gibt noch eine zweite Darstellung, in der der Vogel wie auf der ägyptischen Chephren-Statue hinter dem Nacken der Frau sitzt.

VIII 3. f) Altsteinzeitliche Höhlenmalerei

Die Darstellung eines Verwundeten oder toten Jägers in der Höhle von Lascaux, neben dem ein Vogel auf einen Stab sitzt, wird die älteste Darstellung eines Seelenvogels sein.

VIII 4. Zusammenfassung

Die Vogel-Verwandlung bezieht sich auf den Seelenvogel. Ein Mann mit einem Vogelkopf ist daher entweder ein Toter oder ein Schamanen-Zauberer, der jemanden ins Jenseits führt – entweder erwünscht bei Bestattungen, Einweihungen, Krönungen u.ä. oder unfreiwillig bei tödlichen Zaubern und Flüchen.

Die Seelenvogel-Verwandlung ist weltweit verbreitet und wird als Vogel, Mensch mit Flügeln, Mensch im Federkleid, Mensch mit Vogelkopf, Vogel mit Menschenkopf usw. dargestellt.

C Die Verwandlung in ein Insekt

Die Verwandlung eines Menschen in ein Insekt ist eine Variante der Verwandlung in einen Vogel. Die flugfähigen Insekten konnten wie die Vögel das Erlebnis der Astralreise, also das Schweben der Seele über dem eigenen Körper, illustrieren.

Diese Symbolik ist allerdings im Laufe der Zeit etwas ungenau geworden, sodaß auch die nicht-flugfähigen Insekten als Seelen-Symbole verwendet wurden.

IX Die Verwandlung in eine Fliege

IX 1. Germanen

IX 1. a) Die Saga über Hedin und Högni

Eine solche Verwandlung ist nur von Loki bekannt. Über sie wird in der Saga über Hedin und Högni berichtet:

Loki ging zu Freyas Frauenzimmer und fand es verschlossen. Er versuchte hinein zu gelangen, aber es glückte ihm nicht. Es war eisig draußen und ihm begann sehr kalt zu werden. Da verwandelte er sich in eine Fliege. Er flog an allen Schlössern und Kanten entlang, aber konnte keine Lücke finden um hineinzugelangen außer einer kurz unter dem Giebel, und selbst die war nicht größer als das man eine Nadel hineinstecken konnte – aber er schaffte es sich hineinzubohren.

Als er hineingelangt war, öffnete er seine Augen weit und frug sich, ob wohl jemand wach sei, aber er sah, daß alle in dem Frauenzimmer schliefen. Daher ging er weiter zu Freyas Bett und sah, daß sie ihre Kette um ihren Hals trug, aber auf dem Schloß der Kette liegt. Da verwandelte er sich in einen Floh. Er setzte sich auf Freyas Wange und biß sie so, daß sie erwachte und sich umdrehte und dann weiterschlief. Dann legte Loki seine Floh-Gestalt ab, nahm ihr die Kette ab, entriegelte das Frauenzimmer und kehrte zu Odin zurück.

IX 2.   andere Völker

IX 2. a)   Ägypten

In Ägypten gab es den „Fliegen-Orden" für „unermüdlichen Mut im Angriff im Kampf". Dieser Orden hat jedoch keinen mythologischen Hintergrund, sondern bezieht sich schlicht auf das Verhalten der Fliegen: der mit einem solchen Orden ausgezeichnete Krieger ist im Kampf unbeirrbar wie eine Fliege gewesen.

IX 2. b)   Naher Osten

Die bekannte Übersetzung von „Beelzebub" als „Herr der Fliegen" ist ein Irrtum, da „Ba'al", auf den der Teufelsname „Beelzebub" zurückgeht, „Herr Sonne" bedeutet.

IX 1.   Zusammenfassung

Die Fliegen-Gestalt des Loki wird ein Alternativ-Bild zu dem Seelenvogel sein. Dieses Motiv ist ansonsten nicht bekannt.

X Die Verwandlung in eine Mücke

Eine solche Verwandlung wird nur von Loki berichtet, der sich offenbar in viele Tiere verwandeln konnte.

X 1. Germanen

X 1. a) Skaldskaparmal

Warum wird Gold „Sifs Haar" genannt?
Loki, Laufeyjas Sohn, hatte der Sif in hinterlistiger Weise alles Haar abgeschoren.
Als Thor das gewahrte, ergriff er Loki und würde ihm alle Knochen zerschlagen haben, wenn er nicht geschworen hätte, von den Schwarzelfen zu erlangen, daß er der Sif Haare von Gold machte, die wie anderes Haar wachsen sollten.

Sif ist Thors Frau.

Darauf fuhr Loki zu den Zwergen, die Iwaldis Söhne heißen.

„Iwaldi" bedeutet „Allherrscher". Die Zwerge, zu denen Loki geht, sind folglich die Söhne des Tyr.

Diese machten das Haar und zugleich Skidbladnir und den Spieß Odins, der Gungnir heißt.
Da verwettete Loki sein Haupt mit dem Zwerge, der Brock heißt, daß dessen Bruder Sindri nicht drei ebenso gute Kleinode machen könnte, wie diese wären.

Die Söhne des Iwaldi-Tyr heißen somit Brock („Metallklumpen") und Sindri („Funken"). Diese zwei Söhne des Tyr gehen auf die beiden Pferde-Söhne des indogermanischen Göttervaters zurück, die seinen Streitwagen ziehen. Diese beiden Schimmel starben am Abend zusammen mit ihrem Vater und wurden dadurch zu Totengeistern, d.h. zu Zwergen.

Anfangs schmiedete der Göttervater wie in den Mythen anderer indogermanischer Völker auch sein am Abend zerbrochenes Schwert selber wieder neu. In dieser Funktion heißt Tyr bei den Germanen „Wieland", d.h. der „kunstfertige Handwerker". Nach einer Weile übernahmen die beiden Söhne des Tyr jedoch diese Aufgabe und wurden so zu Schmieden.

Da das Schwert des Tyr ein magisches Schwert war, wurden die beiden Söhne des Tyr zauberkundige Schmiede. Es lag nahe, sie auch als die Hersteller aller anderen magischen Gegenstände der Götter anzusehen.

Als der Reiter Odin den Streitwagenfahrer Tyr als Göttervater ablöste, wurde aus den beiden Schimmel-Söhnen des Göttervaters das achtbeinige „Doppelpferd" Sleipnir.

Und als sie zu der Schmiede kamen, legte Sindri eine Schweinshaut in die Esse und gebot dem Brock zu blasen und nicht eher aufzuhören, bis er aus der Esse nähme, was er hineingelegt hatte. Aber sobald Sindri aus der Schmiede gegangen war und Brock blies, setzte sich eine Fliege auf seine Hand und stach ihn. Dennoch hörte er nicht auf mit Blasen bis der Schmied das Werk aus der Esse nahm. Da war es ein Eber mit goldenen Borsten.

Die Fliege ist natürlich Loki, der die Wette gegen Sindri gewinnen will – Loki hatte sich auch schon beim Raub des Brisingamen erst in eine Fliege und dann in einen Floh verwandelt. Möglicherweise ist dieses Motiv relativ neu und sollte vor allem erklären, warum die Zwerge zwei Dreiergruppen von magischen Gegenständen hergestellt haben.

Darauf legte er Gold ins Feuer und gebot ihm, zu blasen und nicht eher mit Blasen abzulassen, bis er zurückkäme. Er ging hinaus; aber die Fliege kam wieder, setzte sich jenem auf den Hals und stach nun noch einmal so stark; doch fuhr er fort zu blasen bis der Schmied aus der Esse einen Goldring zog, der Draupnir heißt.
Darauf legte er Eisen in die Esse und hieß ihn blasen und sagte, alles sei vergebens, wenn er mit Blasen innehielte. Da setzte sich ihm eine Fliege zwischen die Augen und stach ihm in die Augenlider, und als das Blut ihm in die Augen troff, daß er nichts mehr sah, griff er schnell mit der Hand zu, während der Blasbalg ruhte, und jagte die Fliege fort.
Da kam der Schmied zurück und sagte, beinahe wäre das nun völlig verdorben, was in der Esse läge. Darauf zog er einen Hammer aus der Esse.

X 2. Zusammenfassung

Für die Stechmücken-Gestalt des Loki sind drei Wurzeln denkbar:
- ein Alternativ-Bild zu den Seelenvogel,
- eine Entsprechung zu Lokis Flugschuhen, die letztlich eine technisch-magisches Alternativ-Bild zu dem Seelenvogel sind,
- ein anschauliches Alltags-Beispiel für Lokis Bereiten von Sorgen und Qualen für die Menschen, deren größte sein Verursachen des Winters bzw. des zum Ragnarök vergrößerten Winters ist.

71

XI Die Verwandlung in einen Floh

XI 1. Germanen

XI 1. a) Die Saga über Hedin und Högni

Eine solche Verwandlung ist nur von Loki bekannt. Über sie wird in der Hedin-Saga berichtet:

Loki ging zu Freyas Frauenzimmer und fand es verschlossen. Er versuchte hinein zu gelangen, aber es glückte ihm nicht. Es war eisig draußen und ihm begann sehr kalt zu werden. Da verwandelte er sich in eine Fliege. Er flog an allen Schlössern und Kanten entlang, aber konnte keine Lücke finden um hineinzugelangen außer einer kurz unter dem Giebel, und selbst die war nicht größer als das man eine Nadel hineinstecken konnte – aber er schaffte es sich hineinzubohren.

Als er hineingelangt war, öffnete er seine Augen weit und frug sich, ob wohl jemand wach sei, aber er sah, daß alle in dem Frauenzimmer schliefen. Daher ging er weiter zu Freyas Bett und sah, daß sie ihre Kette um ihren Hals trug, aber auf dem Schloß der Kette liegt. Da verwandelte er sich in einen Floh. Er setzte sich auf Freyas Wange und biß sie so, daß sie erwachte und sich umdrehte und dann weiterschlief. Dann legte Loki seine Floh-Gestalt ab, nahm ihr die Kette ab, entriegelte das Frauenzimmer und kehrte zu Odin zurück.

XI 2. Zusammenfassung

Für die Floh-Gestalt des Loki sind dieselben drei Wurzeln wie für Lokis Floh-Gestalt denkbar:
   - ein Alternativ-Bild zu den Seelenvogel,
   - eine Entsprechung zu Lokis Flugschuhen, die letztlich eine technisch-magisches Alternativ-Bild zu dem Seelenvogel sind,
   - ein anschauliches Alltags-Beispiel für Lokis Bereiten von Sorgen und Qualen für die Menschen, deren größte sein Verursachen des Winters bzw. des zum Ragnarök vergrößerten Winters ist.

XII Die Verwandlung in eine Spinne

XII 1. Germanen

Das Motiv einer möglichen Spinnen-Verwandlung ist von den Germanen nur aus einigen alten Sprichworten bekannt.

XII 1. a) Sprichworte

In Island gibt es einige Loki-Redewendungen, die sich auf das Nähen beziehen und daher einen Zusammenhang mit den Spinnenfäden haben könnten.

1.

In Island sagte man früher, wenn der Nähfaden einen Knoten gebildet hatte:

„Da ist ein Loki auf dem Nadel-Faden!"

Eine ganz ähnliche Vorstellung gibt es auch in Dänemark.

2.

Wenn sich das Garn so sehr verknotet hat, daß man es nicht mehr benutzen kann, sagte man auf Island:

„Das ist für Lokke (Loki)*, damit kann er sich seine Hosen flicken!"*

3.

Es gibt auf Island auch einen Zauberspruch für das Entwirren der von Loki verknäulten Fäden:

„Speerspitze wird Dein Vater genannt,
Schusterahle wird Deine Mutter genannt
– sie sollen Dich beide in den Hintern stechen,
wenn Du nicht die Fäden verläßt!"

In einer Variante dieses Spruches wird Lokis Mutter statt „Schusterahle" einfach „Nal", d.h. „Nadel" genannt – so wie auch schon Snorri Sturluson in der Edda sagt, daß Lokis Mutter Laufey manchmal auch „Nal" genannt wird. Der Ursprung dieses Motivs ist vermutlich, daß Laufey als eine Gestalt der Jenseitsmutter-Norne aufgefaßt worden ist.

4.

In Island gibt es die Vorstellung, daß man, wenn man das Ende eines Fadens leckt, um ihn besser in das Nadelöhr einfädeln zu können, Lokis Hintern leckt. Der einmal U-fömig umgeknickte Faden, den man durch das Nadelöhr steckt, könnte dabei Lokis Hinterteil repräsentieren. Solch ein umgeschlagener Faden wird *„lykkja"* genannt, was wie der Name „Loki" von „luk" („schließen") abstammt.

5.

Loki wurde in Schweden auch als Spinne angesehen und die Spinnennetze als sein Werk. Dies entspricht seinem Erfinden des Fischernetzes in der Edda und dem Fangen des Andvari mit einem Netz in „Das andere Lied über Sigurd Fafnir-Töter".

Diese Netze sind vermutlich eine weitere Ausweitung des Faden/Knoten-Motivs, das seinen Ursprung in Lokis Mutter Laufey-Nal hat, die als Norne den Lebensfaden spinnt.

Es ist gut denkbar, daß diese Vorstellungen nicht nur auf der Erinnerung an Loki als Unheilstifter beruhen, sondern daß Lokis Mutter eine Näherin gewesen ist. Diese Näherin wäre dann eine Variante der Spinnerinnen und der Weberinnen, als die die Nornen und später auch die Walküren angesehen wurden.

Die Nornen sind ursprünglich die Jenseitsmutter gewesen, die bei der Geburt auch das Schicksal des Kindes festlegt. Die Auffassung von Lokis Mutter als der Jenseitsgöttin würde gut zu diesem Jenseitsgott passen – zumal der Name von Lokis Mutter „Laufey" („Laubinsel") auch eine Bezeichnung für „Hel" sein könnte.

In den Mythen hätte dann eine Umdeutung der Jenseitsgöttin-Norne „Nal" von der Mutter des Loki zu der Tochter des Loki („Hel") stattgefunden. Dies ist eine Entwicklung, die sich in vielen Religionen während der Phase beobachten läßt, in der der

Einfluß des Königtums die Götter allmählich in ein hierarchisch-patriarchales System umbaut.

Der Stammbaum der „Faden"-Motive wird in etwa wie folgt aussehen:

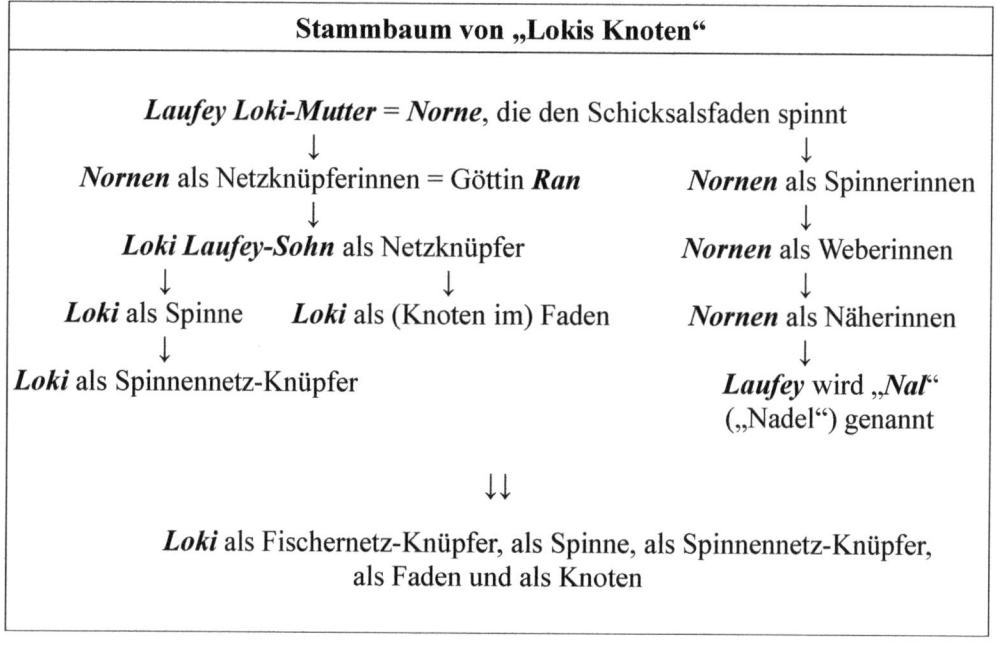

Stammbaum von „Lokis Knoten"

Laufey Loki-Mutter = *Norne*, die den Schicksalsfaden spinnt
↓ ↓
Nornen als Netzknüpferinnen = Göttin *Ran*   *Nornen* als Spinnerinnen
↓ ↓
Loki Laufey-Sohn als Netzknüpfer   *Nornen* als Weberinnen
↓ ↓ ↓
Loki als Spinne   *Loki* als (Knoten im) Faden   *Nornen* als Näherinnen
↓ ↓
Loki als Spinnennetz-Knüpfer   *Laufey* wird „*Nal*"
(„Nadel") genannt

↓↓

Loki als Fischernetz-Knüpfer, als Spinne, als Spinnennetz-Knüpfer,
als Faden und als Knoten

Möglicherweise wurden auch Lokis Intrigen als eine Form des „Spinnens des Schicksalsfadens" durch Loki Nornen-Sohn angesehen – aber das ist nur eine Vermutung, die nicht durch überlieferte Texte belegt ist.

Schließlich könnte auch noch Lokis durch den Zwerg Brokk mit einer Schusterahle zugenähter Mund in diese Symbolik gehören. Dadurch verhinderte dieser Zwerg, daß Loki sprechen konnte (Worte sind Lokis schärfste Waffe) und das Funktionieren des Blasebalges behindern konnte.

XII 2.   andere Völker

XII 2. a)   Dakotas

Die Spinnenfrau Iktomi in den Dakota-Mythen erfindet immer wieder neue Dinge (wie z.B. das Internet), die zu ihrem Vorteil sein sollen – aber meistens hat sie letztlich nur Schaden von ihren eigenen Erfindungen und Listen.

XII 2. b)   Westafrika

Der Spinnenmann Ananse hat in Westafrika dieselbe Funktion wie Iktomi bei den Dakotas und Loki bei den Germanen: Er ist der Trickster, der oft nur sich selber austrickst.

XII 3.   Zusammenfassung

Es ist unklar, wie alt das Motiv von Lokis Spinnen-Gestalt ist, da es nur aus der nordischen Folklore bekannt ist. Dies Motiv hängt mit Loki als Netze-Knüpfer und mit seiner Mutter als Norne zusammen.

Dieses Motiv konnte sich vielleicht auch deshalb bilden, weil sich Loki oft in die verschiedensten Tiere verwandelt.

Die Spinnenfrau Iktomi der Dakotas und der Spinnenmann Ananse in Westafrika haben denselben Trickster-Charakter wie Loki – das scheint im Wesen der Spinnen zu liegen …

D Die Verwandlung in eine Schlange oder in einen Drachen

Drachen sind große Schlangen, die Feuer speien können und evtl. auch Flügel haben. Sie sind die Ahnen in der Unterwelt – ihr Feueratem stammt von dem Bestattungsfeuer und ihre Flügel stammen von dem Seelenvogel.

XIII Die Verwandlung in eine Schlange

XIII 1. Germanen

XIII 1. a) Skaldskaparmal

Die Verwandlung in eine Schlange („Wurm") ist aus der schriftlichen Überlieferung nur von Odin bekannt, der diese Gestalt annahm, als er in das Hügelgrab der Gunnlöd, d.h. ins Jenseits kroch.

Über diese Verwandlung wird in der Skaldskaparmal berichtet:

Baugi bohrte weiter und als Bölwerk zum andernmal hineinblies, flogen die Splitter einwärts. Da wandelte sich Bölwerk in einen Wurm und schlüpfte in das Bohrloch.

XIII 1. b) Goldhörner von Gallehus

Diese Symbolik muß jedoch noch um 400 n.Chr. sehr weit verbreitet gewesen sein, wie die Mensch-Schlange-Mischformen auf dem größeren der beiden Goldhörner von Gallehus zeigen:

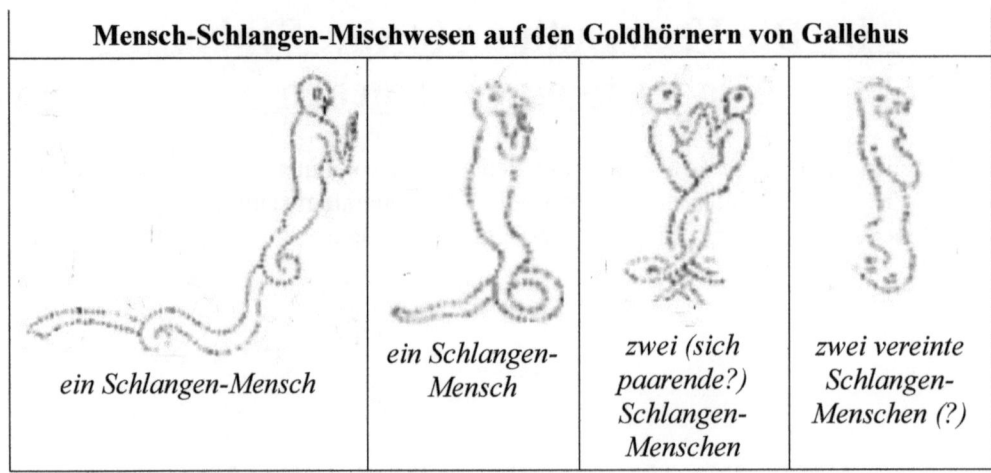

Mensch-Schlangen-Mischwesen auf den Goldhörnern von Gallehus

ein Schlangen-Mensch	*ein Schlangen-Mensch*	*zwei (sich paarende?) Schlangen-Menschen*	*zwei vereinte Schlangen-Menschen (?)*

XIII 1. c) Schlangenhelme

Auf den Maskenhelmen der Germanen ist des öfteren auf dem Scheitel eine Schlange dargestellt, deren Kopf vorne zwischen den Augenbrauen („Drittes Auge") endet. Diese Schlange wird primär die Kundalini sein, durch die die Kampfekstase geweckt werden kann, und außerdem auch der ehemalige Sonnengott, Göttervater, Königsgott und Kriegsgott Tyr als Sonnendrache.

Es ist allerdings gut denkbar, daß sich die Fürsten, wenn sie einen solchen Schlangenhelm trugen, auch als Schlange ansahen – allerdings ist es den Texten zufolge wahrscheinlicher, daß sie sich als Drachen ansahen (siehe auch das folgende Kapitel über die Drachen-Verwandlung).

Diese Helme sind in dem Kapitel „Helme" in Band 66b abgebildet und werden dort genauer betrachtet.

XIII 1. c) Kenningar

In den Kenningar finden sich viele Belege dafür, daß die Schlangen (und Drachen) in den Hügelgrab die Ahnen gewesen sind – die Toten haben sich bei ihrer Bestattung in Schlangen verwandelt.

XIII 2. Indogermanen

XIII 2. a) Inder

In der indischen Mythologie können sich die Schlangengeister, die „Nagas" genannt werden, in Menschen verwandeln – vermutlich sind sie ursprünglich Ahnengeister gewesen.

XIII 2. b) Armenier

In der armenischen Mythologie gibt es eine in Flüssen lebende Riesenschlange, die „Nhang" genannt wird. Ihr Name ist vermutlich mit dem indischen „Naga" verwandt. Die Nhang kann sich in eine Frau oder in einen Seehund verwandeln und lockt Menschen in ihr Verderben und saugt ihnen ihr Blut aus. Die Nhang ist offenbar die Jenseitsgöttin, die die Gestalt der von ihr wiedergeborenen Schlangen-Ahnengeister angenommen hat und deren Verbindung mit der Unterwelt zu einem Töten von Menschen umgedeutet worden ist.

Die Ahnengeister selber haben sich in die wohltätigen Shahepets verwandelt, die als Mann oder als Schlange erscheinen können.

XIII 3. andere Völker

XIII 3. a) Tartaren

In den Mythen der Tartaren in Südost-Rußland erscheint die Jenseitsgöttin in der Gestalt der hundert Jahre alten Schlange Yuxa, die nach Männer sucht, um mit ihnen Kinder zu haben. Hier hat sich das Motiv der Wiederzeugung in den Vordergrund geschoben.

XIII 3. b)   Ägypten

In Ägypten erscheint die Schlange vor allem als Kundalini (Uräus-Schlange), als Fruchtbarkeitsgöttin (Renenutet) und als Unterweltsgottheit (Apophis).

Lediglich Renenutet konnte auch als Frau mit Schlangenkopf erscheinen – was aber genaugenommen nur zwei Erscheinungsformen dieser Schlangengöttin sind und kein Gestaltwandel ist.

XIII 3. c)   China

In China wird die Geschichte von „Frau Weiße Schlange" erzählt, die ein Schlangengeist in einem See ist, der die Unsterblichkeit erlangt. Sie kann sich in eine schöne junge Frau verwandeln – sie ist offenbar eine Umdeutung einer Jenseitsgöttin in der Wasserunterwelt.

Später vereint sie sich mit einem Mann, was zu allerlei Problemen führt – diese Schwierigkeiten sind Umdeutungen der Mühen auf der Reise in das Jenseits zu der Jenseitsgöttin als der Wiederzeugungs-Geliebten der Toten.

XIII 3. c)   Göbekli Tepe

Aus Göbekli Tepe sind zwar die Schlangen-Totengeister gut bekannt, aber es wird keine Verwandlung eines Menschen in eine Schlange oder ein Schlangen-Mensch-Mischwesen dargestellt. Allerdings ergibt sich aus der Schlangen-Gestalt der Ahnengeister, daß bei dem Tod der Menschen eine Schlangen-Verwandlung stattfindet.

XIII 4.   Zusammenfassung

Odin verwandelte sich auf seiner Jenseitsreise zu Gunnlöd in eine Schlange, also in die Gestalt eines Totengeistes in seinem Hügelgrab.

Wie die Mensch-Schlange-Mischgestalten auf dem größeren der beiden Goldhörner von Gallehus zeigen, muß diese Schlangen-Symbolik um 400 n.Chr. bei den Ger-manen noch allgemein üblich gewesen sein.

Die Symbolik der Schlangen-Ahnengeister läßt sich durch Texte und Darstellungen bis in die frühe Jungsteinzeit in Göbekli Tepe nachweisen. Die mit Asien übereinstimmenden Mythen aus Europa und dem Nahen Osten läßt sich schließen, daß diese Symbolik mindestens bis zu den Mythen des Homo sapiens in der späten Altsteinzeit in Eurasien (50.000-10.000 v.Chr.) zurückreicht.

Die Schlange entspricht dem Drachen (siehe das folgende Kapitel „Verwandlung in einen Drachen" und den Band 41 „Die Symbolik der Schlangen und Drachen").

XIV Die Verwandlung in einen Drachen

XIV 1. Germanen

Die Germanen stellten sich die Totengeister als Schlangen vor, da die Toten in ihrem Erdgrab lagen und die Schlangen auf der Erde bzw. in Erdhöhlen lebten. Die Drachen sind letztlich große Schlangen, die das Motiv des Bestattungsfeuers und das Motiv der Flügel des Seelenvogels hinzugenommen haben. Daher ist die Drachen-Verwandlung ein häufiges Motiv in den germanischen Mythen.

Sowohl die Toten als auch die Götter auf der Jenseitsreise konnten die Gestalt eines Drachen annehmen und ebenso die Jenseitsgöttinnen (und ihnen folgend die Zauberinnen), da die Jenseitsgöttin aufgrund der Wiederzeugungs-Symbolik dieselbe Gestalt wie die Toten haben mußte.

XIV 1. a) Skaldskaparmal

Fafnir ist einer der drei Söhne des Hreidmar (der alte Tyr). Er ist vermutlich ein Zwerg oder zumindestens ein Jenseitsbewohner. Seine „nachträgliche" Verwandlung in einen Drachen gehört eigentlich an den Anfang der Geschichte bzw. an das Ende des Lebens des Fafnir – aber in der Saga ist die Drachenverwandlung bei den Lebenden zu einer Art von mächtigem Zauber umgedeutet worden.

Fafnir hatte das Schwert Hrotti und den Helm, den Hreidmar besessen hatte, genommen und den auf sein Haupt gesetzt. Dieser Helm hieß Ögishelm und war allen Lebendigen ein Schrecken zu schauen. Regin hatte das Schwert, das Refil hieß: damit entfloh er; Fafnir fuhr auf die Gnitaheide, machte sich da ein Bett, nahm Schlangengestalt an und lag auf dem Gold.

Der Name des Schwertes „*Hrotti*" des Fafnir bedeutet „Ruhm".

Das Schwert „*Refil*" hat wie etliche andere berühmte Schwerter der Germanen einen ironischen Namen, denn „Refil" bedeutet „Sparren" (langes, schmales Brett).

Der Name des Helmes „*Ögis*" des Fafnir bedeutet „Schrecklicher". Man kann zumindestens vermuten, daß dieser Helm die Gestalt eines Drachenkopfes hatte, da Fafnir sich in einen Drachen verwandelte, nachdem er sich diesen Helm aufgesetzt hatte. Drachenköpfe wurden als schrecklich angesehen – deshalb trugen die Wikingerschiffe an ihrem Bug geschnitzte Drachenköpfe. Die Wirkung dieser Drachenköpfe nahm man so ernst, daß der erste Paragraph der alten isländischen Verfassung bestimmte, daß von jedem Wikingerschiff der Drachenkopf abgenommen werden muß bevor Island in Sicht kommt, damit die Pukis (hilfreiche Erdgeister) nicht von den Drachenköpfen verjagt werden.

Der Ursprung dieser Drachenhelm-Symbolik liegt vermutlich in dem Brauch, den Toten bzw. den Jenseitsreisenden in das Fell des Herdentieres einzuwickeln, das für ihn geopfert wurde. Der Betreffende wurde dadurch rituell-symbolisch zu diesem Tier. Das Aufsetzen des Ögis-Helmes als Ursache für die Verwandlung in einen Drachen wird daher eine Weiterentwicklung der Verwandlung in einen Hirsch, Stier, Hengst o.ä. durch das Einwickeln in das Fell des betreffenden Tieres sein.

Dieser Übergang wird vermutlich dadurch entstanden sein, daß in der Wikingerzeit die Schlange bzw. der Drache die Gestalt war, in der man sich die Toten oft vorstellte – der Drache ersetzte auch im Zusammenhang mit der Bestattung die Hirsch-, Stier- und Pferdegestalt des Toten. Die Übertragung dieser Wirkung auf einen Helm könnte dadurch entstanden sein, daß man den Toten wertvolle Gegenstände mit in ihr Hügelgrab legte, wozu neben dem oft als magisch angesehen Schwert auch ein Helm gehörte, der dann leicht die magische Wirkung der Drachenverwandlung übernehmen konnte. Vermutlich wird auch der Drachen-Maskenhelm bei der Entstehung dieser Symbolik mitgewirkt haben.

Der Name „Gnitaheide" für das Lager des Fafnir als Drache ist ein ironischer Name, denn er bedeutet „Geiz-Heide" – das „Lager" des Drachen war jedoch der Grabschatz in dem Hügelgrab. „Fafnir" („Habgier") und „Gnita" („Geiz") haben fast dieselben Bedeutung.

Fafnir verwandelte sich in eine Schlange, d.h. in einen Drachen. Vermutlich hat er sich in dieses Tier verwandelt, indem er sich den Ögishelm aufsetzte – wobei dies dann wieder die Übertragung eines ursprünglich mythologischen Motives in den magisch-technisch-handwerklichen Bereich wäre.

XIV 1. b) Völsungen-Sage

Regin:

„Fafnir wurde so böse, daß er begann, herumzuliegen und niemandem einen Anteil an seinem Schatz gönnte und wurde so zu dem schlimmsten aller Drachen und er liegt nun immer brütend auf diesem Schatz.

Ich jedoch ging zu dem König und wurde sein Meisterschmied. Und das ist die Geschichte darüber, wie ich das Erbe meines Vaters und das Wergeld für meinen Bruder verlor."

XIV 1. c)   Thidrek-Sage

Mimir hatte einen Bruder (Fafnir), *der ebenfalls sehr geschickt und stark war, aber auch bösartig. Das wurde ihm heimgezahlt, denn er trieb soviel Zauberei und Troll-künste, daß er gar ein Drache wurde, wie die Geschichte erzählt. Da wollte er jeden erwürgen, denn er war ein solches Ungeheuer, daß zehn Mann nicht in seine Nähe zu kommen wagten. Niemand außer seinem Bruder Mime* (Regin) *konnte an sein Lager.*

XIV 1. d)   Die Saga über Bosi und Herraud

König Harek, der sehr wahrscheinlich eine Saga-Vairante des Tyr ist, war zauber-kundig und konnte sich in einen Drachen verwandeln:

Doch dieser Schlag brachte Harek so sehr aus dem Gleichgewicht, daß er sich in einen fliegenden Drachen verwandelte und Gift über das ganze Schiff spuckte und dadurch viele Männer tötete. Er stürzte sich auf Smidur herab und verschlang ihn.

Die Germanen unterschieden bei den Drachen nicht zwischen „Gift" und „Feuer".

XIV 1. e)   Die Saga über Halfdan Eystein-Sohn

Auch in dieser Saga verwandelt sich König Harek in einen Drachen:

Dann verwandelte sich König Harek in einen fliegenden Drachen und schlug mit seinem Schwanz nach Skuli, sodaß er bewußtlos geschlagen wurde.
Dann stürmte ein Krieger mit dem Namen Grubs gegen ihn vor und schlug einen Fuß des Drachens ab, aber der Drache packte Grubs mit seinen anderen Tatzen und riß seine Leistengegend auf.
Da erholte sich Halfdan und schlug den Drachen auf seinen Nacken und das war das Ende des Drachens.

XIV 1. f)   Die Saga über Sörli den Starken

Auch manche Wikinger-Zauberer konnten sich in Drachen verwandeln:

Tofi nahm die Gestalt eines Drachens an, denn er war fähig, seine Gestalt durch Magie zu verändern, und blies soviel Gift auf Sörli, daß dieser niederfiel und in dem schwarzen Rauch hustete. Aber Sörli schlug den Drachen in Stücke und Tofi verlor dort sein Leben.

Das „Gift" des Drachens ist hier deutlich als „Feuer" erkennbar, da das, was der Drache spuckt, Rauch verursacht.

XIV 1. g)   Die ältere Version der Huldar-Saga

In Drachen verwandelte Könige haben ihren Ursprung vermutlich in der nächtlichen Drachen-Verwandlung des ehemaligen Sonnengott-Göttervaters Tyr auf seiner Jenseitsreise – ähnlich wie Odins Schlangen-Verwandlung auf seine Reise in die Hügelgrab-Unterwelt zu Gunnlöd.

Da Tyr im Jenseits ein Riese ist, findet sich die Drachen-Verwandlung auch bei den Tyr-Riesen:

Er fuhr jedoch, obwohl sie ihn gewarnt hatte, heim und vergaß sie, während Magia eine Tochter zur Welt brachte, welche sie Huld nannte, aber sofort aussetzen ließ, den Rudent durch Zauber tötete und sich selbst zu Tode grämte.

Nun aber griff Gigas, ein Bruder Rudents und der Beherrscher der Thursen-Burg, ein Riese und arger Unhold voller Zauberkunst, ein.

Er holte sich in Drachengestalt das Kind, zog es bei sich auf und lehrte es mancherlei Zauberei.

XIV 1. h)   Die ältere Version der Huldar-Saga

Auch die Göttin Huldar und ihre beiden Töchter Thorgerdr und Irpa, die in dieser Saga alle drei als Zauberinnen angesehen werden, können sich in Drachen verwandeln.

Der Ursprung dieser Göttinnen-Gestalt ist die Wiederzeugung, bei der die Toten und die Jenseitsgöttin dieselbe Gestalt haben: zwei Schlangen, zwei Drachen, Ziege und Ziegenbock, Kuh und Stier, Hengst und Stute, Eber und Sau, Hindin und Hirsch usw.

Da berief Huld alle Riesen und Unholde in den Nordlanden auf zwölf Monate hinaus zu einer Versammlung nach den Hallmundarheidir in Jötunheim, und an diesem Alljahres-Thing wollte sie ihren Spruch tun.

Den Odinn aber, sprach die Erzählerin, habe sie zu sich gelockt, um seiner zu genießen, wofür sie ihm aber auch die Ehre antun wolle, ihm die Fällung des Spruches den Unholden gegenüber zu übertragen.

Zugleich empfahl sie ihm ihre beiden Töchter, Thorgerd und Yrpa. Dann zog sie tatsächlich mit Odinn zu der Versammlung der Unholde, er auf seinem Rosse, sie aber in dem alten Drachengewand. Dort gab Odinn seinen Schiedspruch dahin ab, daß Huld die Oberkönigin aller Unholde im Norden sein solle.

Die „Oberkönigin aller Unholde im Norden" ist offenbar die „Jenseitsgöttin aller Totengeister in Niflheim".

XIV 1. i)   Die ältere Version der Huldar-Saga

Das ganze von Hrungnir (Tyr) beherrschte Unholdenpack im Myrkvidarskoge war so zauberkundig, daß nur Odin und Huld ihm gewachsen waren; aber auf der letzteren Hilfe war mit Sicherheit zu rechnen. Daher sollte die Fahrt sofort angetreten werden.

Im Kampfe aber sollte Skjalgr selbst dem Hrungnir gegenübertreten, dessen Brüder Kolbjörn und Keingr dem Hrotti und dem Valbrand, Kollr aber dem Vikarr, um diesem die Gjaflaug abzugewinnen.

Sechzig Riesen wurden mit Schild und Schwert ausgerüstet; dann begannen sie auf Schneeschuhen die Fahrt.

Während einer Nachtruhe überfiel Flegda die Schar und schlug mit einem Schwerte nach Skjalg, aber der Hund Skotti hatte gewacht und schützte ihn so kräftig, daß die Hamhleypa fliehen mußte.

Da wurden sie von einer plötzlich einfallenden Finsterniss umnachtet, aber der Hund führt sie auf dem richtigen Weg weiter, bis es wieder hell wurde und sie die Gegend des Myrkvidarskogs erkannten, an deren Westgrenze, den Gränuvellir, sie dann Rast hielten.

Hamhleypa = ham (Haut beim Gestaltwechsel in ein Tier) + hleypa (Rennen) = Frau, die in der Gestalt eines Tieres, in das sie sich verwandelt hat, rennt = „Hexe"

In dieser Zeit hatte Flegda einen Traum, durch den sie das Bevorstehende erfuhr und darüber dem Hrungnir berichtete. Alle Unholde rüsteten sich zum Kampf und hundert Riesen zogen mit Hrungnir aus.

Auf der Ebene mit dem Namen Grün-Quelle begegneten sich beide Scharen und nach einem kurzen Wortwechsel begann der Kampf. Skjalgr tötete in diesem den Hrungnir, Kollr den Vikar und Valbrand, und auch Hrotti fiel mit allen übrigen Unholden.

Gjaflaug sah jedoch inzwischen, wie ein großer Drache heranflog und zwei ihm sich entgegenstellende Geier tötete; da fand man Flegda und Molda tot.

Zugleich greifen zwei große Trollfrauen die im Haus zurückgeblieben waren, die Unholde an; von jedem ihrer Finger flog ein Pfeil, je einen Unbolden tötend, und überdieß spie der große Drache Gift und Feuer auf sie, so daß sie alle den Tod fanden.

Jetzt erst verschwandt der Drache mit den beiden Weibern. Sie erkannten, daß dies Huld mit ihren beiden Töchtern gewesen war.

Sie fanden Gjaflaug unverletzt, die Behausung der Unholde wurde geplündert und verbrannt, und dann die Rückreise angetreten.

Kurz vor dem Naumu-Tal trennte sich Skalgr von Kollr, nachdem er ihm die Hälfte der Beute überlassen und eine Reihe von Trägern mitgegeben hatte.

XIV 1. j)   Der Bildstein von Austers

Austers, 400-500 n.Chr.

Im Zentrum dieses Bildsteines, der in der Zeit von 400-500 n.Chr. hergestellt worden ist, ist die viergeteilte Sonne zu sehen, deren vier Viertel von je einem Wirbel ausgefüllt sind. Dies ist eine detailliertere Variante des indogermanischen Swastika-Sonnensymbols: ein Kreuz mit zur Seite gebogenen Enden, die das Rollen des Sonnenrades andeuten.

Oben sind ein Drache und ein Mann zu sehen, die sich zu begrüßen scheinen – sehr wahrscheinlich Tyr als Sonnendrache im Jenseits und als Sonnengott-Göttervater im Diesseits.

Unten ist ein Schiff zu sehen – vermutlich die Sonnenbarke, in der Tyr einst über den Himmel gefahren ist, wie die skandinavischen Felsritzungen zeigen.

XIV 2.   Indogermanen

XIV 2. a)   Kelten

Möglicherweise ist Uther Pendragon, der Vater des König Artus, auch ein Drache gewesen, da sein Name „Uther Drachenkopf" bedeutet. Vielleicht bezieht sich dieser Beiname aber auch nur auf einen Drachenhelm-Krone – der dann jedoch eine recht ähnliche Symbolik wie eine Drachen-Verwandlung haben müßte.

Da der Drache bei den Germanen mit Tyr verbunden ist könnten auch Uther Pendragon und König Artus Saga-Varianten des Göttervates Dagda als Drache sein. Für diese Deutung spricht auch, daß sowohl auf das Schwert des Tyr als auch auf einigen keltischen Schwertern Drachen eingraviert worden sind.

XIV 2. b)   Slawen

Außer bei den Germanen findet sich das Motiv der Drachen-Verwandlung nur noch vereinzelt bei den Slawen.

XIV 2. c)   Griechen

Als Kind der (menschengestaltigen) Hera könnte man auch die Riesenschlange Phyton zu den Drachenverwandlungen zählen. Vermutlich ist Hera einst die Jenseitsgöttin und Zeus die von ihr wiedergeborene Riesenschlange gewesen – analog zu dem von Freya wiedergeborenen Tyr-Sonnendrachen.

XIV 2. d)   Indogermanen

Bei den Indogermanen ist die Drachenverwandlung nur von den Germanen sicher überliefert.

Da die Auffassung der Totengeister als Schlangen auch außerhalb der indogermanischen Völker weit verbreitet ist, kann man die Drachen-Verwandlung als eine germanische Sonderform der Schlangen-Verwandlung ansehen.

XIV 3. andere Völker

XIV 3. a) China

Der Drache ist das Tier des chinesischen Kaisers gewesen, der sich daher zwar nicht in einen Drachen verwandelt, aber als eine Art Drache aufgefaßt worden ist.

XIV 4. Zusammenfassung

Die Drachen-Verwandlung stammt aus der Symbolik der Jenseitsreise, auf der sich die Toten in Schlangen bzw. Drachen verwandeln. Bei der Wiederzeugung wird auch die Göttin zur Schlange bzw. zum Drachen.

In den Sagas erscheint die Drachen-Verwandlung vor allem bei Zauberern und Zauberinnen.

Die ausdrückliche Verwandlung in einen Drachen findet sich nur bei den Germanen – bei den übrigen Völkern findet sich an ihrer Stelle das ältere Motiv der Verwandlung in eine Schlange.

E Die Verwandlung in ein Wassertier

XV Die Verwandlung in einen Lachs

XV 1. Germanen

Der Lachs ist bei den Germanen und Kelten ähnlich wie bei den kanadischen Indianern ein wichtiger Speisefisch gewesen und kommt daher auch in den Mythen dieser
drei Völker vor – allerdings nicht nur als Speisefisch.

XV 1. a) Gylfis Vision

In „Gylfis Vision" wird berichtet, daß sich Loki nach seinem Mord an Baldur auf
der Flucht vor den Asen in einen Lachs verwandelt. Der Tod des Baldur entspricht
dem Winteranfang, während die Flucht des Loki und seine Gefangennahme den Som-
meranfang symbolisiert. Lokis Verwandlung in einen Lachs ist somit ursprünglich
wahrscheinlich seine Reise in die Wasserunterwelt gewesen.

*Oft am Tag verwandelte er sich in Lachsgestalt und barg sich in dem Wasserfall,
der Franang hieß, und bedachte bei sich, welches Kunststück die Asen wohl erfinden
könnten, ihn in dem Wasserfall zu fangen.*

Wasserfälle bzw. die Höhlen, die sich manchmal hinter Wasserfällen befinden,
wurden als Eingang in die Unterwelt angesehen. Auch der Tyr-Zwerg Andvari lebt in
einem solchen Wasserfall.

*Und einst, als er daheim saß, nahm er Flachsgarn und verflocht es zu Maschen, wie
man seitdem Netze macht.*

In der Andvari-Mythe lieh sich Loki das Netz der Meeresriesin Ran aus, während er
hier als der Erfinder dieses Netzes dargestellt wird. Ran fischt mit ihren Netzen

Seeleute und zieht sie zu sich hinab in das nasse Grab. Das Netz der Ran ist folglich ein Hilfsmittel, um Menschen vom Diesseits in das Jenseits zu holen.

Dabei brannte Feuer vor ihm. Da sah er, daß die Asen nicht weit von ihm waren, denn Odin hatte von Hlidskialfs Höhe seinen Aufenthalt erspäht. Da sprang er schnell auf und hinaus ins Wasser, nachdem er das Netz ins Feuer geworfen hatte.

Und als die Asen zu dem Haus kamen, da ging er zuerst hinein, der von allen der Weiseste war und Kwasir hieß, und als er im Feuer die Asche sah, wo das Netz gebrannt hatte, da merkte er, daß dies ein Mittel sein sollte, Fische zu fangen, und sagte das den Asen. Da fingen sie an und machten ein Netz jenem nach, das Loki gemacht hatte, wie sie in der Asche sahen.

Dies ist die einzige Stelle in den Mythen der Germanen, an der Kwasir aktiv ist.

Und als das Netz fertig war, gingen sie zu dem Fluß und warfen das Netz in den Wasserfall. Thor hielt das eine Ende, das andere die übrigen Asen, und nun zogen sie das Netz. Aber Loki schwamm voran und legte sich am Boden zwischen zwei Steine, so daß das Netz über ihn hinweggezogen wurde, doch merkten sie wohl, daß etwas Lebendiges vorhanden sei.

In dieser Szene fangen die Asen den Loki, der sich in dem Jenseits-Wasser(-fall) verborgen hat.

Da gingen sie abermals an den Wasserfall und warfen das Netz aus, nachdem sie etwas so Schweres daran gebunden hatten, daß nichts unten durchschlüpfen mochte. Loki fuhr vor dem Netze her und als er sah, daß es nicht weit von der See sei, da sprang er über das ausgespannte Netz und lief zurück in den Fall.

Nun sahen die Asen, wo er geblieben war: da gingen sie wieder an den Wasserfall und teilten sich in zwei Haufen nach den beiden Ufern des Flusses. Thor aber mitten im Fluß watend folgte ihnen bis an die See. Loki hatte nun die Wahl, entweder mit Lebensgefahr nach der See zu ziehen oder abermals über das Netz zu springen. Er tat das letzte und sprang schnell über das ausgespannte Netz. Thor griff nach ihm und kriegte ihn in der Mitte zu fassen; aber er glitt ihm in der Hand, so daß er ihn erst am Schwanz wieder festhalten konnte. Darum ist der Lachs hinten spitz.

XV 1. b) Tyr und Loki

Wenn sich der Wintergott Loki bei seinem Tod im Frühjahr in einen Lachs verwandelt, um in die Unterwelt zu reisen, sollte sich auch der Sommergott Tyr im Frühjahr bei seiner Jenseitsreise in einen Lachs verwandeln.

Darauf gibt es zwei Hinweise: Der Tyr-Zwerg Andvari nimmt die Gestalt eines Hechtes an und Otr, der Sohn des Tyr-Hreidmar, hat einen Lachs neben sich liegen, als er von Loki mit einem Steinwurf getötet wurde.

Vermutlich sind diesen beiden Lachs-Verwandlungen auch mit den Wanderungen der Lachse flußaufwärts und flußabwärts assoziiert worden.

XV 2. Indogermanen

XV 2. a) Kelten

Taliesin

In der Lebensgeschichte des keltischen Barden-Druiden Taliesin wird über seine Verwandlung in einen Fisch berichtet. Da bei den Kelten der Lachs der wichtigste mythologische Fisch gewesen ist, wird es sich bei diesem „Fisch" vermutlich um einen Lachs handeln.

Der historische Barde Taliesin lebte von ca. 534 n.Chr. bis ca. 599 n.Chr.; die Darstellung seiner Lebensgeschichte geht aber auf wesentlich ältere Vorstellungen zurück.

Als Cerridwen zurückkam, sah sie sofort, was geschehen war und wurde sehr zornig, denn nun mußte Afagddu häßlich und dumm bleiben. Sie stürzte sich auf Gwion (Taliesin), der hinunter zum Wasser floh. Um ihr zu entkommen, verwandelte er sich in einen Hasen, aber Ceridwen wurde zu einem Windhund und blieb ihm auf den Fersen. Da verwandelte sich Gwion am Ufer des Sees in einen Fisch und schwamm davon, aber Cerridwen verwandelte sich sofort in einen Fischotter und folgte ihm. Da tauchte Gwion auf und wurde zu einem Vogel, aber Ceridwen wurde zu einem Falken und setze ihm nach. Da ließ sich Gwion als Weizenkorn zu Boden fallen, mitten in einen Haufen anderer Weizenkörner. Cerridwen verwandelte sich daraufhin in eine Henne und pickte Korn für Korn auf bis sie auch Gwion hinunter-geschluckte hatte.

Im Kapitel „VIII 2. a)" findet sich eine vollständigere Beschreibung dieser Mythe.

Tuan mac Cairill

Der Kelte Tuan mac Cairill, der als erster Irland besiedelt hat, hat sich in den Mythen nacheinander in einen Hirsch, in einen Keiler, in einen Habicht und in einen Lachs verwandelt, bevor er wieder zu einem Mensch geworden ist.

Die Lachse des Dagda

Die Lachse waren die Tiere des keltischen Sonnengott-Göttervaters Dagda, der dem germanischen Tyr entspricht. Dies bestätigt die Vermutung, daß der Lachs einst bei den Kelten und Germanen ein Symbol für die Seelen in der Wasserunterwelt gewesen sind – insbesondere für die des Sonnengott-Göttervaters Tyr bzw. Dagda.

Siehe dazu auch das Kapitel „Lachs" in Band 44.

XV 2. b)   Inder

Der Fisch „Matsya" ist der erste der Avatare (Inkarnationen) des Vishnu. Um welche Art von Fisch es sich bei ihm gehandelt hat, ist unbekannt – zumal „Matsya" schlicht „Fisch" bedeutet.

Da Vishnu jedoch viele Merkmale des früheren indischen Sonnengott-Göttervaters Dhyaus, der Tyr und Dagda entspricht, übernommen hat, könnte dieser Fisch-Avatar dem Lachs des Dagda und dem vermuteten Lachs des Tyr entsprechen.

XV 3.   andere Völker

XV 3. a)   Indianer in Südwestkanada

In den Mythen der Indianer in West-Kanada ist der Lachs ein wichtiges Totem und kommt in vielen Mythen vor. Da die Totemtiere die Ahnen der Stämme sind, hat es zu jedem Totem auch die Verwandlung des Totemtieres in den ersten Menschen dieses Stammes gegeben – was diesen Menschen in den Erzählungen wiederum die Möglichkeit gibt, sich auch in das betreffende Totemtier zu verwandeln.

XV 4.   Zusammenfassung

Loki flieht nach seinem Mord an Baldur vor den Asen in der Gestalt eines Lachses in die Wasserunterwelt. Vermutlich sind die Fische einst generell als die Gestalt der im Wasser Verstorbenen angesehen worden – in Analogie zu den Schlangen auf dem Land.

Einst werden sowohl im Frühjahr der Wintergott Loki als auch im Herbst der Sommergott Tyr in der Gestalt eines Lachses in das Jenseits gereist sein.

Reste dieser Vorstellung finden sich auch noch bei den Kelten und bei den Indern. Die indianischen Lachs-Mythen und Lachs-Verwandlungen stammen nicht aus den Jahreszeiten-Mythen (die evtl. mit den Lchswanderungen assoziiert worden sind), sondern aus dem Totemismus.

Siehe dazu auch das Kapitel „Lachs" in Band 44.

XVI Die Verwandlung in einen Hecht

XVI 1. Germanen

Der Hecht erscheint fast ausschließlich als Gestalt des Tyr-Zwerges Andvari. Seine Gefangennahme durch Loki wird eine der vielen Varianten des Kampfes zwischen dem Wintergott Loki und dem Sommergott Tyr sein, durch den die Jahreszeiten entstanden.

XVI 1. a) Völsungen-Sage / Das andere Lied über Sigurd Fafnir-Töter

Da sandten sie Loki aus um das Gold für sie zu sammeln. Er kam zu Ran und erhielt von ihr ihr Netz und ging damit zu den Andvari-Stromschnellen, warf das Netz vor den Hecht und der Hecht schwamm in das Netz und war gefangen.
Da sprach Loki:

„Welcher Fisch aller Fische
schwimmt kräftig in der Strömung,
aber hat nicht den Verstand vorsichtig zu sein?
Dein Haupt mußt Du auslösen,
sonst schicke ich es zur Hel:
Finde für mich die blassen Flammen des Wassers!"

Er antwortete:
„Andvari nennt mich das Volk,
nennen meinen Vater Oinn,
durch viele Stromschnellen bin ich gezogen,
denn eine Norne des bösen Schicksals
hat mir in diesem Leben bestimmt,
durch wässrige Wege stets zu waten."

Der Männername *„Oinn"* bedeutet „Furchtsamer" – ein recht ungewöhnlicher germanischer Name.
Das „Waten durch wässrige Wege" des Tyr-Andvari könnte die allnächtliche Reise des Sonnengott-Göttervaters Tyr durch die Wasser-Unterwelt sein.

XVI 2. Zusammenfassung

Der Hecht scheint eine weitere Gestalt des ehemaligen Göttervaters Tyr im Jenseits zu sein. Zu dieser Deutung paßt, daß der Hecht von Loki gefangen wird, daß der Hecht der „König der Süßwasserfischer" ist und daß der Hecht bzw. Zwerg Andvari viel Gold (Grabschatz) sowie den Jenseitsreise-Ring (Draupnir) besitzt.

Siehe auch das Kapitel über den „Hecht" in Band 44 sowie das Kapitel „Andwari" in Band 7.

XVII   Die Verwandlung in einen Otter

Der Otter als im Wasser lebendes Tier ist vermutlich mit der Wasserunterwelt assoziiert worden. Der in einen Otter verwandelte Mann wird daher ursprünglich ein Jenseitsreisender gewesen sein.

XVII 1.   Germanen

XVII 1. a)   Skaldskaparmal

„ Aus welchem Grund wird das Gold auch das 'Wergeld für den Otter' genannt? “
„ Es wird erzählt, daß drei der Asen ausführen, die Welt kennenzulernen: Odin, Loki und Hönir. Sie kamen zu einem Fluß und gingen an ihm entlang bis zu einem Wasserfall, und bei dem Wasserfall war ein Otter, der hatte einen Lachs gefangen und aß ihn blinzelnd.
Da hob Loki einen Stein auf und warf nach dem Otter und traf ihn am Kopf. Da rühmte Loki seine Jagd, daß er mit einem Wurf Otter und Lachs erjagt habe. “

Odin, Loki und Hönir sind eine häufig auftretende Götterdreiheit, von der es eine ganze Reihe von Variationen gibt. Sie stellen die drei Stände dar:

die drei Brüder							
Stand	*Rigr*	*Asen*		*Wieland-sage*	*Siegfried-sage*	*Gesta Danorum*	*Märchen*
Krieger, Fürsten	Jarl	Woden	Odin	Egil	Fafnir	Odin als Krieger	Bogen-schütze
Priester, Heiler		We	Hönir	Slagfid	Oter	Odin als Heiler	Heiler
Bauern, Handwerker	Karl	Wili	Loki	Völund	Regin	Odin als Schmied	Schmied
Sklaven	Thräl						

Otter, Fafnir und Regin sind die Söhne des Hreidmar. Dieser „Vater mit drei Söhnen" ist eine der vielen Varianten des „alten Tyr mit drei Söhnen, die die drei Stände repräsentieren", wobei einer der drei Söhne das Urbild der Fürsten und Krieger ist. Die drei Söhne des Hreidmar haben jedoch alle drei Merkmale des Tyr: Otter wird getötet und geht daher in die Unterwelt, Fafnir verwandelt sich in einen Drachen und ist daher in der Unterwelt, und Regin wird zum Schmied und entspricht daher Tyr als Wieland in der Unterwelt.

Die Goldkenning „Otter-Wergeld" bezieht sich darauf, daß Oter ein verwandelter Mann war und die Asen dessen Vater Hreidmar ein Lösegeld zahlen mußten.

XVII 1. b)   Das andere Lied über Sigurd Fafnir-Töter

„In diesem Wasserfall war eine Menge Fische. Ein Zwerg, der Andwari hieß, war lange in dem Wasserfall in Hechtsgestalt und fing sich da Speise.

Otr hieß unser Bruder", sprach Regin, „der fuhr oft in den Wasserfall in Otters Gestalt. Da hatte er einst einen Lachs gefangen und saß am Flußrand und aß blinzelnd.

Loki warf ihn mit einem Stein zu Tode. Da dauchten sich die Asen sehr glücklich gewesen zu sein und zogen dem Otter den Balg ab. "

„Otr " bedeutet „Otter".

XVII 1. c)   Völsungen-Sage

„Die Geschichte beginnt, " sprach Regin: „Hreidmar war meines Vaters Name – ein mächtiger Mann und ein wohlhabender. Sein erstgeborener Sohn wurde Fafnir genannt, sein zweiter Otter, und ich war der dritte und kleinste von allen sowohl an Kühnheit als auch vom Körperbau, aber ich war geschickt in der Arbeit mit Eisen und Silber und Gold, woraus ich Dinge erschaffen konnte, die schon recht ansehnlich waren.

Mein Bruder Otter hatte eine andere Fertigkeit und er hatte auch eine andere Natur, denn er war ein großer Fischer und übertraf darin alle anderen Menschen, daß er am Tage das Aussehen eines Otters hatte und dann in dem Fluß lebte und brachte die Fische mit seinem Maul an das Ufer und brachte dann seine Beute unserem Vater – und das gefiel ihm gut. Die meiste Zeit verbrachte er in seiner Otter-Gestalt und danach kam er heim und aß alleine und schlief, denn das trockene Land bedeutete ihm nicht viel.

Aber Fafnir war bei weitem der stärkste und grimmigste von uns und wollte stets, daß alles nach seinem Willen geschah.

Nun," sprach Regin, *„gab es einen Zwerg, der Andvari genannt wurde, der immer in der Gestalt eines Hechtes in den Stromschnellen lebte, die Andvari-Stromschnellen genannt werden, und hatte dort genug Fleisch für sich selber, denn in dem Wasserfall lebten viele Fische.*

Nun ging Otter wie gewohnt in diese Stromschnellen und bracht Fische an Land und legte sie nebeneinander ans Ufer. Und so kam es, daß Odin, Loki und Hönir, als sie ihres Weges gingen, zu den Andvari-Stromschnellen kamen. Otter hatte gerade einen Lachs gefangen und gegessen und schlummerte nun am Ufer. Da nahm Loki einen Stein und warf ihn auf den Otter, so daß er ihn damit tötete. Die Götter waren mit ihrer Beute sehr zufrieden und begannen dem Otter das Fell abzuziehen."

XVII 1. d) Das Kreuz von Maughold

Die Szene des Tötens und des Häutens des Otters durch Loki wird auf einem frühen Kreuz auf der Isle of Man dargestellt.

Auf den ersten Kreuzen auf dieser Insel sind mehrfach Szenen aus der germanischen Mythologie und christliche Symbole kombiniert worden.

Original — *Original mit Nachzeichnung*

Auf dem Kreuz ist links unten der hockende Loki zu sehen und vor ihm das ausgebreitete Otterfell.

Oben befindet sich ein nur noch ansatzweise rekonstruierbares, ungefähr kreisförmiges Flechtmuster, das stark verwittert ist und dessen rechte Kante fehlt, da dort ein Teil des Steines abgebrochen ist. Dieses Flechtmuster scheint eher dekorativ als figürlich zu sein – auf jeden Fall stellt es kein Tier, keinen Menschen und keine Pflanze dar. Über Loki Kopf befinden sich möglicherweise zwei „aufgefädelte" Ringe.

Das Motiv links unten ist u.a. auch von den Goldhörnern von Gallehus bekannt. Es stellt möglicherweise einen stark stilisierten Menschen dar, der erkennbar wird, wenn man das Motiv „auffaltet". Falls es sich bei diesem Motiv tatsächlich um einen stilisierten Mann handeln sollte, ist die Darstellung entweder ungenau oder die Verwitterung des Steines ist zu weit fortgeschritten, um das Motiv noch klar erkennen zu können.

100

Auf dem Goldhorn von Gallehus wird dieser stilisierte Mann von der Zunge einer zusammengerollten Schlange an seinen Genitalien berührt. Dies entspricht genau den Darstellungen der zusammengerollten Kundalinischlange im untersten Chakra im Yoga.

Aus dieser Darstellung hat sich im Laufe der Zeit das französische Königssymbol der Lilie entwickelt. Der stilisierte Mann ist der Jenseitsreisende, d.h. der König. Wie u.a. die Beschreibungen der Kampfekstase des keltischen Helden Cú Chulain zeigt, hat sich auch in Westeuropa die Kenntnis des „Inneren Feuers" (Kundalini), das auch die Grundlage des indischen Kundalini-Yogas bildet, bis in die historische Zeit hinein erhalten können.

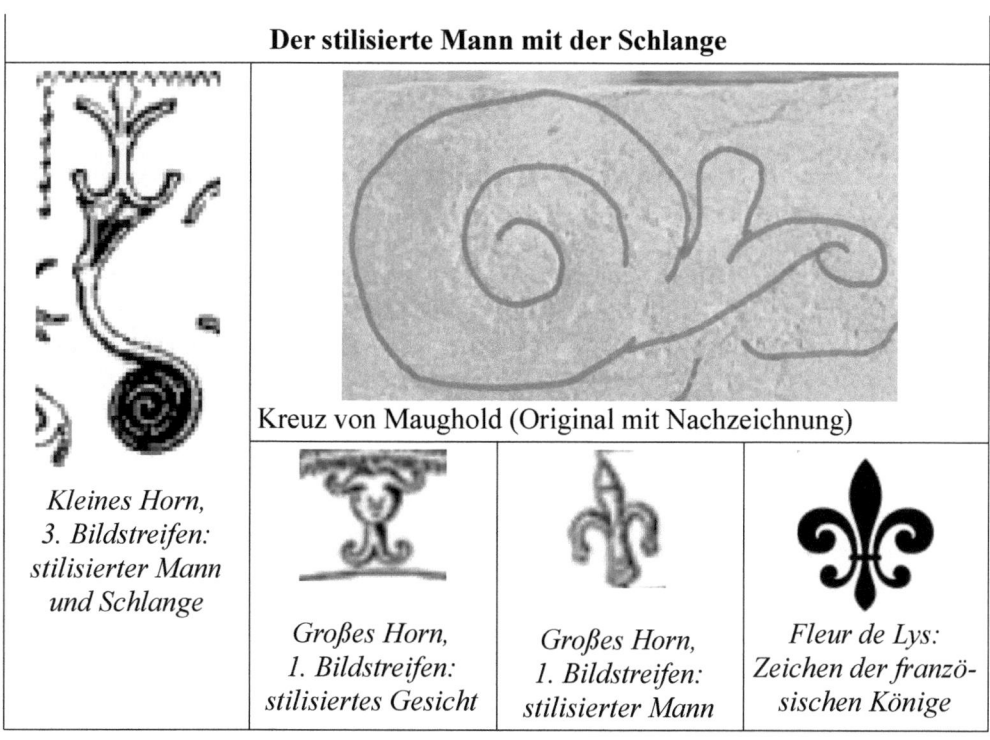

Der stilisierte Mann mit der Schlange

Kleines Horn, 3. Bildstreifen: stilisierter Mann und Schlange	Kreuz von Maughold (Original mit Nachzeichnung)

Großes Horn, 1. Bildstreifen: stilisiertes Gesicht	*Großes Horn, 1. Bildstreifen: stilisierter Mann*	*Fleur de Lys: Zeichen der französischen Könige*

Die Anbringung dieser Szene auf einem christlichen Kreuz zeigt, daß sie für die Germanen in einem Zusammenhang mit Christus gestanden haben muß. Für die Verbindung zwischen beiden Szenen kommt am ehesten die Jenseitsreise in Frage. Dies würde bedeuten, daß der Tod des Otr entweder ein ritueller Tod im Zusammenhang mit einer Krönung o.ä. gewesen ist oder daß sein Tod wie der des Baldur das Urbild einer erfolgreichen Jenseitsreise gewesen ist – was beides ist letztlich dasselbe ist.

XVII 2.   Indogermanen

XVII 2. a)   Kelten

C   Taliesin

In dieser bereits in Abschnitt „VIII 2. a)" ausführlicher angeführten Geschichte verwandelt sich die Jenseitsgöttin Cerridwen, die in der Geschichte des Taliesin bereits zu einer Zauberin geworden ist, u.a. in einen Otter.

Als Cerridwen zurückkam, sah sie sofort, was geschehen war und wurde sehr zornig, denn nun mußte Afagddu häßlich und dumm bleiben. Sie stürzte sich auf Gwion, der hinunter zum Wasser floh. Um ihr zu entkommen, verwandelte er sich in einen Hasen, aber Ceridwen wurde zu einem Windhund und blieb ihm auf den Fersen. Da verwandelte sich Gwion am Ufer des Sees in einen Fisch und schwamm davon, aber Cerridwen verwandelte sich sofort in einen Fischotter und folgte ihm. Da tauchte Gwion auf und wurde zu einem Vogel, aber Ceridwen wurde zu einem Falken und setze ihm nach. Da ließ sich Gwion als Weizenkorn zu Boden fallen, mitten in einen Haufen anderer Weizenkörner. Cerridwen verwandelte sich daraufhin in eine Henne und pickte Korn für Korn auf bis sie auch Gwion hinuntergeschluckte hatte.

XVII 2. b)   Griechen

Illias 10, 328:
Jener sprach's; doch Hektor erhub den Szepter, und schwor ihm:
„Höre den Schwur, Zeus selber, der donnernde Gatte der Hera!
Nie soll jenes Gespann ein anderer lenken der Troer;
Sondern Dir verheiß' ich daherzuprangen beständig!"
Also der Held, und beschwur Meineid, und reizete jenen.
Eilend hängt' er darauf das krumme Geschoß um die Schulter,
Hüllte dann sich umher ein graugezotteltes Wolfsfell,
Fügte den Otterhelm auf das Haupt, und faßte den Wurfspieß,
Eilte dann zu den Schiffen der Danaer.

Was es genau mit diesem „Otter-Helm" auf sich hat, ist leider unklar. Möglicherweise liegt hier eine ähnliche Symbolik vor wie bei dem „Schreckenshelm" der Germanen, der ursprünglich ein Symbol der Verwandlung in eine Tier auf der Reise ins Jenseits gewesen ist – bei den Germanen in der Regel ein Drache.

Es wäre durchaus denkbar, daß der Otter auch hier ursprünglich der Sonnengott-Göttervater und der Otter-Helm daher dessen Goldhelm gewesen ist. Das Aufsetzen dieses Otterhelms würde dann der Verwandlung des germanischen Otr in einen Otter und dem Aufsetzten des Schreckenshelmes durch seinen Bruder Fafnir, wodurch dieser sich in einen Drachen verwandelte, entsprechen.

Diese Parallele läßt vermuten, daß der indogermanische Sonnengott-Göttervater Dhyaus (Germanen: Tyr) in der Wasserunterwelt einst die Gestalt eines Otters gehabt hat.

XVII 3.   andere Völker

XVII 3. a)   China

In China werden Geschichten über Otter erzählt, die sich in schöne junge Frauen verwandeln können.

XVII 3. b)   Japan

In Japan haben die Otter („Kawauso") einen ähnlichen Charakter wie die Füchse („Kitsune") und die Waschbären („Tanuki") – sie spielen den Menschen meist mehr oder weniger harmlose Streiche.

Sie können sich aber in schöne Frauen verwandeln und Männer verführen – und sie anschließend manchmal töten und fressen. Die Ähnlichkeit mit der germanischen Hel ist nicht zu übersehen, die von der Wiedergeburts-Göttin zur Todesverursacherin umgedeutet worden ist.

Wenn es das Motiv des Sonnengottes als Otter nicht nur bei den Indogermanen, sondern allgemein gegeben haben sollte, sollte aufgrund der Wiederzeugungs- und Wiedergeburts-Symbolik auch die Jenseitsgöttin die Gestalt eines Otter-Weibchens annehmen können.

Es hat den Anschein, als ob diese Symbolik noch von dem Homo sapiens in der späten Altsteinzeit um ca. 40.000 v.Chr. stammen würde, von dem sowohl die Indo-germanen als auch die Japaner abstammen.

In späteren Fassungen dieser japanischen Mythen gibt es auch die Vorstellung, daß die Otter als riesige Mönche erscheinen können, die immer größer zu werden schei-nen, wenn man sich ihnen annähert. Ob dies einst eine Qualität des Sonnengottes ge-wesen ist, der aus der Unterwelt zurückkommt?

Ein anderer Scherz dieser Otter ist es, einem Wanderer einen Baum oder einen Felsen als einen Sumo-Ringer erscheinen zu lassen, gegen den der Wanderer dann vergeblich kämpft.

XVII 3. c)   nordamerikanische Indianer

Westküsten-Stämme in Nordamerika

Bei ihnen ist Otter meistens ein leichtfertiger Trickster, aber bei manchen Stämmen ist er auch treu und aufrichtig.

Stämme in Britisch-Kolumbien und an der Küste von Alaska

Hier wurden die im Inland lebenden Otter als die Seelen der Toten und insbesondere die Seelen von Ertrunkenen angesehen. Auf diesen Land-Ottern lag ein Tötungs-Tabu – eben weil sie die eigenen Ahnen waren. Die Meeres-Otter wurden hingegen gejagt. Der Otter erscheint auch des öfteren auf Totempfählen.

Abenaki

In diesem in Ostkanada und im äußersten Nordosten der USA lebenden Stamm gab es einen Otter-Clan.

Chippewa

Dieser Stamm lebte rings um die vier großen Seen im Nordosten der USA. Der Otter-Clan dieses Stammes hatte den Namen „Nigig". Der Otter muß, da er ein Clan-Tier ist, eng mit den Entstehungsmythen der Chippewas verbunden sein.

Menominee

Auch in diesem südlich der vier großen Seen im Nordosten der USA lebenden Stamm gab es einen Otter-Clan.

Micmac

Der Stamm der Micmac lebte einst im äußersten Südosten Kanadas. Bei ihnen wird über den leichtsinnigen Otter-Trickster erzählt, der den Namen „Keoonik" trägt. Er täuscht, betrügt und beraubt die anderen Tiere im Wald.

Er kämpft oft mit einem zweiten Trickster, der „Ableegumooch" heißt und die Gestalt eines Kaninchens hat.

Diese Geschichte erinnert an den endlosen Kampf des Sommergottes Tyr mit dem Wintergott Loki.

Wabanaki

In diesem Stamm, der in Südost-Kanada lebt, wird unter anderem eine Geschichte erzählt, in der sich der Otter-Trickster Keoonik und der Kaninchen-Trickster Ableegumooch um Nahrung streiten.

Penobscots

In diesem Stamm, der im äußersten Nordosten der USA lebt, wird erzählt, daß der Otter-Trickster Keoonik und der Kaninchen-Trickster Ableegumooch den Stamm einst vor dem Verhungern bewahrt haben.

Ojibwa

In diesem Stamm, der rings um die vier großen Seen im Nordosten der USA lebt, wird erzählt, wie es der Otter-Trickster Keoonik erreicht hat, daß der Bär seinen Schwanz verloren hat.

Assiniboine

In diesem Stamm, der westlich der vier großen Seen in den USA und in Kanada lebt, wird eine Geschichte darüber erzählt, wie der Otter-Trickster Keoonik sein dichtes Fell erlangt hat.

Winnebago

In diesem Stamm, der am Südwestufer des Michigan-Sees lebt, werden viele Geschichten über den Otter-Trickster erzählt, der mit seinen Wassergeister-Freunden in der Wasserunterwelt lebt.

Einst hat Otter den Sterngeist befreit, der von den bösen Wassergeistern entführt worden war. Das klingt ganz so, als ob einst Otter die Sonne aus der Wasserunterwelt zurückgeholt hätte bzw. so, als ob er selber als Otter aus der Wasserunterwelt zurückgekehrt wäre.

Zwei weiße Heilige Otter, die Freunde waren und normalerweise Menschengestalt hatten, haben von dem Grund eines Flusses zwei vermißte Kinder heraufgeholt. Später haben sie die bösen Wassergeister getötet, die zuvor die beiden Kinder ermordet hatten.

Ein anderer Wassergeist errettete einen Jungen vor den sexuellen Nachstellungen seiner Halbschwester.

Diese beiden „Heiligen Otter" entsprechen vermutlich dem Otter und dem Kaninchen bei den anderen Stämmen. Die Reise in die Wasserunterwelt und die sexuellen Nachstellungen klingen sehr nach der Umdeutung einer älteren Mythe über eine Jenseitsreise mit einer Wiederzeugung und einer Wiedergeburt. Das Urbild für diesen Vorgang scheint weltweit der abendliche „Tod" der Sonne und ihre morgendliche „Wiedergeburt" zu sein. Die Wasserunterwelt ist dadurch entstanden, daß alles Wasser der Quellen emporkommt und auch die Wolken aus der Erde aufzusteigen scheinen – daher muß unter der Erde ganz viel Süßwasser sein.

Wyandot

In diesem Stamm, der am Westufer des Huron-Sees lebt, wird über den Otter erzählt, daß er am Anfang der Zeit vergeblich versucht hat, Erde von dem Grund der tiefen Wasser heraufzuholen, um damit die Erde zu erschaffen.

Midewin

In diesem Stamm, der rings um die vier Großen Seen in den USA und Kanada lebt, ist der Otter einer der Totems des Stammes. Das Große Kaninchen sprach mit den Menschen durch seinen Boten, den Otter. Dieser brachte ihnen den Medizinbeutel, die Trommel, die Rassel und den Tabak, mit denen die Kranken geheilt werden konnten. Der Otter sang ihnen Lieder über den Guten Geist. Der Otter erlangte schließlich Unsterblichkeit.

Der wiedergeborene Gott, d.h. die Sonne, ist oft auch der Heilergott, denn der, der den Tod heilen kann, kann auch die Krankheiten heilen. Das entspricht der bisherigen Deutung des Otters.

Muskogee

In diesem einst im Südosten der USA lebenden Stamm gab es zwei Otter-Clane: den Osanalgi-Clan und den Osvnvlke-Clan.

Ute

In den Geschichten der im Mittleren Westen der USA in Utah und Colorado lebenden Ute täuschte der Trickster Koyote vor, daß er gestorben sei und kam in der Gestalt eines Otters zurück zu seinen Töchtern und vereinte sich mit ihnen, ohne daß sie ihn erkannten. Letztlich erkannte ihn jedoch seine Frau und jagte ihn davon, während seine Töchter vor Scham an den Himmel emporflogen und dort zu Sternen wurden.

Auch hier könnte eine Wiedergeburts-Mythe der Sonne der Ursprung sein. Da die Indianer um 14.000 v.Chr. von Nordostasien aus nach Amerika eingewandert sind, müßten auch sie das Motiv der Vereinigung des Otter-Sonnengottes mit der Otter-Jenseitsgöttin gekannt haben, wenn dies Motiv bereits um 40.000 v.Chr. in Eurasien existiert haben sollte.

XVII 4. Zusammenfassung

Der Otter ist ursprünglich vermutlich eine der Gestalten der Toten auf ihrer Reise ins Jenseits gewesen. Da der Otter von Loki getötet wird, könnte es sich bei diesem Motiv um eine der vielen Varianten des Kampfes zwischen dem Wintergott Loki und dem Sommergott Tyr handeln, durch die die Jahreszeiten entstehen.

Siehe dazu auch das Kapitel „Otter" in Band 44.

Der Otter ist der ehemalige Göttervater Tyr in der Wasserunterwelt. Dafür sprechen mehrere Indizien:

- Loki tötet den Otter Otr – er tötet auch in jedem Herbst Tyr (und Tyr im Frühling Loki).
- Otr ist einer von drei Söhnen – auch Tyr-Thiazi ist einer von drei Söhnen, die u.a. die drei Stände verkörpern.
- Otrs Vater Hreidmar ist ein Zwerg und somit ein Jenseitsbewohner – Tyrs Vater ist ein Riese und somit ebenfalls ein Jenseitsbewohner.
- Der magische Ring des Tyr-Zwerges Andvari ist der Jenseitsreise-Ring Draupnir des Odin und wird davor Tyr gehört haben.
- Andvari wird als Besitzer des magischen Ringes eine Form des Tyr im Jenseits sein.
- Tyr-Andwari befindet sich im Jenseits:
    - Er ist ein Zwerg.
    - Er besitzt den magischen Ring.
    - Er ist von einer Norne in die Wasserunterwelt verbannt worden.
    - Er hat die Gestalt eines Hechtes (Wasserunterwelt).
- Loki raubt Andvari den goldenen Zauber-Ring – Loki streitet sich mit Tyr-Heimdall um den goldenen Halsreif der Freya.
- Auf dem Ring liegt ein Todesfluch – dies ist eine Umdeutung der Jenseitsreise-Symbolik.
- Loki bestätigt den Ring-Fluch des Andvari – dies ist eine Variante des endlosen Kampfes zwischen Tyr und Loki, der die Jahreszeiten verursacht.
- Die drei Streitparteien „Otr gegen Loki", „Hreidmar gegen Odin/Hönir/Loki" und „Andvari gegen Loki" sind drei Varianten des ursprünglichen Streites zwischen dem Sonnengott-Sommergott Tyr und dem Wintergott Loki.
- Als erstes stirbt Tyr-Hreidmar durch den von Loki bestätigten Ring-Fluch – dies entspricht dem Mord des Loki an Tyr bzw. die Einsperrung des Tyr (als Utgardloki) durch Loki.

- Der Mord des Fafnir an seinem Vater Hreidmar entspricht dem indogermanischen Motiv der Umdeutung der Wiedergeburt des Sonnengott-Göttervaters zu einem Vatermord, der sich u.a. in dem Mord des Thor an seinem Ziehvater Loricus erhalten hat.

- Ottar ist im Hyndla-Lied der Sohn des Innstein, dessen Name „im Stein", d.h. „im Hügelgrab" bedeutet.

- Der Großvater der Gudrun in der Thorstein-Saga heißt „Ottar" und sein Sohn Agdi ist in dieser Sage eine der vielen Sagen-Varianten des Tyr.

Die Szene des Otter-Mordes ist aus einer Mythe entnommen und umgedeutet worden, die in einer Wasserunterwelt gespielt hat:

- Tyr-Otr ist als Otter ein Totengeist in der Wasserunterwelt.
- Tyr-Andvari ist als Hecht ein Totengeist in der Wasserunterwelt.
- Auch Loki verwandelt sich nach seinem Mord an Baldur, der seinem Mord an Otr entspricht, in ein Wassertier: in einen Lachs.
- Im Hyndla-Lied reist Ottar als Eber in das Jenseits, während Freya auf ihm reitet. Ottar ist der Geliebte der Freya, die auch die Gestalt einer Wildsau haben konnte. In diesem Lied wird somit die Jenseitsreise des Tyr-Ottar und seine Wiederzeugung zusammen mit Freya dargestellt. Dies paßt gut zu der übrigen Deutung des Otters.

- - -

Die Deutung des Otters als Tyr in der Wasserunterwelt und entsprechend auch als der Jenseitsgöttin in der Wasserunterwelt wird durch ähnliche Mythen bei den Kelten, Persern und Griechen bestätigt. Daher wird bereits der indogermanische Dhyaus eine Ottergestalt gehabt haben.

Der Otter und der Wal sind vermutlich der Kern der Symbolik gewesen, die bei den Germanen auf die Seehunde, Robben, Seekühe und Walrosse ausgeweitet worden ist (siehe zu dieser Symbolik auch den Band 44 über die Wassertiere), da die Wal- und Otter-Symbolik in der Welt am weitesten verbreitet ist.

- - -

Dieselbe Otter-Mythe findet sich auch in China, Japan und bei vielen nordamerikanischen Indianerstämmen im Norden der USA und in Westkanada – u.a. auch bei den Stämmen an der südkanadischen Pazifikküste, die viele archaische Kulturelemente wie z.B. den Totempfahl bewahrt haben.

Daher wird es die Vorstellung, daß die Sonne am Abend zu einem Fischotter wird und in die Wasserunterwelt geht, sich dort mit der Jenseitsgöttin in der Gestalt eines Otterweibchens vereint und dann am Morgen von ihr wiedergeboren wird, sehr wahrscheinlich schon um 40.000-30.000 vor Chr. bei dem in Eurasien lebenden Homo sapiens in der späten Altsteinzeit gegeben haben.

(Dies war auch die Zeit, in der der Homo sapiens damit begonnen hat, Statuetten der Muttergöttin herzustellen, Totempfähle zu schnitzen und Malereien in tiefen Höhlen anzulegen.)

XVIII   Die Verwandlung in eine Robbe

XVIII 1.   Germanen

XVIII 1. a)   Skaldskaparmal

Snorri Sturluson berichtet in der Edda über einen Kampf zwischen Tyr-Heimdall und Loki, bei dem die beiden Götter die Gestalt von Robben annehmen:

„Wie soll man Heimdall umschreiben?“

„Indem man ihn 'Sohn von neun Müttern' oder 'Wächter der Götter' nennt, wie bereits geschrieben wurde; oder 'Weißer Gott', 'Feind des Loki', 'Sucher von Freyas Kette'.

... ...

Heimdall ist der Besitzer des (Rosses) *Gulltop* ('Goldmähne'). *Er wird auch 'Besucher von Vagasker ('Wogen-Schäre', d.h. eine bei Flut überspülte Insel)' und 'Besucher von Sing-Stein* (Hügelgrab)' *genannt, wo er mit Loki um die Kette Brisingamen kämpfte. Er wird auch 'Vindler' ('Wind-Erzeuger', 'Wind-Ase' oder 'Wind-Schutz') genannt.*

Ulfr Uggason verfaßte in der Husdrapa ein langes Gedicht über diese Geschichte und dort wird geschrieben, daß sie die Gestalt von Robben hatten. Heimdall ist auch ein Sohn des Odin.“

Dieser Robben-Kampf wird auf der Insel Vagasker am Sing-Stein stattgefunden haben, also an dem Hügelgrab auf der Jenseitsinsel Walaskialf.

Dieser Kampf zwischen Tyr-Heimdall und Loki wird eine der vielen Bilder für den endlosen zyklischen Streit zwischen dem Sommergott Tyr und dem Wintergott Loki sein, durch den die Jahreszeiten entstehen.

XVIII 2. Indogermanen

XVIII 2. a) Armenier

In der armenischen Mythologie gibt es das Schlangen-gestaltige Fluß-Ungeheuer Hnang, daß sich in eine Frau und in einen Seehund verwandeln kann.

Dies scheint die Jenseitsgöttin in der Wasserunterwelt zu sein, die sich bei der Wiederzeugung mit dem Sonnengott entprechend der Gestalt, die dieser angenommen hat, in eine Schlange oder in einen Seehund verwandelt oder ihre menschliche Gestalt beibehält.

XVIII 2. b) Griechen

Die Robben-Verwandlung findet sich auch an einer Stelle bei Homer, an der er über den Meeresgott Poseidon berichtet. Da es sich hier jedoch eher um eine Tarnung als um eine Verwandlung handelt, ist unsicher, ob dieser List eine ältere Verwandlungs-Mythe zugrundeliegt.

Odyssee 4, 429:
Da bereiteten wir das Mahl. Die ambrosische Nacht kam;
Und wir lagerten uns am rauschenden Ufer des Meeres.
Als die heilige Frühe mit Rosenfingern erwachte,
Ging ich längst dem Gestade des weithinflutenden Meeres
Fort, und betete viel zu den Himmlischen. Von den Genossen
Folgten mir drei, bewährt vor allen an Kühnheit und Stärke.
Aber indessen fuhr Eidothea tief in des Meeres
Weiten Busen, und trug vier Robbenfelle von dannen,
Welche sie frisch abzog; und entwarf die Täuschung des Vaters.
Jedem höhlete sie ein Lager im Sande des Meeres,
Saß und erwartete uns. Sobald wir die Göttin erreichten,
Legte sie uns nach der Reih', und hüllte jedem ein Fell um.
Wahrlich die Lauer bekam uns fürchterlich! Bis zum Ersticken
Quält' uns der tranichte Dunst der meergemästeten Robben!
Denn wer ruhte wohl gerne bei Ungeheuern des Meeres?
Aber die Göttin ersann zu unserer Rettung ein Labsal:

Denn sie strich uns allen Ambrosia unter die Nasen,
Dessen lieblicher Duft des Tranes Gerüche vertilgte.
Also lauerten wir den ganzen Morgen geduldig.
Scharweis kamen die Robben nun aus dem Wasser, und legten
Nach der Reihe sich hin am rauschenden Ufer des Meeres.
Aber am Mittag kam der göttliche Greis aus dem Wasser,
Ging bei den feisten Robben umher, und zählte sie alle.
Also zählt' er auch uns für Ungeheuer, und dachte
Gar an keinen Betrug; dann legt' er sich selber zu ihnen.
Plötzlich fuhren wir auf mit Geschrei, und schlangen die Hände
Schnell um den Greis; doch dieser vergaß der betrüglichen Kunst nicht.
Erstlich ward er ein Löwe mit fürchterlich wallender Mähne,
Drauf ein Leopard, ein bläulicher Drach', und ein zürnender Eber,
Floß dann als Wasser dahin, und rauscht' als Baum in den Wolken.
Aber wir hielten ihn fest mit unerschrockener Seele.
Als nun der zaubernde Greis ermüdete sich zu verwandeln,
Da begann er selber mich anzureden, und frug:
„Welcher unter den Göttern, Atreide, gab Dir den Anschlag,
Daß Du mit Hinterlist mich Fliehenden fängst? Wessen bedarfst Du?"
Also sprach er; und ich antwortete wieder, und sagte:
„Alter, Du weißt es – Warum verstellst Du Dich und fragst dieses? –
Daß ich so lang' auf dieser Insel verweil', und nirgends ein Ausweg
Aus dem Jammer sich zeigt, da das Herz den Genossen entschwindet!"

XVIII 3. Zusammenfassung

Der Kampf zwischen Loki und Heimdall in der Gestalt von zwei Robben ist eine Variante des Kampfes zwischen dem Sommergott Tyr und dem Wintergott Loki, durch den die Jahreszeiten verursacht wurden.

Die Robben sind die Gestalt dieser beiden Götter in der Wasser-Unterwelt. Ursprünglich werden sie die Gestalt der Toten bei der Wiederzeugung gewesen sein – schließlich leben auch Robben wie die übrigen Tiere, die die Zeugungskraft der Toten bei ihrer Wiederzeugung magisch absichern sollen, in Herden.

Die Robben-Gestalt des Loki und des Heimdall entspricht der Sekkuh- bzw. Walroß-Gestalt einiger Zauberinnen, woraus sich schließen läßt, daß auch die Meeresgöttin und Jenseitsgöttin Ran bei der Wiederzeugung einst die Gestalt einer Robbe, einer Seekuh oder eines Walrosses gehabt hat.

XIX   Die Verwandlung in eine Seekuh

XIX 1.   Germanen

XIX 1. a)   Gesta danorum

In der „Gesta danorum" („Geschichte der Dänen") des Mönches Saxo der Schriftkundige wird die Verwandlung einer Zauberin in eine Stute und in eine Seekuh
beschrieben.

*Inzwischen kam eine gewisse alte Frau, die in der Zauberkunst erfahren war und
die mehr in ihre Künste vertraute als daß sie die Strenge des Königs fürchtete und
stachelte die Begierde ihres Sohnes nach dem Schatz an. Sie versicherte ihm Straf-
losigkeit, da der König fast schon an dem Tor des Todes stand, sein Leib schwach und
die Überreste seines altersschwachen Geistes kraftlos waren.*

*Er stellte dem Rat seiner Mutter die Größe der Gefahr gegenüber, aber sie gebot
ihm, Hoffnung zu fassen und erklärte, daß entweder eine Seekuh ein Kalb haben
sollte oder daß die Rache des Königs durch irgendeine andere Fügung vereitelt
werden solle. Durch diese Rede vertrieb sie die Ängste ihres Sohnes und ließ ihn ihr
gehorsam sein.*

*Als die Tat getan war, wurde Frode, von dem Angriff getroffen, von der größten
Hitze und Wut erfüllt und ließ das Haus der alten Frau niederreißen und sandte
Männer aus, um sie gefangen zu nehmen und sie mit ihren Kindern herbeizubringen.*

*Dies hatte die Frau vorhergesehen und täuschte ihre Feinde mit einer List, indem
sie von der Gestalt einer Frau zu der einer Stute wechselte.*

*Als Frode herbeikam, nahm sie die Gestalt einer Seekuh an, die an der Küste
umherzurobben und zu grasen schien. Und sie ließ ihre Söhne wie Kälber von
geringerer Größe aussehen. Dieses Omen erstaunte den König und er befahl, daß sie
umringt und von ihrem Rückweg ins Wasser abgeschnitten würden. Dann verließ er
den Karren, den er wegen der Schwäche seines alten Körpers benutzte und setzte sich
verwundert auf den Erdboden.*

*Aber die Mutter, die die Gestalt des größeren Tieres angenommen hatte, griff den
König mit ausgestreckten Hauern an und durchstach eine seiner Seiten. Diese Wunde
tötet ihn und sein Ende war einer Majestät wie der seinen unwürdig.*

Seine Krieger, die nach Rache für seinen Tod dürsteten, warfen ihre Speere und durchstachen die Ungeheuer. Als getötet worden waren, sahen sie, daß es Leichen von menschlichen Wesen mit den Köpfen von wilden Tieren waren: ein Umstand, der die List mehr als alles andere offenbarte.

König Frode ist eine Übertragung des Gottes Freyr, des Bruders der Freya, in den Bereich der Sage, was einen Zusammenhang zwischen der Mythe, die dieser Freyr-Mythe zugrundeliegt, und dessen Schwester Freya recht wahrscheinlich macht.

In der Sage über König Frode finden sich auch viele andere Elemente, die Umdeutungen von Mythen sind wie z.B. die Fahrt (Jenseitsreise) zu einem Schatz auf einer Insel (Jenseits), der von einem Drachen bewacht wird.

Das Lebensende des Frode nahte, als eine alte Frau, die Hel selber sein wird, nach einem der Schätze des Königs Frode trachtet: seinem Ring, der ein Jenseitsreisesymbol ist. Dieser Ring könnte auch der Halsreif Brisingamen der Freya sein – und die alte Frau der Hel-Aspekt der Freya.

Loki verwandelt sich in der Riesenbaumeister-Mythe anscheinend in Freya selber, als er in Stuten-Gestalt den Hengst des Riesen fortlockte und nach der Vereinigung mit ihm Odins Roß Sleipnir gebar.

Entsprechend wird die Seekuh-Gestalt der alten Frau auch der Robben-Gestalt des Heimdall und des Loki bei deren Kampf um Freyas Brisingamen auf der Insel entsprechen.

Freya hatte somit bei der Wiederzeugung in der „Land-Unterwelt" die Gestalt einer Stute und auf der „Insel-Unterwelt" die Gestalt einer Robbe oder einer Seekuh.

XIX 2. Zusammenfassung

Die Seekuh und die Stute scheines beides Gestalten der Jenseitsgöttin Freya als der Wiederzeugungs-Geliebten des Toten zu sein. Sie ist in dieser Saga jedoch schon zu der gefürchteten Land-Totengöttin Hel in der Gestalt einer Stute, geworden, die auch als die Wasser-Totengöttin Ran in der Gestalt einer Seekuh erscheinen kann.

XX   Die Verwandlung in ein Walroß

XX 1.   Germanen

Die Verwandlung in eine Walroß ist nur zweimal zu finden.

XX 1. a)   Cormac-Saga

Die Brüder hatten gerade erst ihren Ankerplatz verlassen, als ganz nah bei ihrem Schiff ein Walroß auftauchte. Cormac warf eine Stange mit Enterhaken nach ihm und traf das Tier, daß daraufhin wieder versank. Die Männer an Bord jedoch waren der Meinung, daß sie die Augen von Thorveig der Zauberin erkannt hatten.

Das Walroß tauchte nicht wieder auf, aber für Thorveig war es sehr schmerzlich, daß sie tödlich verwundet war – und tatsächlich sagen die Leute, daß dies ihr Ende war.

Das altnordische Wort für „Walroß" lautete „rosmhvalr". Das erste Wort geht auf das isländische „hross" für „Roß, Pferd" zurück. Der zweite Bestandteil dieses Namens „hvalr" bedeutet „Wal".

Die Variante „rostungr" bedeutet „Nachkomme des Rosses".

Das deutsche Wort „Walroß" entspricht somit genau dem germanischen „Roß-Wal".

XX 1. b)   Die Saga über Halfdan Eysteinn-Sohn

Der Finnenkönig Fidr sah das und verwandelte sich selber in ein Walroß und sprang auf die Männer, die gegen ihn kämpften. Da waren fünfzehn Männer unter ihm und alle wurden getötet. Der Hund Selsnautr rannte auf ihn zu und zerriß ihn mit seinen Zähnen, aber das Walroß riß seine Kiefer in Stücke. Der Hund Selsnautr sprang in das Maul des Walrosses und den ganzen Weg hinab in seinen Bauch und riß sein Herz heraus. Dann lief er wieder hinaus und stürzte tot nieder.

XX 2. Zusammenfassung

Der Ursprung der Verwandlungen der Zauberer und Zauberinnen in Walrosse und andere Wassertiere wird vermutlich in den Jenseitsreisen der Toten in der Gestalt solcher Tiere liegen. Deren Gestalt wurde dann auch von den Schamanen auf ihren Jenseitsreisen angenommen.

Wie die Seekuh wird das Walroß ursprünglich die Gestalt der Jenseitsgöttin Ran als die Wiederzeugungs-Geliebte der im Meer Gestorbenen, die dabei dann auch zu Walrössern wurden, gewesen sein.

Die Gestalt insbesondere der Meeres-Säugetiere war allerdings auch für die „magische Spionage zur See" ausgesprochen naheliegend.

XXI Die Verwandlung in einen Wal

XXI 1. Germanen

Zauberer und Zauberinnen verwandeln sich bisweilen in Wale, um ferne Gestade auszukundschaften oder um auf dem Meer gegen Feinde zu kämpfen.

XXI 1. a) Die Saga über Olaf Tryggason

Harald Blauzahn war von 958-987 n.Chr. König von Dänemark und von 970- 987 n.Chr. zugleich auch König von Norwegen.

König Harlad befahl einem Magier, in verwandelter Gestalt nach Island zu reisen und zu schauen, was er über die Insel in Erfahrung bringen konnte und ihm dies dann anschließend zu berichten. Der Magier machte sich in der Gestalt eines Wales auf den Weg.

Der Magier des Königs reiste vermutlich nicht körperlich nach Island, sondern unternahm eine Traumreise oder Astralreise, um die Insel auszukundschaften.

Als er in die Nähe des Landes kam, zog er im Norden Islands herum zu der Westseite des Landes, wo er sah, daß all die Berge und Hügel voller Schutzgeister waren – einige groß, andere klein. Als er zum Vapnafjord kam, näherte er sich dem Land und hatte vor, dort an Land zu gehen, aber dort stürzte ihm ein riesiger Drache mit einem Gefolge von Schlangen, Fröschen und Kröten entgegen, die ihm Gift entgegenspien.

Da wandte er sich nach Westen und umkreiste die Insel bis hin nach Eyjafjord und schwamm in diesen Fjord hinein. Da flog ihm ein Vogel entgegen, der so groß war, daß seine Flügel über die Berge auf beiden Seiten des Fjordes reichten. Er wurde von vielen anderen großen und kleinen Vögeln begleitet.

Da schwamm er noch weiter nach Westen und dann nach Süden bis in den Breidafjord. Als er den Fjord schwamm, stürmte ihm ein grauer Stier entgegen und brüllte fürchterlich. Ihm folgte eine Schar von Landgeistern.

Von dort schwamm er weiter um die Insel herum bis nach Raykjanes und wollte in Vikarsskeid an Land gehen, doch dort stürzte ihm ein Bergriese mit einem eisernen Stab in den seinen Händen entgegen. Er war einen Kopf größer als die Berge und viele andere Riesen folgten ihm.

118

Der Magier schwamm in seiner Wal-Gestalt ostwärts an der Küste entlang, wo, wie er berichtete, nichts außer Sand und weites Ödland zu sehen war und wo außerhalb der Schären die Brandung hoch emporschäumte. Das Meer zwischen den Ländern war so breit, daß man es mit einem Langschiff nicht überqueren konnte.

Zu dieser Zeit lebte Brodhelge in Vapnafjord, Eyjolf Valgerdson in Eyjafjord, Thord Geller in Breidafjord und Thorod Gode in Olfus.

Da wandte der dänische König Harald seine Flotte und segelte zurück nach Däne-mark.

Die Drachen, Schlangen, Vögel, Stiere, Riesen und Landgeister („Pukis") sind offenbar in der Funktion als Landwächter Verbündete gewesen. Es hat auch den Anschein, als ob sie zudem die Helfer oder Freunde der vier genannten Wikinger gewesen seien.

Der große Vogel erinnert an den Tyr-Riesen Hraesvelgr aus der Edda, der in der Gestalt eines Adlers im Norden „am Ende des Himmels" sitzt und mit seinen Fittichen den Wind erschafft.

Die vier Wesen Drache, Vogel, Stier und Riese machen geradezu den Eindruck eines Mandalas, das sich auf Island befindet und die Insel schützt. Die besondere Erwähnung der vier Wikinger, die an den Orten lebten, an denen der Magier an Land gehen wollte, macht den Eindruck, als ob es sich bei ihnen um Magier handelten würde, die die Insel mit ihrer Zauberkraft vor Feinden schützen würden.

Ein ähnlich enges Verhältnis zu den Erdgeistern wird von den Kelten berichtet, deren Druide Amairgen sich bei der Ankunft in Irland noch vor dem Betreten des Landes mit allen Naturgeistern der Insel verband.

Die vier Wesen, die Island gegen den dänischen Magier verteidigen, spielen alle eine wichtige Rolle in den Jenseitsvorstellungen: Der Drache ist der Jenseitsweg, der Riesenvogel der Seelenvogel, der Stier das Opfertier, mit dem der Tote identifiziert wird, und der Riese der Tote selber.

Möglicherweise haben sich die vier Wikinger in die drei Tiere und in in den Riesen verwandelt, um Island zu schützen.

Diese vier Schutzgeister sind noch heute auf einigen isländischen Münzen zu sehen.

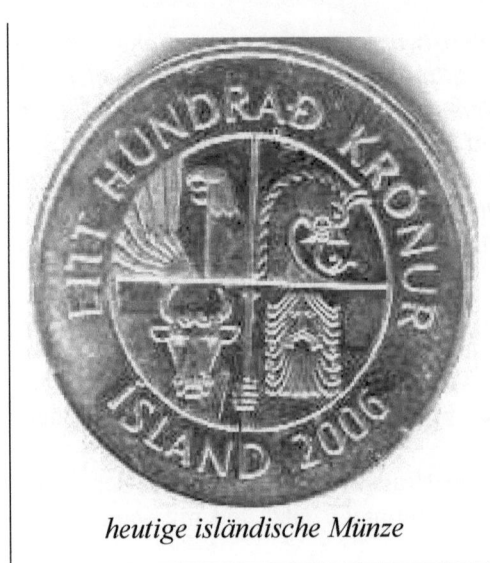

heutige isländische Münze

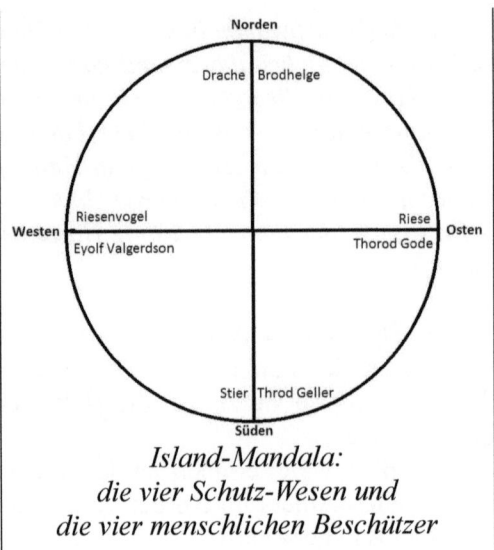

Island-Mandala:
die vier Schutz-Wesen und
die vier menschlichen Beschützer

XXI 1. b)   Die jüngere Version der Huldar-Saga

Inzwischen war Heimgestr Haddbroddsson auf Heerfahrt gezogen. Er hatte dabei einen Kampf mit Stigandi, einem Sohne des Riesen Rangbeinn und einer Schwester von Audr dem Reichen. Diesen Kampf hatte er durch die Hilfe seiner in Walgestalt auftretenden Schwester Huld siegreich bestanden.

XXI 1. c)   Die Saga über Fridthjof den Kühnen

Wie bei den Seehunden, Robben, Seekühen usw. ist es auch von den Walen über-liefert worden, daß sich Zauberinnen oft in diese Wassertiere verwandelt haben – insbesondere dann, wenn sie Seeleuten schaden wollten. Manchmal ritten diese Zauberinnen auch auf den Walen – was jedoch eine spätere Umdeutung der Wal-Verwandlung sein wird.

In der Fridthjof-Saga führten die Zauberinnen zunächst einen Sturm-Zauber durch und verfolgten dann das Drachenschiff des Fridthjof, das sie versenken wollten, auf einem Wal.

Da bereitete Fridthjof sich auf die Reise vor und wählte seine Männer nach ihrem Mut und ihren Fähigkeiten aus. Die Mannschaft bestand aus achtzehn Männern.

Fridthjofs Männer frugen ihn, ob er nicht vor seinem Aufbruch zu Helgi gehen und mit ihm Frieden schließen und Baldur darum bitten wolle, daß er seinen Zorn von ihm nehme.

Fridthjof sagte: „Ich habe einen feierlichen Eid geschworen, daß ich König Helge niemals um Frieden bitten werden."

Da ging er an Bord der Ellide und segelte aus dem Sogne-Fjord hinaus.

Als jedoch Fridthjof von seiner Heimat fortgefahren war, sprach König Halfdan zu seinem Bruder die folgenden Worte: „Unsere Herrschaft wäre besser und größer, wenn Fridthjof für seine Untaten bezahlen müßte. Laß uns seinen Hof verbrennen und ihm und seinen Männern einen solchen Sturm senden, daß sie verderben."

Helge sagte, daß sie dies tun würden.

Da verbrannten sie die das ganze Gehöft auf Framness und raubten alles, was sie dort fanden.

Dann ließen sie zwei Zauberinnen, Heid und Hamglom, herbeirufen und gaben ihnen Lohn dafür, daß sie über Fridthjof und seine Männer einen so gewaltigen Sturm herbeiriefen, daß er sie alle vernichten würde.

Da sangen die Zauberinnen ihre Zauberlieder und stiegen auf das Magie-Gerüst mit Zauberei und Anrufungen hinauf.

Nun folgen viele Szenen, in denen Fridthjof und seine Männer auf ihrem Drachen-schiff gegen den Sturm ankämpfen (siehe „Wind und Wetter" in Band 64a).

In diesem Augenblick bemerkten Fridthjof und seine Männer, als das Schiff sehr schnell über die Wogen dahinglitt und vor ihnen eine ihnen völlig unbekannte See lag, daß es auf allen Seiten her so dunkel zu werden begann, daß niemand mehr von der Mitte des Schiffes aus den Bug oder das Heck sehen konnte. Diese Dunkelheit wurde von hoher Gischt, von Sturm, Frost, Schnee und beißender Kälte begleitet.

Da kletterte Fridthjof auf den Mast und als er wieder herabkam, sagte er zu seinen Gefährten: „Ich habe einen seltsamen Anblick gesehen: Ein großer Wal schwamm im Kreis um unser Schiff und ich habe keine Zweifel, daß wir in die Nähe von Land gekommen sind und daß uns dieser Wal davon abhalten will, es zu erreichen.

König Helge, glaube ich, ist uns nicht wohlgesonnen und hat uns alles andere als einen freundlichen Boten gesandt. Ich habe auf dem Rücken des Wales zwei Frauen gesehen, die, wie mir scheint, diesen schrecklichen Sturm durch ihre Magie und durch Zauberei von der übelsten Sorte herbeigerufen haben.

Laßt uns nun erproben, ob unser Glück oder ihre Zauberkunst mächtiger ist. Steuert nun so gerade wie möglich und ich werde versuche, diese Ungeheuer mit Speeren zu treffen."

Da sang er diese Strophe:

„Zwei Zauberinnen
sehe ich auf den Wogen.
Helge hat sie
hierher gesandt.
Ihre Rücken soll Ellide
in zwei Teile schneiden,
ehe sie ihre Reise
vollendet hat!"

Es wird gesagt, daß das Schiff Ellide durch einen Zauber die Macht erhalten hatte, die menschliche Sprache zu verstehen.

Da sagte Bjorn: „Nun kann jedermann die Haltung der beiden Brüder uns gegenüber sehen."

Da übernahm Bjorn das Kommando über das Schiff, aber Fridthjof nahm eine Gabelstange, rannte zum Bug und sang diese Strophe:

„Heil, Ellide!
Spring über die Wogen!
Brich den Zauberinnen
die Zähne und die Brauen!
Die Wangen und die Kiefer
dieser verfluchten Frauen!
Einen oder beide Füße
dieser schrecklichen Zauberinnen!"

Dann warf er den Dreizack auf eine der Gestaltwandlerinnen und der Bug der Ellide zerschlug den Rücken der anderen und beider Rücken ward zerbrochen. Der Wal jedoch tauchte hinab und schwamm davon und sie sahen ihn nie wieder.

XXI 1. d)   Die Saga über Ketil Forelle

Ketil kam zu dem Ort, der Skrofum genannt wird. Und als er den Strand erreichte, sah er eine Trollfrau in einem Bärenfell-Kittel auf einer Halbinsel. Sie war gerade aus dem Meer gekommen und war schwarz wie Pech. Sie zog eine Grimasse unter der Sonne.

Ketil sprach diese Verse:

„Wer ist diese Menschenfresserin,
auf dieser fernen Halbinsel,
die Männern eine Grimasse schneidet?
Unter der Sonne,
jenseits des Sundes
sehe ich die Abscheuliche."

Sie sagte:

„Ich werde Forat genannt,
ich werde nur selten im Norden gesehen,
ich bin mutig in Hrafnsey,
werde von Bauern verabscheut,
die mich mit Pfeilen angreifen;
Ich tue alle üblen Dinge."

Und sie sagte:

„Viele Männer
habe ich zur Hel gesandt,
sie gingen zu den Fischen.
Wer ist es, den ich da sehe,
dieser kleine Mann,
der durch die Riffe segelt?"

Er sprach: „Nenne mich Forelle," sprach er.

Ketil hat als Jugendlicher einen Drachen getötet, den er anschließend scherzhaft „große Forelle" nannte.

Sie sagte: „Du nah bei Deiner Heimat in Hrafnista, aber ich werde Dich zu weit draußen liegenden Riffen zerren."
Ketil sprach diese Verse:

„Bevor ich hierher kam,
schien es mir angemessen zu denken,
daß ich unter den Menschen
ein Weitgereister bin.
Nun droht mir
eine ungeheuerliche Menschenfresserin,
die Üble will mich fortschleppen,
mich als Gefangenen davonschleifen.

Den Lärm, den ich höre,
das, was Forat sagt:
Ich würde keine Hilfe brauchen,
wenn welche in der Nähe wäre.
Ich würde auf einer Insel
nichts mit Seehunden versuchen,
wenn ich wüßte,
das dort Adler sind."

Der erste Teil der zweiten Strophe bedeutet, daß Ketil Forat nicht fürchtet.

Der zweite Teil dieser Strophe ist ein Sprichwort, das bedeutet, daß man nicht Dinge versuchen sollte, von denen man weiß, daß sie bedroht sind – wie eine Seehund-Zucht auf einer Insel, auf der Adler wohnen (die Seehunde fressen).

Beides zusammen bedeutet vermutlich, daß Ketil der Forat nicht traut, sie aber auch nicht fürchtet.

Sie sagte:

„Ich würde nicht bestreiten,
wandernder Mann,
daß Du ein Leben hast,
das länger als das der anderen währt,
wenn ich sehen würde,
daß Du mich nicht fürchtest,
kleiner Junge,
doch ich sehe Dein Herz zittern."

Mit den „anderen" sind die früheren Opfer der Forat gemeint.

Der Versuch der gegenseitigen Einschüchterung gehörte damals zu der Einleitung eines Kampfes.

Ketil sagte:

„Als ich noch jung daheim weilte,
fuhr ich oft alleine über die äußeren Meere.
Ich suchte mir meinen Weg
durch viele düstere Wälder.
Ich fürchte nicht die schreckliche Menschenfresserin,
auch wenn Du ein langes Gesicht hast, Ziehmutter,
und eine Nase wie ein Ruder,
wie die einer ungeheuerlichen Menschenfresserin. "

Der „Düsterwald" ist der Grenzwald zwischen Diesseits und Jenseits.
„Ziehmutter" ist eigentlich eine ehrerbietige Anrede für eine ältere Frau – aber hier ist sie nur Spott.

Sie kam näher zu ihm heran und sprach:

„Ich ging zu einem Fest oben in Angri,
dann ging ich zu Steigar:
das Kurzschwert klapperte laut.
Dann ging ich nach Karmtar.
Ich brachte Feuer nach Jadri
und verbrannte Utstein,
dann wandte ich mich ostwärts nach Elfi,
bevor der Tag anbrach,
und beschimpfte die Braut
und beleidigte den Jarl. "

Sie frug: „Was wirst Du nun tun? "
Er sagte: „Ich werde mir Fleisch beschaffen, um eine Vorräte aufzufüllen. "
Sie sagte:

„Ich werde nach Deinem Kochfeuer schauen
und Deinen Leib steicheln,
bis Du zu Deiner Frau nach Hause kommst
und Du wirst zu ihr
mit dem Rauschen des Meeres kommen. "

Es gab viele Arten des Spottes und der Provokation … Vermutlich ist dies eine Umdeutung der Wiederzeugung des Helden mit der Jenseitsgöttin als Riesin auf der

Jenseitsinsel.

„Das ist nun ihre einzige Hoffnung, “ sagte Ketil.
Sie ging zu ihm hin.
Da sprach Ketil diese Verse:

„Mein Pfeil ist mir treu
und Dir Deine Stärke.
Dieser Pfeil wird Dich treffen,
wenn Du Dich nicht verziehst!“

Sie sprach diese Verse:

„Wegen Flaug und Fifu
sorge ich mich nicht
und ich fürchte nicht
Hremsus Biß.“

Das waren die Namen von Ketils Pfeilen. Er legte einen Pfeil auf die Sehne und
schoß auf sie. Sie verwandelte sich in einen Wal und tauchte ins Meer, aber der Pfeil
traf sie unter ihrer Flosse. Da hörte Ketil einen lauten Schrei.
Da grinste er und sagte: „Es ist geschehen wie das Schicksal es wollte: Forat ist
keine Edelfrau und ihr Bett ist nun recht unangenehm. “

XXI 2. Indogermanen

XXI 2. a) Inder

Der Schöpfergott Vishnu taucht als Wal auf den Grund des Meeres, um von dort die
Veden („Heiligen Schriften“) heraufzuholen, damit er mit dem in ihnen enthaltenen
Wissen die Erden nach dem Ende eines Erdenzyklus, der jeweils aus einer großen
Flut besteht, neu erschaffen konnte.

XXI 2. b) Griechen

Der Wal bzw. das Meeresungeheuer Ketos ist die Tochter der Erdgöttin Gaia und ihres Sohnes, des Meeresgottes Pontos. Ihr Bruder, der Meeresgott Phorkys, erzeugte zusammen mit ihr viele Ungeheuer.

Als die äthiopische Königin Cassiopaia behauptete, schöner als die Nereiden (Meeresfrauen) zu sein, sandte Poseidon den Ketos aus, um Äthiopien zu verwüsten. Die Äthiopier beschlossen Cassiopaias Tochter Andromeda zu opfern, doch diese wurde von dem Held Perseus, der gegen Ketos kämpft, gerettet.

Es ist denkbar, daß Ketos durch die Begegnung mit Walen mitinspiriert worden ist, aber das ist unsicher.

XXI 3. andere Völker

XXI 3. a) Südsee

Auf den Cook-Inseln wird erzählt, daß der Sonnengott Nganaoa eine Riesenmuschel, eine Riesenkrake und einen Riesenwal tötet, in dessen Bauch er seinen Vater Tairitokerau und seine Mutter Vaiaroa lebend wiederfand. Nachdem er in dem Wal ein Feuer entzündet hat, läßt der Wal alle drei wieder heraus auf eine Sandbank und stirbt.

Dies ist offenbar ursprünglich eine Mythe über die Reise des Sonnengottes (Feuer) durch die Wasserunterwelt im Bauch eines Wales oder in Walgestalt gewesen. Am Morgen wurde der Sonnengott dann entweder als Sohn wiedergeboren oder er verwandelte sich wieder in einem Menschen zurück.

Dasselbe Motiv findet sich auch bei dem germanischen Sonnengott-Göttervater Tyr, der des Nachts bzw. im Winter in der Wasserunterwelt entweder ein Drache oder ein Wal ist.

Bei den Maori ist der Wal der Vater aller Lebewesen. Der erste Maori ist auf dem Rücken eines Wals nach Neuseeland gelangt.

XXI 3. b) nordamerikanische Indianer

Bei den nordamerikanischen Indianerstämmen an der Pazifikküste wie z.B. bei den Kwakiutl sind der Schwertwal und der Orca wichtige Totemtiere.

Einige Stämme glauben, daß ihre Häuptlinge als Schwertwale wiedergeboren werden. Diese Vorstellung könnte auf die Mythe, daß die Sonne des Nachts im Meer zu einem Wal wird, zurückgehen.

Bei einigen Stämmen ist der Wal das erste Lebewesen. Das erinnert daran, daß auch bei den Germanen der Sonnengott-Göttervater Tyr als der rangmäßig erste Riese dem Ymir, der der zeitlich gesehen erste Riese ist, gleichgesetzt wurde. So könnte der Wal auch bei den Indianern auch zugleich die Sonne und das erste Wesen gewesen sein.

Die Inuit (Eskimos) haben die Vorstellung, daß die Wale die Finger der Meeresgöttin Sedna sind.

XXI 4. Zusammenfassung

Zauberer und Zauberinnen können sich in Wale verwandeln und ferne Küsten auskundschaften oder gegen Drachenschiffe kämpfen.

Siehe dazu auch das Kapitel „Wal" in Band 44. Das folgende ist die Zusammenfassung des betreffenden Kapitels:

Der Wal als das größte Wassertier und auch als das größte Tier überhaupt hat auch eine mythologische Bedeutung erlangt.

Der Ursprung der Symbolik des Wales liegt vermutlich darin begründet, daß der Wal in der Wasserunterwelt dem Drachen in der Erd-Unterwelt entsprach und der ehemalige Sonnengott-Göttervater Tyr auf seiner nächtlichen Reise durch die Wasserunterwelt die Gestalt eines Wales angenommen hat. Davon leitet sich das Angeln von Walen durch die beiden Tyr-Riesen Hymir und Vidblindi sowie die Walverwandlung des Zauberers des Königs Harald ab.

Aufgrund des Motivs der Wiederzeugung und der Wiedergeburt des Göttervaters in der Unterwelt erhielt auch die Jenseitsgöttin die Gestalt eines Wales – Göttin und Gott mußten bei der Wiederzeugung und bei der Wiedergeburt dieselbe Gestalt haben.

Von diesem Motiv leitet sich die Wal-Verwandlung der Göttin Hulda sowie der Riesin Forat und auch das Wal-Reiten der beiden Zauberinnen in der Fridthjof-Saga ab.

Der Wal ist mit dem Windzauber assoziiert worden: Die beiden Zauberinnen, die auf dem Wal reiten, rufen Stürme herbei, und ein anderer Wal beruhigt die Stürme.

Der Ursprung dieses Motivs ist vermutlich die Vorstellung, daß der Adler-Seelenvogel Hreasvelgr des ehemaligen Sonnengott-Göttervaters Tyr den Wind erzeugt –

und daß Tyr folglich auch noch in der Gestalt eines Wales Macht über den Wind hat.

Die Wale im Meer, die Drachen auf der Erde und die Drachenschiffe auf dem Meer hatten alle dieselbe „Grundbewegung": die Reise über das große Wasser in die Ferne bzw. in das Jenseits. Der Traum von der Verwandlung von Schiffen in Wale weist daher auf den nahenden Tod hin: aus der Meerfahrt in ferne Länder wird eine Jenseitsfahrt in die ferne Halle der Ran bzw. der Hel.

Die Analogie der Wale zu den Schlangen und Drachen zeigt sich u.a. auch in der Bildung von Schlangen-Kenningarn mithilfe des Wortes „Wal".

Die Bildung von Riesen-Kenningarn mithilfe des Wortes „Wal" weist möglicherweise auch auf die Wal-Gestalt des ehemaligen Sonnengott-Göttervaters Tyr als Riese in der Unterwelt hin.

Aufgrund dieser Tyr-Symbolik des Wales lag es nahe, Heilungszauber in Walbein zu ritzen (Analogie zur Wiedergeburts-Symbolik) und Darstellungen des Ideal-Lebenslaufes eines Königs ebenfalls auf Walbein abzubilden (Analogie zum Lebenslauf des Götterkönigs Tyr).

Die Wal-Gestalt entspricht der Verwandlung in Robben, Seehunde, Seekühe, Walrosse usw. Der Bezeichnung des Wals als „Seelen-König" entspricht dem Tyr-Namen „Alberich (,,Alfen-König") – der Wal als größtes Meerestier wäre die passende „Fisch-Gestalt" des Göttervaters in der Wasserunterwelt.

- - -

Sichere Wal-Mythen gibt es bei den Indogermanen nur bei den Germanen.

- - -

Bei den Völkern Polynesiens im Pazifik und bei den Indianerstämmen an der nördlichen Pazifikküste von Nordamerika gibt es die Vorstellung des Wals als erstes Lebewesen und die Mythe, daß die Sonne die Wasserunterwelt als Wal bzw. in einem Wal durchquert.

Diese Wal-Gestalt der Sonne in der Unterwelt stimmt erstaunlicherweise mit den Vorstellungen der Germanen über den Wal überein. Entweder sind diese Vorstellungen bei den Germanen, den Polynesiern und den Indianern Parallelbildungen (was aufgrund der einfachen Symbolik denkbar wäre) oder es hat bereits um ca. 30.000 v.Chr. bei dem frühen Homo sapiens in Eurasien die Vorstellungen über einen Sonnen-Wal in der Wasserunterwelt gegeben.

Da Java, Borneo, Sumatra, Australien und die anderen Inseln vor der Küste von Südostasien um 40.000-30.000 v.Chr. mit einfachen Schiffen besiedelt wurden und die damaligen Menschen daher das Meer und auch die Wale gekannt haben werden, ist eine derart frühe Wal-Mythe durchaus denkbar.

Die häufig vorkommende Vermischung von Riesenschlangen/Drachen und Walen zeigt, daß beide Tiere dieselbe Symbolik gehabt haben werden: die Toten bzw. der tote Sonnengott in der (Wasser-)Unterwelt.

F Verwandlung in ein Herdentier

XXII Die Verwandlung in einen Stier

XXII 1. Germanen

Es ist keine direkte Stier-Verwandlung bekannt. Lediglich die Auffassung der vier Stiere, die die Göttin Gefiun zusammen mit dem Tyr-Riesen im Jenseits gezeugt hat und die daher auch Riesen-Söhne sind, weist auf die Möglichkeit hin, daß es einst auch eine Stier-Verwandlung gegeben haben könnte.

Diese Verwandlung wird dann der Ziegenbock-, Hirsch- und Eber-Verwandlung entsprochen haben, d.h. der Identifizierung des Toten mit dem für ihn geopferten männlichen Herdentier, das seine Zeugungskraft bei seiner Wiederzeugung im Jenseits magisch sicherstellen sollte. Da der Stier das Opfertier des Tyr gewesen ist und sich die Göttin Gefion einen Riesen im Jenseits als Vater ihrer Söhne gewählt hat, der durchaus Tyr sein könnte, wird der Stier die Gestalt des ehemaligen Göttervaters bei seiner Wiederzeugung zusammen mit der Göttin Freya-Gefion gewesen sein.

XXII 1. a) Die Goldhörner von Gallehus

Auf dem kleineren der beiden Goldhörner von Gallehus sind zwei Männer mit den Hörnern von Stieren oder wahrscheinlicher von Ziegenböcken zu sehen. Dies ist die „Minimal-Darstellung" einer Herdentier-Verwandlung. Die Nacktheit der Männer weist auf ihren Aufenthalt im Jenseits hin.

131

| *gehörnter Mann mit Speer, Ring und Stab* | *gehörnter Mann mit Sense und Stab* |
| *Kleineres Goldhorn von Gallehus* | *Kleineres Goldhorn von Gallehus* |

XXII 1. b)   Veksoe-Moor

Hörnerhelm aus dem Veksoe-Moor

Der von ca. 600 v.Chr. stammende Helm aus dem dänischen Veksoe-Moor zeigt, daß die Symbolik der „gehörnten Männer" auf den Goldhörnern von Gallehus auch real im Ritual Verwandlung gefunden hat.

Der Form der Hörner zufolge sind sie Rinder-Hörner.

XXII 1. c)   Die Saga über Ketil Forelle

Das „Gesichts-Fell" des Grim Strippig-Wange, der der Sohn von Ketil Forelle war, könnte eine Erinnerung an die Stier-Gestalt des einstigen Göttervaters Tyr auf seiner Jenseitsreise sein – aber das ist zunächst nur eine vage Vermutung.

Hrafnhild sagte, daß sie dies sehr verletzen würde, „und ich werde sofort wieder gehen, aber Grim, unser Sohn, soll fortan 'Grim Struppig-Wange' genannt werden."
Er wurde so genannt, weil eine seine Wangen behaart und er daher häßlich war. Eisen konnte ihn nicht beißen.

XXII 1. d)   Die Saga über Pfeile-Odd

Die Ursache für diese behaarte Wange des Grim wird in der Saga über seinen Sohn Pfeile-Odd erläutert:

Einst lebte ein Mann, der Grim genannt wurde und dessen Beiname Struppig-Wange war, da er mit einer bestimmten Besonderheit geboren worden war – und diese ist wie folgt zustande gekommen:
Als Grims Vater Ketil Forelle mit Hrafnhild Bruni-Tochter ins Bett ging (wie in der Ketil-Saga erzählt wird)*, hat ihr Vater Bruni ein Fell über sie gelegt, da er einige Lappen eingeladen hatte. Während der Nacht erblickte Hrafnhild einmal einen der Lappen, der ganz und gar behaart war. Das ist der Grund dafür, daß Grim dieses Merkmal bekam, denn die Leute glauben, daß Grim in diesem Augenblick gezeugt worden ist.*

Lappland und die Lappländer sind oft die Saga-Variante des Jenseits. Die geschilderte Szene ist somit eine Analogie zu Sigurds Bad im Drachenblut, da die Schlangen bzw. Drachen die Totengeister in ihren Hügelgräbern sind, wodurch Sigrud wie Grim (fast) unverletzbar wurde.

Das Motiv des Felles stammt aus den Bestattungsbräuchen: Der Tote wurde in das Fell des für ihn geopferten männlichen Herdentieres gehüllt, um dessen Zeungungs-kraft auf ihn zu übertragen, damit er sich erfolgreich wiederzeugen konnte – die Ver-einigung des Grim mit der Hrafnhild auf der Jenseitsinsel.

In der Saga über Ketil Forelle wird noch gesagt, daß es ein Stierffell gewesen ist, unter dem die beiden gelegen haben (*„Danach schliefen sie zusammen und Bruni breitete ein Stierfell über ihnen aus."*).

Der Stier war das Opfertier für den ehemaligen Göttervater Tyr. Die Unverwundbarkeit des Sigurd und des Grim stammt somit ursprünglich von dem Gott Tyr. Durch diese Saga-Szene erhält die Vermutung, daß Grims behaartes Gesicht ein Hinweis auf seine Stier-Verwandlung ist, deutlich mehr Gewicht.

XXII 1. e) Ägirs Trinkgelage

Loki hat als Stute von dem Roß Svadilfari des Riesenbaumeisters (Tyr) Odins Roß Sleipnir empfangen. In den folgenden Versen scheint er die Kuh für Tyr als Stier im Jenseits gewesen zu sein.

Loki:
„Schweig nur, Odin, ungerecht zwischen
Den Sterblichen teilst du den Streit:
Oftmals gabst Du, dem Du nicht geben solltest,
Dem schlechtem Manne den Sieg. "

Odin:
„Weißt Du, daß ich gab, dem ich nicht geben sollte,
Dem schlechtem Manne den Sieg,
Unter der Erde acht Winter warst Du
Milchende Kuh und Mutter
Denn Du gebarest da:
Das dünkt mich eines Argen Art. "

XXII 1. f) Grettir-Saga

Möglicherweise ist die folgende Szene durch alte Bestattungsbräuche entstanden.

Thorhall pries Gott dafür und dankte Grettir für seinen Sieg über diesen üblen Geist. Dann machten sie sich an die Arbeit und verbrannten Glam zu Kohle und sammelten danach seine Asche in einem Tierfell und vergruben es dort, wo es die wenigsten Schafweiden gab und wohin die Menschen am seltensten kamen.

XXII 1. g) Landnahme-Buch

Thorir Riesen-Jäger siedelte in Stier-Tal und wohnte am Vatns-Fluß. Sein Sohn war Steinraud der Starke, der vielen Männern half, denen Geister geschadet hatten.

Dort lebte eine Frau mit dem Geirhild, die geschickt in den Zauberkünsten und eine Übeltäterin war.

Männer, die die Gabe des Hellsehens hatten, sahen, wie sich diese Steingerd ihnen heimlich nahte und sich in die Gestalt eines Rinderfelles voller Wasser verwandelte.

Steinraud war ein Grobschmied und hielt einen langes eisernen Treibstock in seiner Hand.

Über ihr Treffen wird gesungen:

„Er, der den Hammer erklingen läßt,
läßt die Stäbe, von den Stäben die größten,
stets so sehr er irgend kann
auf dem Wasser-Fell der Geirhild ertönen.
Der lange Eisenstab verursachte
einen sehr schlimmen Schmerz
auf der Seite der Hexe von Hjalteyr;
Die Rippen der Trollfrau sind nun alle geschwollen."

Dieses Szene und dieses Lied sind zunächst einmal etwas seltsam.

Sowohl Steinraud als auch Geirhild kennen sich mit Magie aus.

Ein Rinderfell wurde vor allem bei Bestattungen benutzt, um dem Toten die Zeugungskraft des Stiers für seine Wiederzeugung im Jenseits zu übertragen. Im Jenseits verwandelte sich die Göttin dann in eine Kuh, damit sie und der Tote zusammenpaßten. Das wassergefüllte Fell, in das sich die Zauberin verwandelt, könnte daher aus dieser Symbolik stammen.

Wenn dies zutreffen sollte, wäre der Eisenstab des Schmiedes sicherlich eine Anspielung auf den Penis des Toten, der die „Jenseitsfrau", d.h die Göttin als die Wiederzeugungs-Geliebte des Toten „schlägt".

Anscheinend wird in diesen Versen ein Streit zwischen den beiden mit der Symbolik der Wiederzeugung, die ja mit der Priesterschaft und der Zauberkunst eng assoziiert wurde, beschrieben.

XXII 1. h)   Gylfis Vision

König Gylfi beherrschte das Land, das nun Swithiod heißt. Von ihm wird gesagt, daß er einer fahrenden Frau zum Lohn der Ergötzung durch ihren Gesang ein Pflugland in seinem Reich gab, so groß als vier Ochsen pflügen könnten Tag und Nacht.

Diese Frau war jedoch vom Asengeschlecht; ihr Name war Gefion. Sie nahm aus Jötunheim vier Ochsen, die sie mit einem Jötunen erzeugt hatte, und spannte sie vor den Pflug. Da ging der Pflug so mächtig und tief, daß sich das Land löste, und die Ochsen es westwärts ins Meer zogen, bis sie in einem Sund still stehen blieben. Da setzte Gefion das Land dahin, gab ihm einen Namen und nannte es Seelund. Und da, wo das Land weggenommen worden war, entstand ein See, den man in Schweden nun Löger heißt. Und im Löger liegen die Buchten so wie die Vorgebirge in Seeland.

Dieser „König Gylfi" ist derselbe, über dessen Vision Snorri Sturluson in dem zweiten Teil der Edda („Gylfis Vision") berichtet.

„Swithiod" ist Schweden.

Gefions Vereinigung mit einem Riesen erinnert daran, daß mehrere Riesen mit oder ohne Erfolg versucht haben, eine der Asinnen zu entführen: Thiazi die Idun, Hrungnir die Sif und die Freya sowie Thrym die Freya.

Gefion ist anscheinend eine Sängerin, d.h. möglicherweise eine Skaldin. Es ist allerdings nicht sicher, wie verläßlich diese Angabe ist, da sonst kaum Hinweise auf weibliche Skalden existieren und dieser Grund für die Großzügigkeit des König Gylfi von der Großzügigkeit der Könige gegenüber ihren Skalden abgeleitet ein könnte.

Das Gebären von Stieren hat in den Mythen der Germanen am ehesten eine Parallele in der Verwandlung des Loki in eine Stute, der sich daraufhin mit dem Riesen-Roß Svadilfari des Riesen, der die Mauer um Asgard errichtete, vereinte und daraufhin Odins achtbeiniges Doppel-Pferd Sleipnir gebar.

Gefion ist daher vermutlich eine Totengöttin – wozu auch ihre Zuständigkeit mit den unvermählt Gestorbenen sowie ihre Ähnlichkeit mit der Totengöttin Freya, die sich mit Zwergen in der Unterwelt vereint hat – so wie Gefion mit einem Riesen.

„Seelund" ist die Insel Seeland, auf der heute Kopenhagen liegt, und bedeutet „See-Wald".

Der „Löger-See" ist der Mälar-See. Er war einst das Zentrum Schwedens, wie der Bericht in der Heimskringla zeigt, dem zufolge Odin dort seine „Hauptstadt" Asgard errichtet hat. In gewisser Weise hat Gefion somit das Zentrum der Welt von Schweden nach Dänemark gebracht – was sicherlich auch eine politische Aussage gewesen ist und vermuten läßt, daß diese Mythe in ihrer in der Edda überlieferten Form ihre letzte Bearbeitung in Dänemark erhalten hat.

Es ist denkbar, daß eine „Insel der Göttin", die zudem noch mit Riesen und Stieren zu tun hat, eine Jenseitsinsel ist. Dies würde zu Gefion als Totengöttin passen. Solche

Ínseln oder solch ein „Land hinter dem tiefen Wasser" wäre Hel hinter dem Gjallar-Fluß, Utgard hinter dem Meer, die Insel Lyngvi, auf der der Fenris-Wolf gefangen liegt, u.a.

Die Stiere wären dann ursprünglich die Opfertiere bei der Jenseitsreise und die Riesen die Ahnen im Jenseits. Aus der Vereinigung der Toten, die durch die für sie geopferten Herdentiere zum Stier, Hirsch, Hengst, Keiler usw. geworden waren, mit der Jenseitsgöttin, hat sich dann das Motiv der Vereinigung der Gefion mit dem Riesen (Toter im Jenseits) und das Gebären von vier Stier-Kälbchen entwickelt.

Diese Vierzahl erinnert zudem an die vier Zwerge („dwergaz" = „Totengeist"), mit denen sich Freya vereinte, um dadurch ihre Kette Brisingamen zu erhalten. Diese Kette ist vermutlich identisch mit Odins Ring Draupnir und mit den (keltischen) Torques – alle drei sind Symbole der bestandenen rituellen Jenseitsreise bei einer Schamaneneinweihung, einer Priesterweihe, einer Krönung oder einer Kriegerweihe. aus dieser Bedeutung des Brisingamen kann man schließen, daß auch diese Mythe umgedeutet worden ist und ursprünglich die Wiederzeugung im Jenseits dargestellt hat.

Bei der Vereinigung eines Riesen mit einer Göttin in einer Schöpfungsmythe kann dieser Riese nur der ehemalige Sonnengott-Göttervater Tyr sein – zumal seine vier Stier-Söhne vermutlich eine Verdoppelung seiner zwei Alcis-Pferdesöhne sind.

Wahrscheinlich ist diese Sage dadurch entstanden, daß man die Zugehörigkeit dieser Insel zu Dänemark begründen wollte und dazu alte mythologische Themen benutzte: die Jenseitsvorstellungen (Insel, Stier, Wiederzeugung) und das Landnahme-Ritual (Stier, Pflug).

XXII 1. i) Ragnarsdrapa

Die eben berichtet Gefion-Mythe war schon um 850 n.Chr. gut bekannt, wie die beiden folgenden Strophen aus der Ragnarsdrapa zeigen, die der „Vater der Skalden", Bragi Boddason, genannt, „Bragi der Alte", zu dieser Zeit verfaßt hat

Gefion zog von Gylfi,
dem freigiebigen Fürsten
mit Lachen das fort,
was Dänemark größer machte,

sodaß die Zugtiere, die Stiere von Schweiß troffen;
vier Häupter hatten sie und acht Stirn-Sterne,
die vor der weiten Insel-Weide gingen,
die als Beute fortgerissen wurde.

Das „Lachen" der Gefion entstammt vermutlich der dichterischen Freiheit des Skalden Bragi und ist kein wesentliches Element der Gefion-Mythe.

Die „Stirn-Sterne" sind die Augen der Stiere.

Die „Insel-Weide" ist Seeland.

XXII 2. Indogermanen

XXII 2. a) Hethiter

Der hethithsche Donnergott Tarhunt wurde manchmal als Mensch-Stier-Misch-wesen dargestellt:

Löwenmann und der Donnergott Tarhunt mit Stierbeinen und Stierhörnern

XXII 2. a) Griechen

Die bekannteste Stier-Verwandlung ist sicherlich die des Minotaurus im Palast von Knossos auf Kreta. Poseidon hat einst dem kretischen König einen Stier für ein Ritual geschenkt, abe da der Stier dem König so gut gefiel, opferte er ihn nicht bei dem Fest. Daraufhin wurde Poseidon wütend und bewirkte, daß sich die Königin in den Stier verliebte, der daraufhin mit ihr den Minotaurus zeugte, der ein Mann mit Stierkopf gewesen ist. Diese Szene gehört zu den Wiederzeugungsmythen, in deren Zusammenhang sich der Göttervater bzw. der König u.a. auch in einen Stier verwandeln konnte.

Poseidon ist ursprünglich der Göttervater Zeus in der Wasser-Unterwelt gewesen – entsprechend dem Hades, der Zeus in der Erd-Unterwelt ist. In den neueren Mythen sind Zeus, Poseidon und Hades Brüder.

- - -

Homer berichtet ebenfalls über eine Stier-Verwandlung, die jedoch schon von den Mythen-Motiven in eine Saga-List umgedeutet worden ist:

Odyssee 22, 361:
Also sprach er; ihn hörte der gute verständige Medon:
Unter dem Throne sich schmiegend, vermied er das schwarze Verhängnis,
Eingehüllt in die Haut des frischgeschlachteten Rindes.
Eilend kroch er hervor, und hüllte sich schnell aus der Kuhhaut,
Sprang zu Telemachos hin, umschlang die Kniee des Jünglings,
Jammerte laut um Erbarmen, und sprach die geflügelten Worte:
„Lieber, da bin ich selbst! O schone, und bitte den Vater,
Daß mich der Wütende nicht mit scharfem Erze vertilge,
Zürnend wegen der Freier, die alle Güter im Hause. "

- - -

Die Hera-Priesterin Io verwandelte sich in eine junge Kuh, um Zeus zu entkommen.

- - -

Bei einer anderen Gelegenheit verwandelte sich Zeus in einen Stier, um die Europa zu entführen.

XXII 3.   andere Völker

XXII 3. a)   Ägypten

Bei der Wiederzeugung nimmt der Korngott Osiris die Gestalt des Stieres Apis an. Beide waren so eng miteinander verbunden, daß sie in der Spätzeit zu dem Gott Serapis, d.h. Osiris-Apis, zusammengefaßt worden sind.

Entsprechend hatten die Jenseitsgöttinnen Hathor, Nut, Methyer u.a. die Gestalt einer Kuh.

In der äygptischen Mythologie gibt es eine große Vielzahl an Stier-Göttern und Kuh-Göttinnen (siehe auch mein Buch „Hathor und Re Band 1").

Der wiedergeborene Tote wurde „Ka-mut-ef" genannt, was „Stier seiner Mutter" bedeutet: Der Tote hat sich als Stier mit der Jenseitsgöttin in Kuhgestalt vereint, woraufhin ihn diese dann wiedergeboren hat und dadurch zu seiner Mutter geworden ist.

XXII 3. b)   Sumer

In Sumer sind Rinderhörner ganz allgemein das Kennzeichen der Götter gewesen. Die Kuhgestalt der Göttin und die Stiergestalt der Götter ist in Sumer folglich ein sehr prägendes Element gewesen.

XXII 3. c)   Göbekli Tepe

Bereits um 10.000 v.Chr. erscheint der Stier auf den Tempelsäulen von Göbekli Tepe, wo er vermutlich dieselbe Symbolik wie später in Sumer, in Ägypten, auf Kreta und bei den Indogermanen hat.

XXII 3. d)   Höhlenmalerei

In den spät-altsteinzeitlichen Höhlemalereien aus der Zeit von 40.000-15.000 v.Chr. sind mehrmals Tänzer mit Stierkopf dargestellt worden, was recht sicher auf das Motiv einer rituell-magischen Stier-Verwandlung schließen läßt.

*Malerei in der Höhle „Les Trois Freres"
der Stiertänzer befindet sich etwas links
der Mitte der Rinderherde*

*der Stiertänzer aus
der Herde links*

*Stiertänzer aus der
Höhle von
Gablillou*

XXII 3. e) Altsteinzeitlicher Stierkult

Im thüringischen Bilzingsleben ist eine kleine Ansammlung von Hütten gefunden worden, die ca. 350.000 Jahre alt ist. Auf einem großen Stein in der Mitte eines gepflasterten Platzes lag ein Stierschädel sowie die Bruchstücke von Menschenschädeln. Dieser Stein war kein „Arbeitsplatz", da der gepflasterte Bereich „aufgeräumt" wirkt und sich an einer anderen Stelle des Dorfes ein deutlich als Arbeitsplatz erkennbarer Ort befand.

Der große Stein mit dem Auerochsenschädel wird daher eher ein Altar gewesen sein. Für diese Deutung spricht auch, daß sich in diesem Dorf mit Ritzzeichnungen verzierte Knochen gefunden haben, die der früheste Nachweis für eine künstlerische Tätigkeit ist und somit auch für eine komplexeres Weltbild, das über das Hier und Jetzt hinausgeht.

XXII 4. Zusammenfassung

Der Stier ist einst die Gestalt des Göttervaters Tyr bei seiner Wiederzeugung gewesen.

Die Symbolik der Stier-Verwandlung hat auch im Ritual Verwendung gefunden.

Diese Symbolik reicht bis weit in die Altsteinzeit hinein und über den Homo sapiens hinaus bis zurück zum Homo erectus vor 350.000 Jahren – und vermutlich auch noch weiter, da aus dieser Zeit lediglich der erste erhaltene Fund stammt.

XXIII   Die Verwandlung in ein Pferd

XXIII 1.   Germanen

Die Verwandlung in ein Herdentier stammt aus der Wiederzeugungs-Symbolik, bei der der Tote und die Jenseitsgöttin zu zwei Tieren derselben Herdentier-Art werden.

XXIII 1. a)   Gesta danorum

In der „Geschichte der Dänen" des Mönches Saxo des Schriftkundigen stirbt der König Frode einen recht seltsamen Tod. Dieser König Frode ist eine Übertragung des Gottes Freyr in den Bereich der Sage, was einen Zusammenhang zwischen einer früheren Freyr-Mythe und dieser Saga recht wahrscheinlich macht.

Das Lebensende des Frode nahte, als eine alte Frau, die Hel selber sein wird, nach einem der Schätze des Königs Frode trachtet: seinem Ring, der ein Jenseitsreise-symbol ist. Dieser Ring könnte auch der Halsreif Brisingamen der Freya sein – und die alte Frau der Hel-Aspekt der Freya.

Inzwischen kam eine gewisse alte Frau, die in der Zauberkunst erfahren war und die mehr in ihre Künste vertraute als daß sie die Strenge des Königs fürchtete und stachelte die Begierde ihres Sohnes nach dem Schatz an. Sie versicherte ihm Straf-losigkeit, da der König fast schon an dem Tor des Todes stand, sein Leib schwach und die Überreste seines altersschwachen Geistes kraftlos waren.

Er stellte dem Rat seiner Mutter die Größe der Gefahr gegenüber, aber sie gebot ihm, Hoffnung zu fassen und erklärte, daß entweder eine Seekuh ein Kalb haben sollte oder daß die Rache des Königs durch irgendeine andere Fügung vereitelt werden solle. Durch diese Rede vertrieb sie die Ängste ihres Sohnes und ließ ihn ihr gehorsam sein.

Als die Tat getan war, wurde Frode, von dem Angriff getroffen, von der größten Hitze und Wut erfüllt und ließ das Haus der alten Frau niederreißen und sandte Männer aus, um sie gefangen zu nehmen und sie mit ihren Kindern herbeizubringen.

Dies hatte die Frau vorhergesehen und täuschte ihre Feinde mit einer List, indem sie von der Gestalt einer Frau zu der einer Stute wechselte.

Als Frode herbeikam, nahm sie die Gestalt einer Seekuh an, die an der Küste umherzurobben und zu grasen schien. Und sie ließ ihre Söhne wie Kälber von geringerer Größe aussehen. Dieses Omen erstaunte den König und er befahl, daß sie umringt und von ihrem Rückweg ins Wasser abgeschnitten würden. Dann verließ er den Karren, den er wegen der Schwäche seines alten Körpers benutzte und setzte sich verwundert auf den Erdboden.

Aber die Mutter, die die Gestalt des größeren Tieres angenommen hatte, griff den König mit ausgestreckten Hauern an und durchstach eine seiner Seiten. Diese Wunde tötet ihn und sein Ende war einer Majestät wie der seinen unwürdig.

Seine Krieger, die nach Rache für seinen Tod dürsteten, warfen ihre Speere und durchstachen die Ungeheuer. Als getötet worden waren, sahen sie, daß es Leichen von menschlichen Wesen mit den Köpfen von wilden Tieren waren: ein Umstand, der die List mehr als alles andere offenbarte.

Die Stuten-Gestalt der alten Frau ist die Entsprechung zu dem Opfer-Hengst, mit dem die Toten bei ihrer Bestattung identifiziert wurden. Die Stute ist in den Wiedergeburtsvorstellungen die Göttin Freya, die die Geliebte der Toten bei deren Wiederzeugung ist.

Entsprechend wird die Seekuh-Gestalt der alten Frau auch der Robben-Gestalt des Heimdall und des Loki bei deren Kampf um Freyas Brisingamen auf der Insel entsprechen.

Freya hatte somit bei der Wiederzeugung in der „Land-Unterwelt" die Gestalt einer Stute und auf der „Insel-Unterwelt" die Gestalt einer Robbe oder einer Seekuh.

XXIII 1. b) Skaldskarpmal

In der Skaldskaparmal wird ausführlich berichtet, wie die Mauer rings um Asgard errichtet worden ist. In dieser Mythe spielt Loki eine wesentliche Rolle.

Da frug Gangleri: „Wem gehört das Roß Sleipnir? Oder was ist von ihm zu sagen?"

Har antwortete: „Nicht magst Du von Sleipnir Kunde haben, wenn Du nicht weißt, bei welchem Anlaß er erzeugt wurde, und das wird Dich wohl der Erzählung wert dünken.

Es geschah früh bei der ersten Niederlassung der Götter, als sie Midgard erschaffen und Walhall gebaut hatten, daß ein Baumeister kam und sich erbot, eine Burg zu bauen in drei Halbjahren, die den Göttern zum Schutz und Schirm wäre wider Bergriesen und Hrimthursen, wenn sie gleich über Midgard eindrängen.

Die „drei Halbjahre" könnten eine Anspielung darauf sein, daß es sich bei diesem

Vorgang um die Zeit der drei Sommermonate handelt. Der Baumeister wäre dann der ehemalige Göttervater Tyr als Riese.

Aber er bedingte sich das zum Lohn, daß er Freyja haben sollte und dazu Sonne und Mond.

Tyr ist einst der Sonnengott-Göttervater gewesen und Freya seine Frau.

Da traten die Asen zusammen und hielten Rat und gingen den Kauf ein mit dem Baumeister, daß er haben sollte was er anspräche, wenn er in einem Winter die Burg fertig brächte; wenn aber am ersten Sommertag noch irgend ein Ding an der Burg unvollendet wäre, so sollte er des Lohnes entraten; auch dürfte er von niemanden bei dem Werke Hilfe empfangen.

Dieser Handel zwischen den Asen und dem Riesen ist im Grund von Anfang an zum Scheitern verurteilt, denn entweder geht der Riese ohne Lohn aus oder die Asen haben zwar eine sichere Burg, aber es scheint ihnen keine Sonne und kein Mond mehr und obendrein haben sie die Göttin Freya verloren, die immer hin für die Wiedergeburt und somit in ihrer Erscheinungsform als Idun für die ewige Jugend der Götter zuständig ist.

Dies ist ein sicherer Hinweis, daß diese Mythe die Umdeutung einer älteren Mythe ist – in der der Baumeister (Tyr) sicherlich eine andere Rolle gespielt haben wird.

Als sie ihm diese Bedingung sagten, da verlangte er von ihnen, daß sie ihm erlauben sollten, sich der Hilfe seines Pferdes Swadilfari zu bedienen, und Loki riet dazu, daß ihm dies zugesagt wurde.

Loki ist somit derjenige, wegen dem die Mauer rings um Asgard erbaut worden ist und wegen dem die folgende Geschichte ihren Lauf nehmen konnte.

Der Name „*Swadilfari*" des Pferdes des Baumeisters bedeutet „dahingleitende Fahrt". Das Adjektiv „svadill" bedeutet „glitschig, rutschig, gleitend". Dieser Name könnte sich auf den Sonnenwagen des Tyr am Himmel beziehen. Dieser Wagen ist ursprünglich von den beiden Alcis-Rossen gezogen worden, aus denen dann nach der Absetzung des Tyr um 500 n.Chr. Odins „Doppelpferd" Sleipnir geworden ist, dessen Name ebenfalls „Dahingleitender" bedeutet.

Da griff er am ersten Wintertag dazu, die Burg zu bauen und führte in der Nacht die Steine mit dem Pferde herbei. Die Asen dünkte es ein großes Wunder, wie gewaltige Felsen das Pferd herbeizog; und noch halbmal so viel Arbeit verrichtete das Pferd als der Baumeister.

Der Kauf aber war mit vielen Zeugen und starken Eiden bekräftigt worden, denn ohne solchen Frieden hätten sich die Jötune bei den Asen nicht sicher geglaubt, wenn Thor heimkäme, der damals nach Osten gezogen war, Unholde zu schlagen.

Als der Winter zu Ende ging, ward der Bau der Burg sehr beschleunigt, und schon war sie hoch und stark, daß ihr kein Angriff mehr schaden konnte. Und als noch drei Tage blieben bis zum Sommer, war es schon bis zum Burgtor gekommen.

Da setzten sich die Götter auf ihre Richterstühle und hielten Rat und einer frug den andern, wer dazu geraten hätte, Freyja nach Jötunheim zu vergeben und Luft und Himmel so zu verderben, daß Sonne und Mond hinweggenommen und den Jötunen gegeben werden sollten.

Da kamen sie alle überein, daß der dazu geraten haben werde, der zu allem Übeln rate: Loki, Laufeyjas Sohn, und sagten, er solle eines Übeln Todes sein, wenn er nicht Rat fände, den Baumeister um seinen Lohn zu bringen. Und als sie dem Loki zusetzten, ward er bange vor ihnen und schwur Eide, er wolle es so einrichten, daß der Baumeister um seinen Lohn käme, was es ihm auch kosten möchte.

Dies ist eine häufige Dynamik in den Loki-Geschichten: Loki verursacht die Probleme und er muß sie auch wieder lösen.

Und denselben Abend, als der Baumeister nach Steinen ausfuhr mit seinem Hengste Swadilfari, da lief eine Stute aus dem Wald dem Hengst entgegen und wieherte ihm zu. Und als der Hengst merkte, was Rosses das war, da ward er wild, zerriß die Stricke und lief der Mähre nach, und die Mähre voran zum Walde und der Baumeister dem Hengste nach, ihn zu fangen. Und diese Rosse liefen die ganze Nacht umher, und diese Nacht ward das Werk versäumt und am Tage darauf wurde dann nicht gearbeitet, wie sonst geschehen war.

Und als der Meister sah, daß das Werk nicht zu Ende kommen möge, da geriet er in Riesenzorn. Die Asen aber, die nun für gewiß erkannten, daß es ein Bergriese war, der zu ihnen gekommen war, achteten ihre Eide nicht mehr und riefen zu Thor, und im Augenblick kam er und hub auch gleich seinen Hammer Miölnir und bezahlte mit ihm den Baulohn, nicht mit Sonne und Mond; vielmehr verwehrte er ihm das Bauen auch in Jötunheim, denn mit dem ersten Streich zerschmetterte er ihm den Hirnschädel in kleine Stücke und sandte ihn hinab gen Niflhel.

Warum die Asen Verträge mit Bergriesen nicht einzuhalten brauchen, wird hier nicht erläutert – vielleicht einfach, weil sie miteinander verfeindet sind und dies mehr als alle Verträge zählt.

Loki selbst war als Stute dem Swadilfari begegnet und einige Zeit nachher gebar er ein Füllen, das war grau und hatte acht Füße, und dies ist der Pferde bestes bei

XXIII 1. c) Das kleinere der beiden Goldhörner von Gallehus

germanischer Zentaur

Diese Darstellung eines „Zentaurs" auf dem kleineren der beiden germanischen Ritualhörner von Gallehus zeigt deutlich, daß es um 400 n.Chr., als diese beiden Hörner geschmiedet worden sind, auch die Vorstellung einer Verwandlung in eine Pferd gegeben haben muß. Soweit man die erkennen handelt es sich um ein Mann-Pferd.

Dieses Motiv gehört zu den Eber-, Hirsch-, Stier- und Ziegenbock-Verwandlungen, die aufgrund der Wiederzeugungs-Symbolik bei der Bestattung der Toten und bei der Jenseitsreise der Götter, Schamanen und Priester stattfanden.

XXIII 1. d) Der Wandteppich von Bayeux

Auf diesem um kurz nach der Schlacht von Hastings um 1066 n.Chr. hergestellten Wandteppich sind in den den kleinen Rand-Bildern auch zwei Zentauren zu sehen.

XXIII 1. e) Das Runenkästchen von Auzon

Das Runenkästchen von Auzon wurde um ca. 700 n.Chr. in Northhumbria in Mittelengland aus den Kieferknochen eines Wales hergestellt. Es wurde nach seinem Fundort Auzon in Südfrankreich benannt.

Der Germane, der dieses Runenkästchen hergestellt hat, lebte somit zu derselben Zeit wie der Skalde, der das Beowulf-Epos niedergeschrieben hat – ob sie sich kannten, weiß man nicht, aber sie werden in etwa dasselbe Weltbild gehabt haben.

Das Kästchen ist 22,8cm breit, 18,5cm lang und 10,5cm hoch. Sein Volumen innen beträgt somit ca. 3.600cm³, d.h. ca. 3,5 Liter. Es paßte nicht viel in dieses Kästchen, aber für einen kleinen Vorrat an Goldmünzen und einige goldene Armreichen reichte es so gerade.

Runenkästchen von Auzon - Gesamtansicht

Runenkästchen von Auzon, rechte Seite: die Bestattung

Auf diesem Bild sind von links nach rechts folgende Wesen und Dinge zu sehen:

Links unten ist ein Hügel zu sehen, auf dem Mensch mit dem Hals und dem Kopf eines Pferdes sitzt, der zwei Gegenstände in seinen Händen hält, die wie Szepter wirken. Der Hügel wird ein Hügelgrab und der Mann der Tote in diesem Hügelgrab, der bei seiner Bestattung mit einem Hengst identifiziert worden ist, um seine Zeugungskraft bei seiner Wiederzeugung zu sichern.

Der „Szepter" ins einer rechten Hand könnte ein Penis mit Hoden sein. Das wäre dann ein Hinweis auf die Wiederzeugung. Da die Form dieses „Szepters" (ein langer Bogen mit einem „Ast") sehr an die Schlangen mit erigiertem Penis auf dem großen Goldhorn von Gallehus sowie an die Schlangen der Frauen auf den Runensteinen erinnert, könnten dieses „Szepter" auch solch eine „Jenseits-Schlange" sein.

Über seinem Kopf fliegt eine Gans oder ein Schwan nach rechts. Dieser Vogel wird sein Seelenvogel sein.

Vor dem Pferde-Mann steht ein Krieger mit einem runden Germanen-Schild, einem Speer und einem speziellen Helm mit einer „Bommel". Er ist offensichtlich zu dem Pferde-Mann gegangen, der als der Sitzende der Höhergestellte ist und derjenige, der den anderen empfängt.

Hinter dem Krieger steht am Boden eine Pflanze (?). Sie könnte eine Bedeutung haben, aber genausogut auch nur ein Raumfüller sein.

149

In der Mitte des Bildes befindet sich ein Tier, das aufgrund seiner Hufe, des Penis und der fehlenden Hörner ein Hengst sein muß. Es wird sich bei ihm um das Tier sein, das bei der Bestattung für den Mann links geopfert worden ist, der durch die Identifizierung mit dem Pferd zu einem Pferde-Mann geworden ist.

Unter den Hinterbeinen des Hengstes ist wieder der Seelenvogel zu sehen.

Unter dem Hals des Pferdes scheint eine zweite Pflanze zu stehen, die der bereits erwähnten hinter dem Krieger (die hier unter den Hinterbeinen des Hengstes zu sehen ist) gleicht.

Die beiden Ornamente unter dem Bauch und zwischen den Vorderbeinen des Hengstes könnten evtl. Hrungnir-Herzen (Symbol der Seele) sein – aufgrund ihrer Asymmetrie werden es aber wohl doch eher nur Raumfüller sein.

Vor den Vorderbeinen des Hengstes ist ein Hügel zu sehen, in dem auf „Stäben" ein bärtiger Mann zu liegen scheint. Dies könnte der Tote in seinem Hügelgrab sein. Die Mauerwerk-artig angeordneten „Stäbe" könnten die Steine sein, aus denen die Grabkammer aufgebaut ist – aber diese Deutung ist recht unsicher.

Rechts vor dem Hengst und dem Hügelgrab steht ein Mensch mit Stab, vor dem in der Luft ein Kelch „schwebt".

Möglicherweise ist dies der Seher oder die Seherin, die für den Krieger den Kontakt zu dem Toten, d.h. dem Pferde-Mann herstellt. Diese Person könnte aber auch der Bestattungspriester sein.

Der Kelch wird den Met enthalten, der bei Bestattungen getrunken wurde und auch dem Toten mit ins Grab gegeben wurde: Der Met der ewigen Jugend in der Halle der Hel, d.h. in der Grabkammer des Hügelgrabes.

Die Tätigkeit dieser drei Frauen ist leider nicht genau zu erkennen. Sie scheinen ihre Arme so aus-zustrecken, daß sie sich ihre Hände in der Mitte treffen oder zumindestens nah beieinander sind.

Dies könnte die Geste einer gemeinsamen Wei-hung oder eines Gemeinsamen Segnens sein.

Sie sind recht wahrscheinlich die drei Nornen.

Der umlaufende Runentext beginnt oben links und läuft dann im Uhrzeigersinn rings um den Rand. Das untere Ende der Runen zeigt stets zu dem Bild, d.h. die Runen beziehen sich auf das Bild in ihrer Mitte. Der Text lautet:

Hier sitzt das Pferd
auf dem Trauerberg;
sie bewirken das Unglück so,
wie es ihnen Erta aufgetragen hat,
sie verursachen Trauer
und Herzeleid.

„*Erta*" ist die Erdgöttin, die auch Hertha, B*ertha*, P*ercha*, N*erhu*s und bei den Wikingern Jörd genannt wurde.

Das „sie" bezieht sich vermutlich auf die drei Frauen, die dann die drei Nornen sein müßten.

Rings um den Hengst befinden sich drei in Runen geschriebene Worte:

1. über dem hinteren Rücken: „risci" = ; „Reis" (veraltet für „Zweig"),

2. unter den Vorderbeinen: „wuda" = „Holz, Wald"; und

3. vor/über dem Kopf: „bita" = „Beißer".

151

 In jeder der vier Ecken der Platte befindet sich ein Tier, das vermutlich ein Wolf ist, der der Jenseitsführer gewesen sein wird. Sie werden sowohl Odins Wölfen Geri und Freki entsprechen, als auch dem Fenris-Wolf, den Hel bisweilen als Reittier benutzt.

Auf dieser Platte des Runenkästchens ist offenbar der Geist des Toten im Jenseits und der Kontakt zu ihm das Thema.

Der Tote wurde von einem Priester in einem Hügelgrab bestattet, wobei auch der „Göttermet" in dem Kelch getrunken sowie dem Toten in seine Grabkammer mitgegeben wurde. Das Hügelgrab wurde „Trauerberg" genannt.

Der Hengst ist das Tier, das für den Toten geopfert wurde, um dessen Zeugungskraft bei der Wiederzeugung zu sichern. Möglicherweise wurde dieser Hengst „Beißer" genannt.

Die beiden Worte „Zweig" und „Wald" könnten auf einen Heiligen Hain hinweisen, in dem das Opferritual durchgeführt wurde, aber sie könnte auch der Düsterwald sein, durch den die Seele des Toten in das Jenseits reiste. Da hier jedoch eine rituelle Szenerie dargestellt ist, ist die Deutung als Heiliger Hain wahrscheinlicher.

Später wurde der Tote (d.h. sein Seelenvogel) von einem Krieger (vermutlich einem seiner Nachkommen) herausgerufen, woraufhin der Geist des Toten mit einem Pferdekopf erscheint. Das Anrufen eines Toten war damals eine übliche Methode, um Rat und Hilfe aus dem Jenseits zu erhalten.

Von den beiden „Szeptern" in der Hand des Toten könnte das rechte möglicherweise eine „Jenseits-Schlange" sein, wie sie sonst die Norne/Hel/Walküre auf den Runensteinen in ihrer Hand hält. Diese Schlange wäre dann ein allgemeines Symbol dafür, daß die Person, die sie in der Hand hält, aus dem Jenseits kommt.

Die drei Nornen haben den Tod verursacht, so wie es ihnen die Erdgöttin Erta/Jörd aufgetragen hat. Die drei Nornen in der Edda scheinen somit ein verselbständigter Aspekt der Erdgöttin in ihrer Funktion als Jenseitsgöttin zu sein.

Die vier Wölfe sind vermutlich nur ein allgemeiner Hinweis darauf, daß es sich hier um eine Jenseits-Szene handelt.

XXIII 1. f) Ynglingatal: 3. König (Vanlandi)
(4./5. Strophe)

König Vanlandi wurde von einer Riesin in Stuten-Gestalt im Schlaf getötet:

152

Eine Menschenfresserin
ließ Vanlandi
den Bruder des Vili besuchen,
als die Troll-geborene Grimhild
auf dem Schlichter
der Streitenden trampelte
und der, der den Halsreif fallenläßt,
der von der Nacht-Mähre

getötet worden war,
in dem Bett
des Flusses Skuta
verbrannt wurde.

- Menschenfresserin = Riesin
- Bruder des Vili = Odin; Odin besuchen = nach Walhalla gehen = sterben
- Schlichter der Streitenden = König
- Troll-geboren = Troll; von Troll-Frau (Grimhild) zertrampelt = sterben
- der den Halsreif fallenläßt = großzügiger Fürst
- von der Nacht-Mähre getötet = von einer Riesin in Stuten-Gestalt getötet

XXIII 1. g)   Zweiter Merseburger Zauberspruch

Dieser Zauberspruch ist ebenfalls um ca. 900 n.Chr. aufgezeichnet und im Kloster von Merseburg in Sachsen-Anhalt aufbewahrt worden.

Phol und Wodan begaben sich in den Wald.
Da wurde der Fuß des Fohlens des Baldur verrenkt:
Da besprach ihn Sinthgunt, die Schwester der Sunna,
Da besprach ihn Frija, die Schwester der Volla,
Da besprach ihn Wodan, wie er es wohl konnte:
„So Beinrenkung, so Blutrenkung,
so Gliedrenkung:
Bein zu Bein, Blut zu Blut,
Glied zu Glied, wie wenn sie geleimt wären."

Der Name „Phol" könnte die männliche Entsprechung zu der ebenfalls in den Merseburger Zaubersprüchen auftretenden Fulla sein. Dann würden beide Namen

„Fülle" bedeuten. Diese Deutung paßt jedoch nicht so ganz, da sich die beiden Namen „Phol" und „Volla" zwar ähnlich klingen, aber doch recht verschieden geschrieben werden. Die manchmal vorgeschlagene Gleichsetzung der beiden mit „Freyr" und „Freya" ist daher nicht ganz überzeugend.

Es wäre jedoch auch denkbar, daß sich der Name „Phol" von germanisch „fulae" für „Füllen, Fohlen" herleitet – dann wäre „Phol" nur der Name des Pferdes, das sich das Bein verrenkt hat. Falls dies zutreffen sollte, müßte „Phol" jedoch ein Gott sein, den es schon seit längerer Zeit gegeben hat (wodurch sich sein Name verändern konnte), da das germanische Wort für „Fohlen" in diesem Zauberspruch „folon" lautet.

Da Wodan (Odin) das Bein des Pferdes heilt, besteht auch eine Assoziation zu Odins Roß Sleipnir. Sleipnir ist die Umdeutung der beiden Alcis-Pferdezwillinge vor dem Streitwagen des Tyr zu dem achtbeinigen „Doppelpferd" des Odin. Ursprünglich sind die beiden Rosse vor dem Streitwagen des Tyr dessen Söhne gewesen – dieses Motiv ist allerdings nicht von Odin übernommen worden. Dieser Zusammenhang bringt Phol und Baldur recht nah zusammen.

Falls diese Deutung zutreffen sollte, würde Odin zugleich sein Roß und seinen Sohn heilen – was wiederum gut zu der Wiedergeburtsmythe des Odinssohnes Baldur passen würde. Wenn auch dieser Zusammenhang in dieser Weise von dem Dichter dieses Zauberspruches so beabsichtigt gewesen ist, wäre die Wiedergeburt des Baldur der mythologische Präzedenzfall, auf den diese magische Heilung Bezug nimmt – diese Heilung wird dadurch wirksam, daß sie die Heilung des Beines des Pferdes mit der Heilung, also der Rückkehr des Baldur nach dem Ragnarök ins Diesseits gleichsetzt.

Zu dieser Auffassung paßt auch, daß Wodan mit Phol in den Wald reitet und sich dann das Fohlen des Baldur das Bein verrenkt. „Phol" scheint somit mit „Baldur" identisch zu sein und das Pferd, um das es geht, ist das Roß des Baldur.

Man kann sich auch fragen, warum sich nicht einfach Odins Roß das Bein verrenkt – denn Zaubersprüche sollten, um effektiv zu sein, sich ganz auf das eigentliche Ziel konzentrieren und alle Ablenkungen fortlassen. Wenn es diesen Zauberspruch jedoch schon zu der Zeit gegeben hat, in der Tyr noch der Göttervater der Germanen gewesen ist, kann man die Anwesenheit des Baldur in diesem Zauberspruch durch die Umdeutung der Heilung eines seiner beiden Pferdesöhne durch Tyr zu der Heilung des Pferdes des Baldur durch Baldurs Vater Odin erklären – „Baldurs Pferd" ist die bestmögliche Annäherung an „Tyrs Pferdesohn" gewesen.

Es wäre somit denkbar, daß sich Baldur bei seiner Wiederzeugung im Jenseits in einem Hengst verwandelt hat – aber das ist nur eine Vermutung.

XXIII 1. h)   Heimskringla

Früh im Frühjahr (998 n.Chr.) zog König Olaf nach Osten nach Konungahella zu dem Treffen mit Königin Sigrid und als sie sich trafen, wurde die Angelegenheit besprochen, über die sie sich bereits im vergangenen Winter ausgetauscht hatten – und das war ihre Hochzeit. Und diese Angelegenheit schien schon so gut wie abgeschlossen zu sein.

Als Olaf jedoch darauf beharrte, daß Sigrid sich taufen ließ, antwortete sie solcherart:

„Ich werde nicht von dem Glauben weichen, den ich bisher gehabt habe und auch meine Vorväter vor mir; und ich meinerseits werde keine Einwände dagegen erheben, daß auch Ihr an den Gott glaubt, der Euch am meisten zusagt."

König Olaf geriet in Wut und antwortete aufgebracht:

„Warum sollte ich mich darum scheren, Euch zu haben, eine alte, verwelkte Frau und eine Heiden-Mähre?"

Mit diese Worten schlug er sie mit seinen Handschuhen, die er in seinen Händen hielt, ins Gesicht, erhob sich und ging fort.

Sigrid sprach:

„Dies könnte eines Tages Dein Tod sein."

Der König fuhr nach Viken, die Königin nach Svithjod.

Der Ausdruck „Heiden-Mähre", also „Stute der Heiden" bezieht sich wahrscheinlich auf die Vorstellung, daß die Toten bei der Wiederzeugung die Gestalt eines Hengstes und die Jenseitsgöttin die Gestalt einer Stute annahmen.

XXIII 1. i)   Jakob Grimm: Deutsche Mythologie

Die ochsenhaut deutet mir gleich der bärenhaut heidnisches opfer an. Wichtigen aufschluß scheint hier ein galischer brauch zu gewähren, den ich aus Armstrong schöpfe: einer wird in die warme haut eines frischgeschlachteten thiers (Pferd?) gewunden, im wald an einen wasserfall hingelegt und allein gelassen; aus dem rauschen der wellen, glaubt man, werde ihm das zukünftige offenbar, diese art der weissagung hieß taghairn. auch der strudel war geweihter ort gleich dem scheideweg; dieses letzten gedenkt die edda ›opt bölvîsar konor sitja brauto nær þær er deyfa sverð ok sefa‹.

XXIII 2. Indogermanen

XXIII 2. a) Die beiden Alcis-Pferdesöhne des Göttervaters

Die Pferde-Verwandlung ist am bekanntesten bei den beiden Alcis-Zwillingen, die zugleich die Menschen-gestaltigen Söhne des Sonnengott-Göttervaters als auch die beiden Rosse, die seinen Sonnenwagen ziehen, sind. Sie sind also zwei Männer, die sich in zwei Rosse verwandeln können.

Bei den Kelten erscheinen sie nur indirekt als die beiden Pferdezwillinge, die zusammen mit Cú Chulainn, dem Sohn des Sonnengottes Lugh, geboren worden sind.

Bei den Römern heißen sie Dioskuren („Gottessöhne"), Gemini („Zwillinge") oder Castores („Glänzende, Schimmel").

Die Etrusker, die nicht zu den Indogermanen gehören, aber deren Kultur eng mit der der Römer verflochten gewesen ist (so wie die der Finnen mit der der Germanen), nannten sie „Söhne des Tinias". Tinias war der etruskische Göttervater.

Bei den Germanen erscheinen sie als die beiden Söhne des Tyr, die dann später zu dem Doppelhengst Sleipnir des Odin geworden sind.

Bei den Slawen finden sie sich als Lel und Polel.

Bei den Balten wurden sie Ashveniai („Pferde-Zwillinge") genannt.

Bei den Hethitern wird der Wagen des Sonnengott-Göttervaters Shiun von zwei bzw. vier Rossen gezogen, die den Alcis entsprechen werden.

Auch bei den Persern wird der Sonnenwagen von zwei Rossen gezogen.

Bei den Indern hießen sie wie bei den Balten Ashvinau („Pferde-Zwillinge").

Die Mitanni nannten sie Nasatya („Helfer"). Dieser Name ist auch von den Indern bekannt.

Die Griechen nannten sie „Dioskuren" („Gottessöhne") oder „Leuko Polo" („leuchtende/weiße Fohlen").

Sieh dazu auch den Band 12 über die beiden Alcis.

XXIII 2. b) Inder

Neben der Alcis-Symbolik gibt es bei den Indogermanen auch noch zwei weitere Pferde-Verwandlungen:

Bei den Indern verwandelt sich Saranyu, die Frau des Sonnengottes, in eine Stute – sie wird auf die Jenseitsgöttin als Wiederzeugungs-Geliebte des Sonnengott-Göttervaters Dhyaus zurückgehen.

Im alten Krönungsritual der Inder wird der König bei seiner symbolischen Jenseits-reise durch einen für ihn geopferten Hengst vertreten, mit dem sich seine Frau als Darstellung der Wiederzeugung des Königs im Jenseits vereint. Der König verwandelt sich hier im Ritual also symbolisch in einen Hengst – so wie sich in den Mythen der Sonnengott-Göttervater Dhyaus in einen Hengst verwandelt haben wird.

XXIII 2. c) Griechen

Demeter und Poseidon

Bei den Griechen nehmen Demeter und Poseidon bei ihrer Vereinigung die Gestalt einer Stute und eines Hengstes an. Diese Szene wird auf die Vereinigung des Sonnen-gott-Göttervaters (Zeus) in der Wasserunterwelt (Poseidon) mit der Jenseitsgöttin (Demeter) zurückgehen.

Das trojanische Pferd

Das trojanische Pferd ist bereits die in die Sage übertragene Umdeutung der Pferde-Verwandlungs-Mythen. Sie wird von Homer berichtet:

Odyssee 8, 485:
Jetzo war die Begierde des Tranks und der Speise gestillet,
Und zu Demodokos sprach der erfindungsreiche Odysseus:
„Wahrlich vor allen Menschen, Demodokos, achtet mein Herz Dich!
Dich hat die Muse gelehrt, Zeus' Tochter, oder Apollon!
So zum Erstaunen genau besingst Du das Schicksal der Griechen,
Alles was sie getan und erduldet im mühsamen Kriegszug,
Gleich als hättest Du selbst es gesehen oder gehöret.
Fahre nun fort, und singe des hölzernen Rosses Erfindung,
Welches Epeios baute mit Hilfe der Pallas Athene,
Und zum Betrug in die Burg einführte der edle Odysseus,
Mit bewaffneten Männern gefällt, die Troja bezwangen.
Wenn Du mir dieses auch mit solcher Ordnung erzählest;
Siehe dann will ich sofort es allen Menschen verkünden,
Daß ein waltender Gott den hohen Gesang Dir verliehn hat."
Sprach's; und eilend begann der gottbegeisterte Sänger,

157

Wie das Heer der Achaier in schöngebordeten Schiffen
Von dem Gestade fuhr, nach angezündetem Lager.
Aber die andern, geführt vom hochberühmten Odysseus,
Saßen, von Troern umringt, im Bauche des hölzernen Rosses,
Welches die Troer selbst in die Burg von Ilion zogen.
Allda stand nun das Roß, und ringsum saßen die Feinde,
Hin und her ratschlagend. Sie waren dreifacher Meinung:
Diese, das hohle Gebäude mit grausamem Erze zu spalten;
Jene, es hoch auf den Felsen zu ziehn, und herunter zu schmettern;
Andre, es einzuweihen zum Sühnungsopfer der Götter.
Und der letzteren Rat war bestimmt erfüllet zu werden.
Denn das Schicksal beschloß Verderben, wenn Troja das große
Hölzerne Roß aufnähme, worin die tapfersten Griechen
Alle saßen, und Tod und Verderben gen Ilion brachten.
Und er sang, wie die Stadt von Achaias Söhnen verheert ward,
Welche dem hohlen Bauche des trüglichen Rosses entstürzten;
Sang, wie sie hier und dort die stolze Feste bestürmten;
Und wie Odysseus schnell zu des edlen Deiphobos' Wohnung
Eilte, dem Kriegsgott gleich, samt Atreus' Sohn Menelaos,
Und wie er dort voll Mutes dem schrecklichsten Kampfe sich darbot,
Aber zuletzt obsiegte, durch Hilfe der hohen Athene."
Dieses sang der berühmte Demodokos.

Zentauren

In der griechischen Mythologie spielen die Zentauren eine große Rolle. Sie sind Mischwesen mit einem Pferdekörper und einem Männer-Oberleib.

Der goldene Esel

In dem Roman „Der goldene Esel" von Apuleius von Madaura wird ein Mann von einer Hexe in einen Esel verwandelt und durch Isis wieder zurück in einen Mann verwandelt.

Diese Esel-Verwandlung wird eine ironische Umdeutung der alten Pferde-Verwandlung sein.

XXIII 3. Zusammenfassung

Die Pferde-Verwandlung war eine Variante der Herdentier-Verwandlung bei der Bestattung und der Jenseitsreise, durch die die Zeugungskraft des Toten bei seiner Wiederzeugung mit der Jenseitsgöttin magisch angesichert werden sollte – sozusagen ein „magisches Viagra" für das Jenseits.

Lokis Verwandlung in eine Stute setzt ihn der Jenseitsgöttin gleich, die seine Tochter war (Hel) – wobei die Bezeichnung eines Mannes als eine Frau bei den Germanen eine der übelsten Beleidigungen gewesen ist.

Die Pferde-Verwandlung stammt noch aus den ursprünglichen indogermanischen Mythen.

XXIV Die Verwandlung in einen Hirsch

XXIV 1. Germanen

Die Hirsch-Verwandlung sollte in den Liedern, Mythen und Sagas der Germanen eigentlich genauso geläufig sein wie die Verwandlung in die anderen Herdentiere auf dem Land und im Wasser, d.h. wie die Verwandlung in Eber, Hengste, Stiere, Widder und Ziegenböcke sowie Wale, Robben, Seehunde und Walrosse.

Ein Hirsch-Mann findet sich jedoch nur ein einziges mal, was zeigt, daß dieses Motiv schon halb in Vergessenheit geraten ist – wie auch einige andere Tier-Verwandlungen. Allerdings könnte man das Säugen des jungen Sigurd-Siegfried durch eine Hindin zu diesen Hirsch-Verwandlungen noch hinzurechnen (siehe den Band 38 über „Sigurd/Siegfried" und das Kapitel „Hirsch" in Band 42).

XXIV 1. a) Hrolf Kraki und seine Berserker

Der Name des Hirsch-Mannes „Elk-Frodi" erinnert an die beiden „Alcis" genannten Pferde-Söhne des ehemaligen Göttervaters Tyr, die als zwei Jünglinge, zwei Rosse vor seinem Wagen, zwei Hirsche/Elche, zwei Wölfe (Krieger) oder zwei Raben (Seelenvögel) erscheinen konnten.

Kurze Zeit später begannen ihre Wehen und sei gebar einen Jungen, allerdings einen recht seltsamen. Er war oberhalb seines Nabels menschlich, aber unterhalb ein Hirsch. Er wurde Elch-Frodi genannt.

XXIV 1. b) Fafnir-Lied

Da hörte Sigurd, was die Vögel sangen:

„Mit den roten Ringen bereife Dich, Sigurd;
Um Künftges sich kümmern ziemt Königen nicht.
Ein Weib weiß ich, ein wunderschönes,
Goldbegabt: wär sie Dir gegönnt!

Zu Giuki gehen grüne Pfade:
Dem Wandernden weist das Schicksal den Weg.
Da hat eine Tochter der teure König:
Die magst Du, Sigurd, um Mahlschatz kaufen.

Ein Hof ist auf dem hohen Hindarfiall
Ganz von Glut umgeben außen.
Ihn haben hehre Herrscher geschaffen
Aus undunkler Erdenflamme."

„Hindarfjall" bedeutet „Hindinhügel". Dies erinnert an die Hindin, die Sigurd als Baby gesäugt hat. Sie ist die Jenseitsgöttin, nach der auch die Hügelgräber benannt werden konnten. Die Göttin verwandelt sich im Jenseits, d.h. in der Grabkammer des Hügelgrabes in eine Hindin, während sich der Tote in den für ihn geopferten Hirsch verwandelt.

Solch ein Hügelgrab ist auch ein naheliegender Ort für eine Walküre, da sie den den Kriegern den Tod bringt.

Die Waberlohe, die hier rings um die Walküre emporlodert, ist ein beliebtes Motiv in den Isländersagas, in denen aus den Hügelgräbern, in denen noch ein Totengeist wohnt, oft Flammen emporschlagen. Am eindrucksvollsten wird dies in der Hervor-Saga geschildert. Die Flammen rings um die Walküre Sigdrifa/Brünhilde sind ein sicheres Zeichen dafür, daß der Ort „Hindinhügel", an dem sie sich befindet, ein Hügelgrab ist.

In einigen Versionen der Sigurd-Sage ist aus der Grabkammer in dem Hügelgrab bereits eine ganze Burg geworden.

XXIV 1. c) Völsungen-Saga

Sigurd ritt lange Wege, bis er hinauf nach Hindarfiall und wandte sich südwärts gen Frankenland. Auf dem Berge sah er ein großes Licht gleich als brenne ein Feuer, das zum es zum Himmel emporlodert. Aber als er hinzukam, siehe, da stand da eine mit Schilden behangene Burg vor ihm, und oben auf stand ein Banner. Sigurd ging in die Burg hinein und sah, daß dort jemand lag und in voller Rüstung schlief. Dem zog er ihm zuerst den Helm vom Haupt: da sah er, daß es kein Mann, sondern ein Weib war. Sie war so eng in ihre Brünne gekleidet, als ob die Brünne auf ihrem Fleisch gewachsen wäre. Da ritzte er mit Gram die Brünne durch vom Haupt herab und danach auch an beiden Armen. Da schnitt er ihr die Brünne auf und dann die Ärmel, und stets schnitt das Schwert als wenn es Stoff wäre.

XXIV 1. d)   Jakob Grimm: Deutsche Mythologie

Die gelbsucht kann auf die eidechse übertragen werden.
Kranke werden in die haut eines frischgetödteten hirsches gelegt.
Ein schwächliches kind wird in die haut eines frischgeschlachteten hammels gewickelt.
Das auflegen von warmem thierfleisch kommt in einem hexenproceß vor.

Dieses Einwickeln in das frische Hirschfell stammt aus der Jenseitsreisesymbolik, in der der Tote in ein solches Fell eingewickelt wurde, damit er sich magisch in einen Hirsch verwandelte.

XXIV 2.   Indogermanen

XXIV 2. a)   Kelten

Cernunnos

Der Schamane und spätere Hirschgott Cernunnos hat die Gestalt eines Mannes mit dem Geweih eines Hirsches (siehe mein Buch „Cernunnos").
Das Folgende ist eine Auswahl der Statuen und Abbildungen des Cernunnos, die erhalten geblieben sind:

Stele von Reims

Relief von Nantes

Torso von Condat sur Tricou

Kessel von Gundestrup

Säule von Notre Dame

Statuette von Etang sur Arroux

Silence

In dem um ca. 1250 verfaßten Mittelalter-Roman „Silence" gibt es eine Stelle, die eine Erinnerung daran sein könnte, daß sich auch Merlin einst in einen Hirsch verwandelt hat. Die Stelle läßt sich allerdings auch als Schilderung eines in der Wildnis lebenden Mannes deuten.

Da Merlin in der um 1150 n.Chr. verfaßten „Vita Merlini" des Geoffrey von Monmouth auf einem Hirsch reitet und Merlin als Druide sozusagen eine „Kollege" des Cernunnos ist, ist die Annahme einer Hirsch-Verwandlung des Merlin doch einigermaßen sicher.

In dem Roman „Silence" heißt es über Merlin:

Er ist ein Mann, ganz von Haaren bedeckt,
haarig wie ein Bär.
Er ist schnell wie ein Waldland-Hirsch;
Kräuter und Wurzeln sind seine Speise.

Taliesin

Der Barde-Druide Taliesin berichtet in seinem Einweihungs-Lied auch über eine Hirsch-Verwandlung:

163

„Zuerst war ich ein normaler Mensch,
dann litt ich am Hofe der Cerridwen;
Obwohl ich nur wenig geachtet wurde, ließ man mich dort wirken.
Ich war wichtig an dem Ort, zu dem man mich führte;
Ich war die hochgeschätzte Verteidigung des Werkes,
Und von dem Verbot des Sprechens wurde ich
durch eine lächelnde schwarze alte Hexe befreit,
die voller furchtbarer Wut das verfolgte, was sie als das ihre ansah:

Ich floh voller Kraft, ich floh als Frosch,
Ich floh in der Gestalt einer Krähe, die kaum Ruhe findet,
Ich floh mit aller Macht, ich floh in der Gestalt einer Kette,
Ich floh als Reh in ein verwuchertes Gestrüpp,
Ich floh als Wolfwelpe, ich floh als Wolf in die Wildnis,
Ich floh in der Gestalt einer unheilverkündenden Drossel,
Ich floh als Fuchs, der Revierkämpfe gewohnt ist,
Ich floh als Schwalbe, was mir aber nichts nützte,
Ich floh als Eichhörnchen, das sich vergeblich versteckte,
Ich floh als Hirsch mit großem Geweih – doch vergeblich,
Ich floh als Eisen in einem glühenden Feuer,
Ich floh als Speerspitze, die denen Leid brachte, die das wünschten,
Ich floh als wütender Stier, der bitter kämpfte,
Ich floh als borstiges Wildschwein, das in einer Senke gesehen wurde,
Ich floh als weißes Weizenkorn,
das sich am Rand eines Lakens aus Hanf verfangen hatte,
das die Größe des Felles des Fohlens einer Stute hatte,
das wie ein Schiff auf dem Wasser dahintrieb;
Ich wurde in den dunklen Ledersack geworfen,
und auf eine Reise über die grenzenlose See gesandt;
Das war für mich ein Omen der zärtlichen Fürsorge,
Und schließlich gab mir der Herrgott meine Freiheit wieder zurück.“

Mabinogion

Im vierten Zweig des Mabinogion, der den Namen „Math, Sohn des Mathonwy" trägt, verwandelt König Math seine beiden Neffen in zwei Hirsche. In dieser Geschichte wird über die Jenseitsreise der Sonne berichtet (siehe mein Buch „Cernunnos").

Mathonwy, der König von Gwynedd (Nordwales) *hatte einen Sohn mit Namen Math* („Bär"). *Math hat zwei Neffen, Gwydion* („Barde mit lauter Stimme") *und Gilfaethwy, sowie eine Nichte, Arianrhod* („Silberscheibe" = „Mond"). *König Math konnte nur leben, wenn seine Füße die Scham einer Jungfrau berührten. Lediglich wenn er in den Krieg zog, konnte er mit seinen Füßen wie andere Menschen die Erde berühren ohne daß er starb. Seine „Fußhalterin" war die Jungfrau Goewin.*

Als sich Maths Neffe Gilfaethwy jedoch in Maths Fußhalterin Goewin verliebte, begann Gwydion, um seinem Bruder zu helfen, den im 3. Zweig beschriebenen Krieg mit Pryderi. Um seinen Neffen zu helfen, verließ Math seine Fußhalterin und zog mit ihnen in den Krieg gegen Pryderi, den König von Wales.

Gilfaethwy vergewaltigte Goewin während der Abwesenheit des Königs, als diese sich weigert, ihn zum Liebhaber zu nehmen. Dadurch konnte sie nicht mehr Fußhalterin des Königs Math sein. Zur Entschädigung für die Vergewaltigung bot Math Goewin an, sie zu heiraten, worin sie auch einwilligte.

Seine beiden Neffen verwandelte König Math zur Strafe für ihre Taten für je ein Jahr nacheinander in einen Hirsch und eine Hindin, einen Eber und eine Sau sowie in einen Wolf und eine Wölfin. In jedem dieser Jahre zeugte das Brüder-Tierpaar ein Kind, das Math ihnen jedesmal abnahm und in ein Menschenkind verwandelte. Nach dem Ende der drei Jahre gab Math seinen Neffen ihre menschliche Gestalt wieder zurück, die sie aber nur unter der Bedingung behalten dürfen, daß sie Math eine neue Jungfrau als „Fußhalterin" suchen.

Sadbh

Sadbh war die Frau des Helden Fionn mac Cumhaill. Sie wurde von dem Druiden Fer Doirich in eine Hindin verwandelt, nachdem sie sich geweigert hatte, seine Geliebte zu werden.

Tuan mac Cairill

Taun war der erste keltische Siedler auf Irland. Er hat mehrere Jahrhunderte lang in der Gestalt eines Hirsches, eines Keilers, eines Habichts und eines Mannes gelebt.

Die Märchen der Brüder Grimm

Die germanische und keltische Hirschverwandlungs-Symbolik findet sich später u.a. in dem Märchen „Brüderchen und Schwesterchen", in dem das Brüderchen sich

165

in Hirsch verwandelt, weil es aus einer verzauberten Quelle (Jenseitstor) trinkt.

XXIV 2. b) Griechen

Bei den Griechen findet sich die Verwandlung des Jägers Aktaion in einen Hirsch durch die Göttin Diana, weil er diese nackt beim Baden gesehen hatte. Daraufhin wurde er von seinen eigenen Hunden getötet. Diese Szene ist offenbar eine Umdeutung der Hirsch-Verwandlung bei der Jenseitsreise, an die sich die Wiederzeugung mit der Jenseitsgöttin anschließt.

XXIV 3. andere Völker

XXIV 3. a) Elam

Das Königreich von Elam lag im Südosten von Sumer vor dem Hochland des Irans.

Die links abgebildete Statue stellt vermutlich einen Mann in einem langen Gewand dar. Auf den ersten Blick wirkt er wie ein Stier-Mann, aber da die beiden Hörner jeweils drei Spitzen haben, sind diese Hörner offenbar ein Hirschgeweih.

Stier-Mann aus Elam

XXIV 3. b) Altsteinzeit

Hirschtänzer, Höhle „Trois Freres", 13.000 v.Chr.

Die Hirschverwandlung reicht bis mindestens in die späte Altsteinzeit zurück. Im Rheinland fand man aus der zeit um 7000 v.Chr. den oberen Teil eines Hirschschädels mit Geweih, in den Löcher gebohrt worden waren, sodaß man ihn sich auf den Kopf binden konnte.

In den Höhlenmalereien ist ein Tänzer mit Hirschgeweih dargestellt worden.

XXIV 4. Zusammenfassung

Die Verwandlung in einen Hirsch stammt aus der Jenseitsreise-Symbolik, in der der Tote mit einem für ihn geopferten Herdentier identifiziert wurde, um dadurch dessen Zeugungskraft auf ihn zu übertragen, damit er sich erfolgreich zusammen mit der Jenseitsgöttin wiederzeugen konnte.

Die Hirsch-Verwandlung ist bei den Indogermanen außer von den Germanen noch von den Kelten und den Griechen bekannt.

Diese Symbolik reicht mindestens bis in die späte Altsteinzeit zurück.

XXV Die Verwandlung in einen Eber

XXV 1. Germanen

Der Eber war ein beliebtes Opfertier und daher auch die Gestalt vieler Toter auf ihrer Jenseitsreise.

Es läßt sich nicht nicht unterscheiden, ob in den Texten ein Eber oder ein Keiler, also ein männliches Hausschwein oder Wildschwein gemeint ist – zumal sich damals beides auch noch sehr ähnlich gewesen ist, da das Hausschwein sich damals noch nicht so weit durch die gezielte Züchtungen vom Wildschwein entfernt hatte.

XXV 1. a) Freya und Freyr

Bei der Wiederzeugung waren die Toten ein Eber und die Jenseitsgöttin Freya eine Bache – daher stammt ihr Beinamen „Syr", d.h. „Sau". Freyr ist u.a. das Urbild des Toten bei der Wiederzeugung: er reitet auf einem Eber und hat einen riesigen Penis.

Es wird zwar nirgendwo gesagt, daß Freyr ein Eber ist, aber da die auf einer Wildsau reitende Freya eine Wildsau werden kann, wird auch ihr Bruder Freyr dies können. Freya Reittier „Hildiswini" („Kampfschwein") wird Freya im Jenseits bei der Wiederzeugung sein und auch Freyrs Reittier „Gullinborsti" („Goldborste") wird der Gott selber sein.

XXV 1. b) Hyndla-Lied

Im Hyndla-Lied besucht Freya ihre Freundin Hyndla, die eine Riesin ist, um sie nach Walhalla zu holen. Die Szenerie ist schon teilweise von der Mythe in die Sage übertragen worden, wie das Verehren des Odin („Heervater") durch Freya und Hyndla oder das Motiv der Opfergabe der Freya an Thor deutlich zeigen. Auch Hermodr erscheint in diesem Lied nicht wie ein Gott bzw. Odins-Sohn, sondern wie ein irdischer König oder Held, der unter dem Schutz des Odin steht.

Diese Auffassung eines Gottes als eines Königs der Vorzeit entspricht der allgemeinen (christlichen) Deutung der heidnischen Götter um 1200 n.Chr.

Freya:

„Maid, erwache, erwache, meine Freundin,
meine Schwester Hyndla, in Deiner hohlen Höhle!
Die Dunkelheit bricht an und wir müssen reiten
nach Walhalla, um die heilige Halle aufzusuchen.

„Hyndla" bedeutet „Hündin". Ein Riesin in einer Höhle, die diesen Namen trägt und zudem die Freundin-Schwester der Freya ist, kann nur Hel sein. Auch in der Baldur-Mythe kommt Hel unter dem Hyrrokkin („Rußgeschwärzte") auf einem Wolf reitend (ihr Bruder Fenrir), den sie mit einem Schlangen-Zaumzeug (Midgardschlange) lenkt, zu der Bestattung des toten Asen.

Die „hohle Höhle" ist die Grabkammer im Hügelgrab – „Hel" bedeutet „Höhle".

Laß uns Heervaters Hilfe suchen –
seinen Gefolgsleuten gibt er gerne Gold;
dem Hermoth gab er Helm und Kettenpanzer
und Sigmund gab er ein Schwert als Geschenk, ...

„Heervater" ist Odin.

„Hermoth" ist sein Sohn Hermodr, den er anscheinend mit Waffen ausstattete – dies wird vermutlich keine Anspielung auf eine unbekannte Mythe sein, sondern einfach das damals übliche Verhalten von Vätern gegenüber ihren heranwachsenden Söhnen.

Sigmund, der Vater von Sigurd/Siegfried, konnte als einziger das Schwert aus dem Eichenstamm in der Völsungen-Halle ziehen, das Odin dort hineingeschlagen hatte. Mit diesem Schwert erschlug später Sigurd den Drachen Fafnir.

... Triumph den einen und Schätze den anderen,
vielen Weisheit und Geschick mit Worten,
guten Wind den Seefahrern, den Skalden ihre Kunst,
und ein mutiges Herz so manchem Helden.

Diese Strophe ist möglicherweise erst später eingeschoben worden.

Dem Thor werde ich Ehre erbieten und ich werde ihn bitten
daß Du immer seine Gunst finden wirst;
auch wenn er die Bräute der Riesen nur wenig liebt.

Diese Strophe hat nur drei Zeilen und es gibt keine Lücke im Original, die auf eine fehlende Zeile hinweisen würde. Der Skalde, der dieses Lied verfaßt hat, hat sich nicht mehr ganz an die alten Regeln der Dichtung gehalten, die eine regelmäßige

Verszahl pro Strophe mit in der Regel acht Versen verlangen.

Führe aus Deinem Stall einen Deiner Wölfe hervor,
und laß ihn neben meinem Eber laufen;
denn langsam geht mein Eber auf den Wegen der Gefallenen
und ich möchte mein gutes Roß nicht erschöpfen."

Der „Weg der Gefallenen" ist der Weg der toten Krieger nach Walhalla.
Das „gute Roß" ist hier eine Heiti für Freyas Eber Hildiswini („Kampfschwein").

Hyndla:
„Du bittest mich mit Falschheit, Freya, zu kommen,
das sehe ich in dem Glanz Deiner Augen;
auf dem Weg der Gefallenen geht Dein Geliebter mit Dir:
Ottar der Junge, Innsteins Sohn."

Anscheinend hat Freya ihren Geliebten in einen Eber verwandelt und gibt diesen nun als ihr Reittier Hildiswini aus. Dies erklärt, warum Freyas Reittier hier „Eber" genannt wird. Hyndla hat offenbar bemerkt, daß Freya auf einem männlichen Tier reitet und hält ihr nun diesen Täuschungsversuch vor.

Es ist denkbar, daß Reiten auf dem Eber auch eine erotische Anspielung gewesen ist. Der Eber und die Bache waren Symbole der Zeugungskraft und der Fruchtbarkeit, die die Toten und anderen Jenseitsreisenden in der Unterwelt bei ihrer Wiederzeugung zusammen mit Freya brauchten. Aus dieser Funktion der Jenseitsgöttin-Geliebten bei der Wiederzeugung heraus ist Freya zur Liebesgöttin geworden.

Eine sexuelle Assoziation der damaligen germanischen Zuhörer dürfte bei dieser Kombination der Göttin Freya und der Verwandlung ihres Geliebten Ottar in einen Eber recht sicher gewesen sein – zumal im Bestattungsritual für den Jenseitsreisenden ein männliches Herdentier geopfert wurde und der Betreffende dann mit diesem Tier identifiziert wurde, indem man ihn in das Fell des Tieres einhüllte. Ottar als Eber befindet sich somit auch dieser Jenseitsreise-Symbolik zufolge gerade auf dem Weg zu den Göttern – auf dem „Weg der Gefallenen".

Ottar ist vermutlich mit Freyas Mann Odr identisch und dieser wiederum mit Freyr. Da Freya und Freyr das Urbild für die Jenseitsgöttin und den Toten im Jenseits bei der Wiederzeugung waren, konnte jeder Tote oder jeder Gott im Jenseits dieser Ottar sein: Freyr selber, Odr, Tyr, Odin, Yngvi (der sogar „Yngvi-Freyr" genannt worden ist) und vermutlich auch Baldur, obwohl das von diesem nirgendwo berichtet wird. Da Baldur jedoch der wichtigste Jenseitsreise-Gott in den neuen Mythen nach 500 n.Chr. gewesen ist, er der Sohn der Frigg ist und „Frigg" nur der südgermanische Name der Freya ist, kann man ihn ziemlich sicher zu den Jenseitsreise- und Wiederzeugungsgöttern hinzurechnen, deren Urbild Freyr ist.

„Freyr" ist sozusagen die allgemeine Bezeichnung für einen Toten oder Gott bei seiner Wiederzeugung im Jenseits.

Freya:
„Mir scheint, Du hast wilde Träume, da Du sagst,
daß mein Geliebter bei mir auf dem Weg der Gefallenen sei:
da strahlt der Eber mit Borsten aus Gold,
Hildiswini, der von den geschickten Zwergen
Dain und Nabbi gefertigt worden ist. "

Auch diese Strophe hat eine unregelmäßige Länge.

Dain und Nabbi haben offenbar Hildiswini in derselben Weise angefertigt wie die Zwerge Sindri und Brock den Eber Gullinborsti von Freyas Bruder Freyr. Vielleicht reitet Freya auch den Eber Gullinborsti ihres Bruders und gibt ihn nur für ihr eigenes Tier aus.

Die Szene wechselt zwischen der vorigen und der folgenden Strophe. Freya und Hyndla sind in Walhalla angelangt und steigen nun von ihren „Rossen", d.h. von ihrem Eber bzw. ihrem Wolf ab.

Freya:
„Laß uns nun von unseren Sätteln steigen
und von den Vorfahren der beiden Helden sprechen,
von den Männern, die von den Göttern droben stammen,
von Ottar dem Jungen und Angantyr,
die um keltisches Metall gewettet haben.

Der Besitz, um den die beiden Könige wetten, wird als „valr" bezeichnet, das „welsch, keltisch, irisch" bedeutet. Da die beiden Könige Germanen sind, klingt dies sehr nach geraubten Goldschätzen.

Nun folgt eine sehr ausführliche Erörterung des Stammbaumes des Ottar, die hier fortgelassen worden ist.

Anschließend bittet Freya die Hyndla um den Begrüßungs-Met für Ottar im Jenseits:

Freya:
„Bring nun meinem Eber das Erinnerungs-Bier
damit alle Worte, die Du gesprochen hast,
noch am dritten Morgen von jetzt an noch in Ottars Geist haften,
wenn ihre Sippen Ottar und Angantyr berichten."

Dieses „Erinnerungs-Bier" könnte der Begrüßungs-Met der Walküren bzw. das Wasser des Mimir aus seiner Quelle sein, da „Mimir" „Erinnerung" bedeutet.

Hyndla:
„So sollst Du von dannen ziehen, denn gerne würde ich schlafen,
Von mir sollst Du wenig Gutes erhalten;
Meine Edle, hinaus in die Nacht wirst Du springen
so wie Heidrun zwischen den Böcken.

Heidrun ist die Ziege, die von den Blättern des Weltenbaumes frißt und die statt Milch den Asen den Göttermet gibt. Da dieser Ziegen-Met mit dem Wasser/Met aus Mimirs Quelle identisch ist, ist es wahrscheinlich, daß mit dem „Erinnerungs-Bier" der Göttermet gemeint ist.

Heidrun, deren Name „Licht-Rune" oder „Licht-Geheimnis" bedeutet, ist Freya in Ziegen-Gestalt bei der Wiederzeugung insbesondere der Sonne (Tyr), die hier als „Licht" bezeichnet wird – Tyr wurde entsprechend „Heidrek", d.h. „Lichtkönig" genannt.

Hyndla scheint nicht bereit zu sein, dem Ottar den Göttermet zu reichen, der, wie im Wegtam-Lied berichtet wird, bei Hel für Baldur bereitsteht. Hel scheint die Hüterin des Mets zu sein.

Zu Odr sollst Du rennen, der Dich immer geliebt hat,
und zu den vielen anderen, die schon unter Deine Schürze gekrochen sind;
Meine Edle, hinaus in die Nacht wirst Du springen
so wie Heidrun zwischen den Böcken."

Die Riesin Hyndla scheint Ottar töten zu wollen. Da Freya und Hyndla jedoch eigentlich Freundinnen und Schwestern sind, erinnern sie an drei andere Paare in den Mythen der Germanen, die alle drei zwei Aspekte derselben Göttin darstellen: eine Göttin als die Geliebte bei der Wiederzeugung im Jenseits, die der Wiedergeburt vorausgeht (Freya), und eine Riesin, die die Todesgöttin verkörpert (Hel). Ursprünglich waren beide „Schwestern" ein- und dieselbe Göttin, aber die beiden so sehr polaren Motive der Wiederzeugung und des Todes haben das ursprüngliche Bild in zwei Göttinnen aufgespalten.

Freya ist in diesem Lied die Geliebte des Odr/Ottar. Hyndla, deren Name „Hündin" bedeutet, ist als eine eng mit einem Hund/Wolf verbundene Riesin leicht als Hel mit ihrem Bruder, dem Fenris-Wolf bzw. mit dem Höllenhund Garm zu erkennen.

Freya:
„Um die Riesin werde ich Flammen aufsteigen lassen,
sodaß Du fortan nicht unverbrannt reisen wirst."

Diese Flammen werden die Waberlohe sein, die das Diesseits vom Jenseits trennt. Dieses Motiv wird durch den Brandbestattungen entstanden sein. Aufgrund dieses Brauches heißt Hel-Hyndla auch „Hyrrokkin", d.h. „die Rußgeschwärzte".

Hyndla:
„Ich sehe Flammen lodern, die Erde steht in Flammen,
und jeder muß um seines Lebens willen geben, was verlangt wird,
also bring dem Ottar den Bier-Trank –
voller Gift für ein böses Schicksal!"

Freya:
„Deine bösen Worte sollen nichts Schlimmes bewirken,
auch wenn Deine üblen Drohungen bitter sind;
einen vollen guten Trunk soll Ottar finden,
wenn ich die Hilfe aller Götter erlange."

Diese Stelle klingt ein wenig wie Hels Forderung an Hermodr, daß sie Baldur nur dann ins Diesseits zurückkehren läßt, wenn alle Wesen um ihn weinen – was Loki zu verhindern weiß.

Die Stellung des Ottar in diesem Lied entspricht der „fernen Reise" des Odr, des Mannes der Freya. Beide Reisen könnten Jenseitsreisen sein, da die „fernen fremden Länder" nicht nur bei den Germanen ein beliebtes Symbol für das Jenseits gewesen sind.

Wenn diese Deutung des Ottar zutrifft, dann ergeben sich für Otr/Ottar aus dem Hyndla-Lied mehrere neue Eigenschaften:

    1. Er wird von Freya in einen Eber verwandelt.

    2. Er benötigt im Jenseits den Göttermet, den er nur von Hel-Hyndla-Hyrrokkin erhalten kann.

    3. Das ursprüngliche Bild der Großen Mutter im Jenseits ist in die „gute" Göttin-Geliebte Freya und in ihre Schwester, die „böse" Riesin und

Todesbringerin Hel auseinandergefallen. Göttin und Riesin streiten sich nun um den Ottar – Hyndla will ihn mit einem Gifttrank töten, während Freya ihn mit dem Göttermet in seiner Wette mit Angantyr siegen lassen und ins Leben zurückkehren lassen will. Diese Absichten der beiden „Schwestern" bestätigen noch einmal den Verdacht, daß die Grundstruktur dieses Liedes die rituelle Jenseitsreise ist.

XXV 1. c) Die Saga über Bosi und Herraud

König Harek ist für seine Tierverwandlungen bekannt. Er hat sich u.a. auch zweimal in einem Kampf in einen Drachen verwandelt. Offenbar sind im Zusammenhang mit diesem König die bekannteren Tier-Verwandlungen der Bären-Verwandlung der Berserker und der Wolf-Verwandlung der Ulfhedinn angeglichen worden.

Da kam König Harek hinzu und verwandelte sich in einen Keiler. Er faßte Herraud mit seinen Zähnen und riß seine Brünne herunter, stieß seine Zähne in seine Brust und riß beide Brustwarzen von seinen Knochen. Herraud hieb auf die Schnauze des Keilers und schlug sie unterhalb der Augen ab. Da war Herraud so erschöpft, daß er auf seinen Rücken stürzte und der Keiler auf ihm herumtrampelte, da er unfähig war, ihn zu beißen, da ihm seine Schnauze abgeschlagen worden war.

Da kam ein großer gefräßiger Hund auf das Schiff. Er riß ein Loch in den Lendenbereich des Keilers, zerrte seine Eingeweide heraus und sprang über Bord. Da nahm Harek wieder seine menschliche Gestalt an und sprang ihm hinterher und beide sanken auf den Grund und keine von ihnen kam wieder empor.

Die Leute glaubten, daß dies (der Hund) *die Zauberin Busla gewesen sein müsse, da sie danach nie wieder gesehen wurde.*

XXV 1. d) Die Saga über Thorstein Viking-Sohn

Auch in dieser Saga ist die Keiler-Verwandlung zu einer Variante der Kampf-Ekstase der Berserker und der Ulfhedinn geworden.

Sie griffen Ingjald mit aller Macht an und kämpften so eine lange Zeit miteinander. Da hörten sie ein großes Krachen und schauten sich um, woher das Krachen kam, aber als sie ihre Gesichter wieder zurückwandten, war Ingjald nicht mehr zu sehen und an seiner Stelle stand dort ein großer grimmig aussehender Keiler, der nichts unversucht ließ, um sie anzugreifen, sodaß sie nichts anders tun konnten als sich zu verteidigen.

Als dies eine Weile gedauert hatte, wandte sich der Keiler Halfdan zu und riß dessen halben Oberschenkel heraus. Da kam Viking herbei und schlug auf die Borsten des Keilers, sodaß sein Rücken in zwei Teile geschlagen wurde.

Als sie sahen, daß Ingjald nun tot an dem Ort dalag, entzündeten sie ein Feuer und verbrannten ihn zu Asche.

XXV 1. e)   Silberne Relief-Statuette aus dem Tempel von Uppakra

Mann mit Eber-Kopf (?)

Dieser Mann mit einem Trinkhorn wurde in der Zeit von 800-1050 n.Chr. hergestellt. Da sie sich in einem Tempel gefunden hat, wird es sich wohl um einen Mann handeln, der im Jenseits den Begrüßungs-Met getrunken hat – er hält das Horn mit der Öffnung nach unten.

Sein Kopf ist auffällig deformiert und könnte der Kopf des Ebers sein, mit dem er bei seiner Bestattung identifiziert worden ist.

XXV 1. f)   Skaldskaparmal

Und als sie zu der Schmiede kamen, legte Sindri eine Schweinshaut in die Esse und gebot dem Brock zu blasen und nicht eher aufzuhören, bis er aus der Esse nähme, was er hineinlegte. Aber sobald Sindri aus der Schmiede gegangen war und Brock blies, setzte sich eine Fliege auf seine Hand und stach ihn. Dennoch hörte er nicht auf mit Blasen bis der Schmied das Werk aus der Esse nahm. Da war es ein Eber mit goldenen Borsten.

... ...

Dem Freyr gab er den Eber und sagte, er renne durch Luft und Wasser, Tag und Nacht, schneller als jedes Pferd, und nie wäre es so finster in der Nacht oder im Dunkelwald, daß es nicht hell genug würde, wohin er auch führe, so leuchteten seine Borsten.

Ursprünglich sind die beiden Zwerge zu Magie-Handwerkern geworden, weil sie das bei seinem Tod zerbrochene Schwert des Tyr neuschmieden. Daher „schmieden" sie hier in einer Esse einen Eber aus einer Schweinehaut.

Die leuchtenden, goldenen Borsten des Ebers zeigen, daß dieser die Sonne, d.h. der ehemalige Sonnengott-Göttervater Tyr bei seiner Wiederzeugung im Jenseits in Eber-Gestalt ist – der Mann „Odr" der Freya und zu einem Eber verwandelte Ottar im Hyndla-Lied.

XXV 2. Indogermanen

XXV 2. a) Kelten

Tuan mac Cairill

Tuan mac Cairill, der erste keltische Siedler auf Irland, hat dort jahrhundertelang in der Gestalt eines Hirsches, eines Ebers, eines Habichts und eines Mannes gelebt.

Der 4. Zweig des Mabinogion

Die betreffende Stelle im vierten Zweig des Mabinogion, der den Namen „Math, Sohn des Mathonwy" trägt, lautet in der Zusammenfassung:

Mathonwy, der König von Gwynedd (Nordwales) *hatte einen Sohn mit Namen Math* („Bär"). *Math hat zwei Neffen, Gwydyon* („Barde mit lauter Stimme") *und Gilfaethwy, sowie eine Nichte, Arianrhod* („Silberscheibe" = „Mond"). *König Math konnte nur leben, wenn seine Füße die Scham einer Jungfrau berührten. Lediglich wenn er in den Krieg zog, konnte er mit seinen Füßen wie andere Menschen die Erde* berühren ohne daß er starb. Seine „Fußhalterin“ war die Jungfrau Goewin.

Als sich Maths Neffe Gilfaethwy jedoch in Maths Fußhalterin Goewin verliebte, begann Gwydyon, um seinem Bruder zu helfen, den im 3. Zweig beschriebenen Krieg mit Pryderi. Um seinen Neffen zu helfen, verließ Math seine Fußhalterin und zog mit ihnen in den Krieg gegen Pryderi, den König von Wales.

Gilfaethwy vergewaltigte Goewin während der Abwesenheit des Königs, als diese sich weigert, ihn zum Liebhaber zu nehmen. Dadurch konnte sie nicht mehr Fußhalterin des Königs Math sein. Zur Entschädigung für die Vergewaltigung bot Math Goewin an, sie zu heiraten, worin sie auch einwilligte.

Seine beiden Neffen verwandelte König Math zur Strafe für ihre Taten für je ein Jahr nacheinander in einen Hirsch und eine Hindin, einen Eber und eine Sau sowie in einen Wolf und eine Wölfin. In jedem dieser Jahre zeugte das Brüder-Tierpaar ein Kind, das Math ihnen jedesmal abnahm und in ein Menschenkind verwandelte. Nach dem Ende der drei Jahre gab Math seinen Neffen ihre menschliche Gestalt wieder zurück, die sie aber nur unter der Bedingung behalten dürfen, daß sie Math eine neue Jungfrau als „Fußhalterin“ suchen.

Die Hirsch- und Wildschwein-Verwandlungen stammen aus den Jenseitsreise-Vorstellungen, während die Wolfs-Verwandlung vermutlich aus der Ekstasekrieger-Symbolik stammt.

XXV 2. a) Inder

Vishnu erscheint in seiner dritten Inkarnation als der Avatar Varaha, der die Gestalt eines Ebers oder eines Mannes mit Eberkopf hat. Vishnu hat in dieser Gestalt den Dämon Hiranyaksha, der ebenfalls die Gestalt eines Ebers hatte, getötet.

Diese Geschichte klingt so, als ob ihr der alte Jahreszeiten-Mythos zugrundeliegen würde, der bei den Germanen als der Kampf zwischen dem Sommergott Tyr-Heimdall und dem Wintergott Loki erscheint.

XXV 2. b) Griechen

Die Zauberin Circe verwandelte alle Männer, die auf ihre Insel kamen, in Schweine und in andere wilde Tiere.

Dieses Motiv ist offenbar eine Umdeutung der Eber-Verwandlung bei der Wieder-zeugung der Toten mit der Jenseitsgöttin auf der Jenseitsinsel, die u.a. von den

Griechen „Atlantis", von den Kelten „Avalon" und von den Germanen „Walaskialf" genannt worden ist.

XXV 3.   andere Völker

XXV 2. a)   Philippinen

In der Mythologie auf den Phillipinen gibt es ein Vampir-ähnliches Ungeheuer, daß als schwarzer Hund oder als schwarzer Eber erscheint und des Nachts die Menschen verfolgt.

Sein Name „Aswang" geht auf den Sanskrit-Namen „Asura" einer Gruppe von indischen Halbgöttern zurück, die einen Loki-ähnlichen Charakter haben.

XXV 4.   Zusammenfassung

Ursprünglich ist die Verwandlung in einen Keiler oder Eber bzw. in eine Bache oder eine Sau eine Szene aus der Jenseitsreise gewesen – durch die Herdentier-Gestalt sollte die Zeugungskraft des Toten und die Fruchtbarkeit der Jenseitsgöttin bei der Wiederzeugung abgesichert werden. Diese Schweine-Gestalt findet sich vor allem bei Freya und Freyr.

Später ist diese Verwandlung dann zu einer Variante der Bären-Gestalt der Berserker und der Wolfs-Gestalt der Ulfhedinn, also zu einer Kampf-Symbolik geworden.

XXVI Die Verwandlung in einen Widder

XXVI 1. Germanen

Die Überlieferung zu der Widder-Verwandlung beschränkt sich auf drei Hinweise, die jedoch gut zueinanderpassen.

XXVI 1. a) Heimdall und Loki

„Heimdall" ist ein früherer Beiname des Tyr. Heimdall selber trägt den Beinamen „Hallenskidi" und in den Thulur des Snorri Sturluson wird „Hallinskidi" als eine Bezeichnung für „Widder" aufgeführt.

Der Name „Hallinskidi" bedeutet wörtlich „Hallen-Ski", „Hallen-Brett" oder „Hallen-Latte", was jedoch eine Kenning oder eine mythologische Anspielung ist. Die „Halle" könnte ein Hügelgrab und die „Latte" ein Penis sein, was dann auf die Wiederzeugung hinweisen würde, was gut zu dem Widder passen würde.

XXVI 1. b) Loki-Darstellungen

Loki wird auf zwei Abbildungen anscheinend mit Widderhörnern dargestellt.

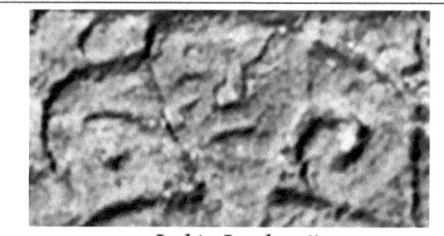

„Lokis Locken"
Stein von Kirkby Stephen

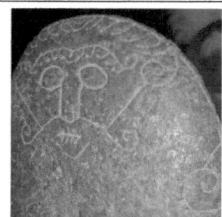

„Lokis Locken"
Herdstein von Snaptun

Da Heimdall und Loki in der Gestalt von zwei Robben gegeneinander kämpfen, wäre es nicht verwunderlich, wenn es einst auch das Motiv eines Kampfes dieser beiden Götter in der Gestalt zweier Widder gegeben hätte – zumal die Schafe Land-

Herdentieres und die Robben Wasser-Herdentiere sind und sich daher beide auf die Wiederzeugung bzw. den Kampf um die Jenseitsgöttin (Wiederzeugungs-Geliebte) beziehen könnten.

XXVI 1. c) Wigblär

Der Held Helgi („Heller"), der eine Sagenvariante des Sonnengott-Göttervaters Tyr ist, hat in der ersten seiner drei Inkarnationen ein Pferd mit dem Namen „Goldroß" geritten. In seiner zweiten Inkarnation ritt er das Pferd „Wigblär". Das Roß, daß er in seiner dritten Inkarnation ritt, ist nicht namentlich bekannt.

Helgi (Tyr) und die Walküre		
Helgi Hiörvard-Sohn (Roß: „Goldroß")	+	die Walküre Swawa
wiedergeboren als:		
Helgi Hundings-Töter (Roß: „Wigblär")	+	die Walküre Sigrun
wiedergeboren als:		
Helgi Haddinga (Pferde-Name unbekannt)	+	die Walküre Kara

Der Name „Wigblär" ist ausgsprochen interessant. „Wig" bedeutet wörtlich „Dahinziehender, Fahrender" und ist eine Bezeichung für „Pferd". Der Namens-Bestandteil „blär" ist sowohl ein Bezeichnung für einen Widder als auch für ein Schwert. Das Spannende daran ist, daß Heimdall auch als Widder aufgefaßt worden ist und das man seinen Kopf als Schwert aufgefaßt hat – Heimdall ist also ein „blär".

Das Roß „Wigblär" trägt also anscheinend den Namen „Heimdalls Roß", was Heimdall und Helgi gleichsetzen würde und die Vermutung, daß beide Götter Varianten des ehemaligen Göttervaters Tyr sind, bestätigen würde.

Das altnordische Substantiv „blär" ist mit den deutschen Verben „blasen" und „blähen" verwandt und stammt über das germanische Wort „blejaz, bläjaz" für „heulen, blöcken, blasen, blähen, Windstoß" von dem indogermanischen Verb „bleh" für „aufblasen, aufschwellen, anschwellen, sprudeln, strotzen" ab. Die naheliegende Assoziation zu diesen ursprünglichen Bedeutungen ist das männliche Zeugungsorgan.

Da die Germanen (und die Indogermanen allgemein) den (männlichen) Toten ein männliches Herdentier opferten und ihn in das Fell dieses Tieres hüllten, um dessen Zeugungskraft auf ihn zu übertragen, damit er sich im Jenseits erfolgreich wieder-zeugen konnte, könnte der Widder als Opfertier die Wurzel der Bezeichnung des

Heimdall als „Widder" sein.

Möglicherweise ist auch das „Schwert" eine Anspielung auf den Penis.

XXVI 2.   Indogermanen

XXVI 2. a)   Griechen/Hethiter

Die einzige Stelle in den Mythen der Griechen und der Hethiter (die ihre östlichen Nachbarn waren), die auf eine Verwandlung in einen Widder hinweist, ist das Goldene Vlies aus der griechischen Argonauten-Saga, das dem Sonnengott Helios gehört hat. Da dieses Vlies wahrscheinlich von einem „goldenen" Opfer-Widder stammt, wird der Sonnengott Helios einst vermutlich als Widder angesehen worden sein.

Das goldene Vlies ist in der hethitischen Mythologie mit dem Weltenbaum und mit dem Jahresanfang und daher auch mit der Sonne und dem Sonnengott verbunden gewesen.

Für diese Deutung spricht auch, daß die hethitische Priesterin-Zauberin Medea, als die Griechen zu ihr kamen, einen Widder tötet, in einem Kessel und ihn als Lamm wiedergeboren werden läßt – der Tod und die Wiedergeburt des Sonnengottes. Die Griechen wollten den Hethitern das goldene Vlies rauben, das sich in deren Besitz befand.

Dieses goldene Vlies des hethitsch-griechischen Sonnengottes ist offenbar eine Parallele zu dem germanischen Heimdall, der wahrscheinlich eine Variante bzw. ein Beiname des ehemaligen Sonnengott-Göttervaters Tyr gewesen ist (siehe dazu auch das Kapitel „Schaf" in Band 42.

XXVI 3.   Zusammenfassung

Vermutlich haben sich Heimdall und Loki bei ihrem Kampf um die Jenseitsgöttin Freya nicht nur in Robben, sondern auch in Widder verwandelt.

Diese Symbolik findet sich auch bei den Griechen und bei den Hethitern.

Indirekt ist diese Widder-Symbolik auch von anderen Völkern bekannt, da z.B. der ägyptische Widdergott Chnum voraussetzt, daß es einst auch am Nil eine Widder-Verwandlung der Toten gegeben haben muß.

XXVII   Die Verwandlung in einen Ziegenbock

XXVII 1.   Germanen

XXVII 1. a)   Die Saga über die Siedler von Eyre

In der Saga über die Siedler von Eyre wird berichtet, wie die Zauberin Katla ihren Sohn Odd mehrmals dadurch schützt, daß sie ihn in etwas anderes verwandelt, bzw. ihn für die Augen seiner Verfolger als etwas anderes erscheinen läßt.

Die Verwandlung in einen Ziegenbock wird ihren Ursprung in der Ziegenbock-Verwandlung der Toten auf ihrer Jenseitsreise haben. Die Zauberin Katla hätte dann eine enge Verwandtschaft mit der Jenseitsgöttin.

Als es von Holt aus zu sehen war, daß sie umkehrten, sagte Katla zu ihren Frauen: „Bleibt auf euren Plätzen sitzen; ich gehe mit Odd in den Vorraum."

Dann ging sie durch die Hallentür in den Vorraum und begann gegenüber der Außentür ihren Sohn Odd zu kämmen und ihm die Haare zu schneiden.

Dann kamen Arnkell und seine Leute zur Türe herein und sahen, wo Katla war und daß sie einem ihrer Ziegenböcke spielte, seinen Kopf und seinen Bart streichelte und sein Fell kämmte.

Arnkel und seine Männer gingen zu dem Herd und sahen Odd nirgendwo. Katlas Spindel lag auf der Bank. Da glaubten sie, daß Odd dort nirgendwo gewesen sein könne.

Da gingen sie hinaus und fort. Als sie jedoch an den Ort kamen, an dem sie schon zuvor wieder umgekehrt waren, , sprach Arnkel: „Fragt ihr euch nicht auch, ob Odd in der Gestalt des Ziegenbocks dort gewesen ist?"

„Ich weiß nicht," sagte Thorkel, „aber wenn wird nun zurückkkehren, werden wir uns Katla vornehmen."

XXVII 1. b)   Die Goldhörner von Gallehus

Auf den beiden rituellen Trinkhörner von Gallehus, die um 400 n.Chr. hergestellt worden sind, ist u.a. eine Gestalt im Jenseits abgebildet, die einen Speer, einen Stab und einen Ring trägt. Diese Gestalt ist als „Mann im Jenseits" erkennbar, da sie nackt

ist und Hörner an ihrem Kopf trägt – zudem ist sie von Wasserwellen (Wasserunterwelt) und Sternen (Seelen) umgeben.

Von ihrer Form her sind diese Hörner am ehesten Ziegenhörner.

Auf einem anderen Bildstreifen ist eine dreiköpfige Frau zu sehen, die ein Beil und
an einer Schnur einen Ziege oder einen Ziegenbock hält. Sie ist recht sicher die
Jenseitsgöttin als die drei Nornen, die den Ziegenbock für den Toten opfern.

zwei Ziegenhorn-Männer auf dem kleineren Goldhorn von Gallehus

dreiköpfige Frau (Nornen) mit Beil und Opfer-Ziegenbock

XXVII 2.   Indogermanen

XXVI 2. a)   Römer

Der „Ziegenmann" der Römer wurde von ihnen „Faun" genannt. Die Ziegenmänner allgemein, also nicht als Gott, sondern als Gruppe von Wesen hießen „Satyrn". Sie sind Männer mit Ziegenhörnern und evtl. auch Ziegenbeinen.

XXVI 2. b)   Etrusker

Ob die etruskischen Satyre ursprünglich von den (nicht-indogermanischen) Etruskern selber stammen oder sie sie von den Griechen oder Römern übernommen haben, ist unklar. Zwei etruskische Satyrn sind namentlich bekannt: Chelphun und Puanea.

Die etruskische Mythologie ist für die Rekonstruktion der Entwicklungsgeschichte der indogermanischen Mythologie interessant, weil die Etrusker durch das Zusammenleben mit den Römern auch indogermanische Motive mit in ihre Mythologie übernommen haben.

XXVI 2. c)   Inder

Der indische Gott Pusan, der bereits aus dem Rig-Veda bekannt ist, das zwischen 1200 v.Chr. und 900 v.Chr. verfaßt worden ist, erscheint bisweilen in der Gestalt eines Ziegenbocks.

Pusan, war ein Seelenführer und beschützte generell Reisende und auch Heiratende sowie das Vieh auf den Weiden. Pusan ist zudem der Mann von Surya, der Tochter des Sonnengottes.

Die Motive der Ziegengestalt, des Jenseitsführers und des Mannes des Sonnentochter zeigen sehr sicher, daß Pusan einst wie Freyr das Urbild des Toten bei der Wiederzeugung gewesen ist und daß dieses Ziegenmann-Urbild vor allem mit dem Sonnengott-Göttervater assoziiert worden ist, da dieser wiederum das Urbild des Jenseitsreisenden gewesen ist.

Der Streitwagen des Pusan wird von zwei Ziegenböcken gezogen. Dieses Motiv ist bei den Germanen von dem Sonnengott-Göttervater Dhyaus (Germanen: Tyr) zu dem Donnergott gewandert, der aus einem Aspekt des Sonnengott-Göttervaters heraus entstanden ist.

Der Name „Pusan" geht zusammen mit dem römischen „Faun" und dem griechischen „Pan" auf indogermanisch „Pehuson" zurück.

Bei den Indern ist der Sonnen-Bote Pusan der Bote des Sonnengottes Surya, also seines Schwiegervaters. Bei den Griechen ist Pan der Sohn des Götterboten Hermes. Pusan und Pan entsprechen somit in etwa dem germanischen Hermodr, von dem allerdings nirgendwo Ziegenhörner berichtet werden.

Der Name „Pehuson" leitet sich von dem indogermanischen Substantiv „peh" für „Nahrung, Weide, Vieh" ab.

Die indische Überlieferung über Pusan ist im Rig-Veda ausgesprochen reichhaltig – er hat einst offenbar zu den wichtigeren Gottheiten gehört.

Pusan der Gott der Zeugungskraft

Pusan ist sowohl im Diesseits als auch im Jenseits der Gott der Zeugungskraft gewesen.

Rig-Veda 10, 85:
Bringet sie hin, o Pusan, die gar Erfreuliche, in die die Menschen den Samen säen.
Die uns verlangend ihre Schenkel öffnen möge, in die wir verlangend das Glied
*   stecken wollen.*
Dir führten sie zuerst die Surya samt dem Brautzug zu. Gib sie, Agni, den Gatten als
*   seine Ehefrau zurück nebst Kindern!*

Rig-Veda 9,67:
Unser Gönner ist Pusan, der auf jeder Ausfahrt Böcke als Rosse hat. Er verhelfe uns
*   zu Jungfrauen.*

Rig-Veda 3, 62:
Dies neueste Loblied ist für Dich, Du strahelnder Gott Pusan; für Dich wird es von
*   uns vorgetragen.*
Finde Gefallen an diesem Loblied von – wie der Weiberlüsterne an einer jungen
*   Frau! Bevorzuge das Belohnung erwartende Gedicht.*

Rig-Veda 6, 55:
Den Pusan, der mit Böcken statt Rossen fährt, wollen wir nun besingen, den
  Siegesgekrönten, der der Buhle seiner Schwester heißt.
Von Pusan, dem Freier seiner Mutter, habe ich gesprochen: Der Buhle seiner
  Schwester soll uns hören, Indra's Bruder, mein Freund.

Pusan ist der Geliebte seiner Schwester – so wie Freyr der Geliebte seiner Schwester Freya ist. Dieses Motiv ist dadurch entstanden, daß die Jenseitsgöttin, die den Sonnengott-Göttervater in einem endlosen Zyklus wiedergeboren hat, in diese Folge der Wiedergeburten miteinbezogen worden ist. Da die Göttin nun sowohl den Sonnengott als auch sich selber wiedergeboren hat, sind der Gott und die Göttin in der nächsten Generation zu Geschwistern geworden, die dann wiederum die nächste Generation von Sonnengott und Jenseitsgöttin gezeugt haben.

Aus demselben Grund ist Pusan auch der Freier, d.h. der Geliebte seiner eigenen Mutter: Da die Jenseitsgöttin sowohl die Wiederzeugungs-Geliebte als auch die Wiedergeburts-Mutter des Sonnengottes ist, ist der Sonnengott auch der Geliebte seiner eigenen Mutter.

Diese mythologische Grundstruktur in den alten Religionen hat in Ägypten zu dem der Bezeichnung der Toten als „Ka-mut-ef", also als „Stier seiner Mutter" geführt, wobei mit „Stier" der Mann bei der sexuellen Vereinigung gemeint ist.

Pusans Ziegen-Sohn

Pusans Ziegen-Mutter wird Freya-Heidrun entsprechen: die Jenseitsgöttin in Ziegengestalt.

Rig-Veda 6, 58:
Ziegen-Geborener, Wächter des Viehs, der in dem Stärke ist, zu Hymnen
  Inspiriernder, der über die gesamte Welt gesetzt worden ist,
Sie streifen hier und da umher, seine leicht-wandernden Geißen – Pusan, der Gott,
  sieht alle seine Geschöpfe hinaustreten.

Rig-Veda 10, 26:
Wir möchten Deiner gedenken, Gott Pusan,
als des Wirkers unserer frommen Gedanken und als Aufrüttler der Beredsamen.
Der das Opfern mit den Göttern teilt, der die Wagenrosse antreibt,

der von Manu bestimmte Rishi, der abwehrende Freund des Beredsamen.
Der Gatte der sich Sehnenden, der Tröster der Trauernden und des Trauernden;
der den Schafen das Gewand webt und die Gewänder reinigt;
Der gewaltige Herr der Gewinne, der gewaltige Freund des Wohlstands.
Der Begehrte schüttelt seinen Bart, er schüttelt ihn nach Lust hin und her, der
  Unbetörbare.

Mit dem „gewaltigen Bart" des Pusan könnte ein Ziegenbart gemeint sein.

Ziegenbock-Opfer an Pusan

Da der Ursprung der (teilweisen?) Ziegengestalt des Pusan die Ziegenbock-Opferungen bei den Bestattungen gewesen sind, ist das Ziegenbock-Opfer auch ein Bestandteil des Pusan-Kultes.

Rig-Veda 1, 162:
Mögen uns Mitra, Varuna, Aryaman, Ayu, Ribhuksan, die Marut nicht übersehen,
wenn wir des gottgeschaffenen siegesgewohnten Rennpferdes Heldentaten in weiser
  Rede verkünden werden.
Wenn sie vor dem mit Gewand und Erbstücken bedeckten, die Opfergabe, gefaßt,
  voraus führen,
so geht der allfarbige Bock meckernd, willig voran zu Indra's und Pusan's lieber
  Zuflucht.
Dieser Ziegenbock, für alle Götter bestimmt, wird mit dem siegesgewohnten Roß
  vorausgeführt als Anteil des Pusan.
Wenn sie den Bock als willkommnes Voropfer mit dem Rennpferd führen, so ermuntert
  ihn Tvastri zu rühmlichem Werke.

Pusan fährt in einem Ziegenbock-Wagen

Der von zwei Ziegenböcken gezogene Streitwagen erinnert sehr an den von zwei Rossen gezogenen Streitwagen des Sonnengott-Göttervaters Dhyaus. So wie die beiden Roß-Söhne des Dhyaus ihre Pferde-Gestalt durch die Pferde-Verwandlung des Dhyaus bei seiner Wiederzeugung erhalten haben, so werden die beiden Ziegenböcke vor dem Wagen des Pusan auf die Ziegen-Verwandlung bei der Wiedergeburt zurückgehen.

Rig-Veda 6, 57:
Böcke sind des Pusan Zugtiere.

Rig-Veda 9,67:
Unser Gönner ist Pusan, der auf jeder Ausfahrt Böcke als Rosse hat.

Rig-Veda 6, 55:
Die stolzierenden Böcke sollen herfahren, zu Wagen den Gott Pusan bringend, durch welchen die Leute zu Ehren kommen.

Rig-Veda 10, 26:
Die Ziegenböcke mögen Deines Wagens Deichsel herwärts richten, o Pusan.
Du bist der Freund eines jeden, der ein Anliegen hat, vor alters geboren, nie wankend.
Unserem Wagen soll der mächtige Pusan mit Kraft helfen.

Rig-Veda 1, 138:
Sei uns fein behilflich zum Gewinn von dieser Zuwendung, ohne Groll, gern gewährend, Du Böckefahrer,
uns, die wir nach Auszeichnungen verlangen, Du Böckefahrer. Wir wollen Dich fein herlenken mit gelungenen Lobliedern, Du Meister.
Denn ich erachte Dich nicht zu gering, o Strahlender, noch verleugne ich Deine Freundschaft.

Pusan der Hirtengott

Da Pusan ein Ziegenbock-Gott gewesen ist, konnte es kaum ausbleiben, daß er auch zu einem Hirtengott geworden ist – zumal die Indogermanen einst vor allem von der Viehzucht gelebt haben.

Rig-Veda 1, 23:
Treibe den Soma-Trank, o Pusan, wie ein verirrtes Tier zu uns, treibe den Träger des Himmels, der auf vielfarbigem Gras ruht, zu uns!
Pusan der Strahlende hat den König gefunden, der in einer Höhle versteckt und verborgen gewesen ist, der auf vielfarbigem Gras ruht.

Diese Verse sind an den Soma-Trank gerichtet. Das „vielfarbige Gras" ist der Sitzplatz der Götter in dem Lager der indogermanischen Hirten in der südrussischen

Steppe.

Der „König in der Höhle" ist das Soma in der Schale, aber vermutlich auch der Sonnengott-Göttervater Dhyaus in der Grabkammer in seinem Hügelgrab.

Pusan erscheint hier als Hirte.

Rig-Veda 10,17:
Pusan soll Dich von hier befördern, der Kundige, dem kein Vieh verloren geht, der Hirt der Welt.

Rig-Veda 10, 138:
Mit der Sonne Strahlen, mit goldigem Haare hat Savitri im Osten sein unverlöschliches Licht aufgesteckt.
Auf seine Anweisung wandelt der kundige Pusan, der Hirt, der alle Geschöpfe überwacht.

Rig-Veda 8,4:
Es mögen Rinder auf irgend einer Weide als unser eigener Besitz, hinausziehen, o Strahlender, Unsterblicher.

Rig-Veda 1, 90:
Und machet unsere Dichtungen kuhgekrönt, Pusan und Du raschgehender Vishnu! Machet uns glückbegabt!

Pusan war offenbar nicht nur für die Ziegen, sondern auch für die Rinder („kuh-gekrönt", „Rinder") und vermutlich auch für die Schafe zuständig.

Pusan ist wie die Sonne

Die enge Verbdinung des Pusan mit der Sonne läßt vermuten, daß Pusan einst die Ziegenbock-Gestalt des Sonnengott-Göttervaters Dhyaus bei seiner Wiederzeugung gewesen ist.

Rig-Veda 10, 138:
Mit der Sonne Strahlen, mit goldigem Haare hat Savitri im Osten sein unverlöschliches Licht aufgesteckt.
Auf seine Anweisung wandelt der kundige Pusan, der Hirt, der alle Geschöpfe überwacht.

189

Rig-Veda 6, 58:

O Pusan, mit Deinen goldenen Schiffen, die über den Himmel fahren, in dem
  mittleren Bereiche der Lüfte,
ziehst Du auf einem Botengang zu Surya, von Liebe erfüllt, von Verlangen nach Ruhm
  erfüllt.
Du bist ein naher Verwandter der Erde und des Himmels, Pusan, Großzügiger, Herr
  der Speisen, wundervoll Leuchtender,
Starker, Lebenskräftiger, Schnelllaufender, von Liebe Erfüllter, den die Götter der
  Surya gaben.

Rig-Veda 6, 56:

Und der beste Wagenlenker (Pusan) trieb damals bei Parusago das goldene Rad der
  Sonne ein.

Rig-Veda 2, 40:

Über die Geburt dieser beiden Götter freuten sich alle Götter; sie beseitigten die
  unerfreuliche Finsternis.

Rig-Veda 2, 40:

Soma und Pusan, den den Raum durchmessenden Wagen mit sieben Rädern, der nicht
  jeden befördert,
der nach verschiedenen Richtungen fährt, mit dem bloßen Gedanken geschirrt wird,
  den treibet ihr Bullen an, der fünf Zügel hat.
Der eine nahm seinen Sitz hoch im Himmel, der andere auf der Erde, in der Luft.

Rig-Veda 6, 58:

Du bist wie der Himmel: ein Teil ist hell, eine Teil ist heilig – so wie Tag und Nacht
  unterschiedlich in ihrer Farbe sind.
Du förderst alle magische Kraft, Du in Dir selber Ruhender! Mögen Deine Gaben
  hier glückverheißend sein, o Pusan!

Pusan der Spender des Wohlstands

Wie der germanische Eber-Gott Freyr ist auch der indische Ziegenbock-Gott Pusan
ein Spender des Wohlstandes. Da die Größe der Herden der Indogermanen von der
Zeugungskraft der männlichen Tiere (und von der Fruchtbarkeit der weiblichen Tiere)
abhing, war diese Zeugungskraft des Pusan die Quelle des Wohlstandes, d.h. die
Quelle der großen Viehherden.

190

Rig-Veda 3, 62:
Pusan, der nach allen Wesen ausschaut und sie überschaut, er sei unser Gönner.

Rig-Veda 10, 26:
Er (Pusan) *sei der Mehrer der Gewinne, er erhöre diesen Ruf von uns!*

Rig-Veda 8,4:
Sei unser freundlicher Helfer, Pusan, sei recht freigebig, daß wir Lohn gewinnen!

Rig-Veda 1, 138:
Dich (Pusan) *bitten wir nach dieser noch um eine neue Zuwendung von Reichtum.*

Rig-Veda 1, 122:
Stimmet auf Pusan euer Lied an, daß er schenke! Ich möchte die Freigebigkeit des Agni herbitten.

Rig-Veda 1, 23:
Ihr Götter mit Indra an der Spitze, mit den Marut als Gefolgschaft und mit Pusan als Gönner, höret alle auf meinen Ruf!

Rig-Veda 6, 58:
Du bist ein naher Verwandter der Erde und des Himmels, Pusan, Großzügiger, Herr der Speisen, wundervoll Leuchtender,

Rig-Veda 8, 4:
Wir erküren den schatzreichen Pusan zum Freundschaftsbunde.
Du Vielvermögender, Vielgerufener, ermögliche es uns, durch die Dichtung Reichtum herauszuschlagen, Du Spender!

Rig-Veda 2, 40:
Soma und Pusan, euch Schöpfer der Reichtümer, Schöpfer des Himmels und der Erde, die geborenen Hirten der ganzen Welt, machten die Götter zum Nabel der Unsterblichkeit.

Rig-Veda 1, 181:
Euch, Asvin, ruft der Opfernde, wunscherfüllend wie Pusan, wach, wie den Agni, wie die Usas, da ich euch preisend lade im Wunsch nach Sorgenfreiheit.
Wir möchten einen gastfreien Opferbündler kennen lernen, der rasch schenkt.

Rig-Veda 6, 55:

*Ein Strom des Reichtums bist Du, eine Fülle von Gut, Du Strahlender, der mit Böcken
    statt Rossen fährt, der Freund eines jeden Liedersinnenden.*
*Den Pusan, der mit Böcken statt Rossen fährt, wollen wir nun besingen, den
    Siegesgekrönten.*

Rig-Veda 6, 56:

*Wer ihn, den Pusan, mit dem Wort „Breiesser" gemahnt, von dem läßt sich der Gott
    nicht mahnen.*
*Und mit ihm als dem verbündeten Freund erschlägt der beste Wagenlenker, der wahre
    Gebieter Indra die Feinde.*

Rig-Veda 6, 57:

*Indra und Pusan wollen wir jetzt zur Freundschaft, zum Glück, zum Lohngewinnen
    anrufen.*
*Der eine hat sich zum Soma gesetzt, um den in den Preßbrettern ausgepreßten zu
    trinken; der andere verlangt nach Brei.*

Rig-Veda 2, 40:

Die beiden (Pusan und Soma) *sollen uns vielbegehrten viehreichen Besitzzuwachs
    geben;*
sie sollen unseren Nabel von Nachkommenschaft entbinden.
*Der eine hat alle Wesen erschaffen, der andere wandelt alles beschauend. Soma und
    Pusan, begünstigt mein Gedicht!*

Rig-Veda 6, 55:

*Komm, wir zwei wollen zusammenhalten, Du Strahlender, Gott der Gaben; sei Du
    uns der Wagenlenker zum Rechten!*
*Den besten Wagenlenker mit aufgewundenem Haare, der über große Schenkung
    verfügt, den Freund bitten wir um Reichtümer.*
Ein Strom des Reichtums bist Du, eine Fülle von Gut.

Rig-Veda 1, 42:

*Führe uns zu guter Weide, nicht komme zu der Reise neue Aufregung. O Pusan, schaff
    hierfür Rat!*
*Bemüh Dich, gib in Fülle und spende, gib einen Ansporn, fülle den Bauch! O Pusan,
    schaff hierfür Rat!*
Wir machen dem Pusan keine Vorwürfe, wir beloben ihn mit wohlgesetzten Worten.
Wir bitten den Meister um Schätze.

Rig-Veda 6, 56:

Was wir heute zu Dir sprechen, Du vielgepriesener, ratreicher Meister, diesen
 Gedanken führe uns fein aus!
Und führe diese unsere rinderbegehrende Schar richtig zum Gewinn! Von weitem bist
 Du berühmt, Pusan.
Wir erbitten von dir das Glück, das Unheil fernhält und Gutes bringt, heut zur
 Vollkommenheit und morgen zur Vollkommenheit.

Rig-Veda 6, 57:

Als Indra, der Bullenhafteste, die strömenden großen Gewässer in ihre Bahnen
 leitete, da war Pusan dabei.
An das Wohlwollen des Pusan und des Indra klammern wir uns wie an den Ast eines
 Baumes.
Wir lassen wie ein Wagenlenker dem Pusan die Zügel schießen – dem Indra zu
 großem Glück.

Rig-Veda 1, 89:

Den mächtigen Herrn dessen, was geht und steht, den Gedankenwecker rufen wir zur
 Gunsterweisung,
auf daß Pusan zur Mehrung unseres Besitzes helfe als ein unbeirrter Schützer und
 Behüter zum Glück.
Glück soll uns Indra von hohem Ruhme, Glück uns Pusan, der alle Güter hat,
Glück uns Tarksya mit unversehrtem Radkranz, Glück soll uns Brihaspati bringen.

Rig-Veda 10, 26:

Wir möchten Deiner gedenken, Gott Pusan,
als des Wirkers unserer frommen Gedanken und als Aufrüttler der Beredsamen.
Der das Opfern mit den Göttern teilt, der die Wagenrosse antreibt,
der von Manu bestimmte Rishi, der abwehrende Freund des Beredsamen.
Der Gatte der sich Sehnenden, der Tröster der Trauernden und des Trauernden;
der den Schafen das Gewand webt und die Gewänder reinigt;
Der gewaltige Herr der Gewinne, der gewaltige Freund des Wohlstands.

Rig-Veda 6, 48:

Den unerreichten Pusan, der furchtbar wie die lautbrausende marutische Heerschar
 ist, auf daß er Hunderte, Tausende aus allen Ländern zusammenraffe.
Er möge die verborgenen Schätze offenbaren, die Schätze für uns leicht auffindbar
 machen.
Pusan! Komm schnell zu mir, ich will Dir etwas dicht ins Ohr sagen, Du Strahlender!
Schlimm ist die Kargheit des hohen Herrn.

Rotte nicht den Kakambira-Baum aus, denn Du solltest die üblen Nachreden
zuschanden machen.

Und nicht soll die Sonne auch nur einen Tag dem scheinen, der den Hals des Vogels
packt.

Deine schützende Freundschaft soll sein wie der nichtrissige Schlauch mit saurer
Milch, wohlgefüllt mit saurer Milch.

Denn Du bist höher als die Sterblichen und den Göttern gleich an Herrlichkeit.

Hab auf uns acht, o Pusan, in den Kämpfen; steh du uns jetzt wie vormals bei!

Rig-Veda 6, 53:

Wir haben Dich, Du Wegemeister, wie einen Wagen zum Preisgewinn für unser Gebet
angespannt, o Pusan.

Führ uns zu herrlichem Gute, zu einem Herrn, der Dichtersold gewährt, zu einem
liebenswerten Hausherrn.

Auch den, der nicht schenken will, treib zum Schenken an, Du Strahlender, Pusan;
selbst des Knausers Sinn erweiche!

Suche die rechten Wege aus zur Lohngewinnung; jage die Verächter weg! Unsere
Gebete sollen in Erfüllung gehen, Mächtiger!

Stich mit dem Stachel die Herzen der Knauser auf, o Seher, und mach uns gefügig!

Pike mit dem Stichel, Pusan! Suche das, was dem Herzen des Knausers lieb ist, und
mach sie uns gefügig!

Ritze, kratze die Herzen der Knauser auf, Du Seher, und mach sie uns gefügig!

Du, Pusan, führst den Stachel, der die feierliche Rede anstachelt, o Strahelnder; mit
dem ritze, kratze das Herz eines jeden auf!

Deine Gerte mit der Hornspitze, die die Tiere lenkt, deren Gunst erbitten wir von Dir,
Du Strahelnder,

Und laß unser Gebet Kühe verdienen, Rosse verdienen, Lohn verdienen; hilf, daß es
wie ein Herr gern aufgenommen werde!

Rig-Veda 6, 54:

Pusan, bring uns mit einem Kundigen zusammen, der uns richtig weisen und sagen
wird: „Dies ist es."

Wir wollen mit Pusan zusammentreffen, der zu den Häusern weisen möge, und sagen:
„Diese sind es."

Das Rad des Pusan wird nicht schadhaft, der Wagenkasten fällt nicht herab, noch
wird sein Radbeschlag wackelig.

Wer ihm mit Opfer gedient hat, den vergißt Pusan nicht, der findet zuerst das Gut.

Pusan soll unseren Kühen nachgehen, Pusan soll unsere Rosse behüten, Pusan soll
uns reichen Gewinn einheimsen.

Pusan, geh den Rindern des Opfernden nach, der Soma preßt, und auch unseren, der

Sänger!

Keines soll verloren gehen, keines Schaden erleiden, keines in einer Grube sich verfallen, sondern komm mit den Unversehrten heim!

Den erhörenden Pusan, den wachsamen, der kein Gut verliert, den Herrn des Reichtums bitten wir darum.

Pusan, in deinem Dienste möchten wir niemals Schaden erleiden. Wir hier sind Deine Lobsänger.

Pusan soll von der anderen Seite seine rechte Hand herumlegen; er soll das verlorene Vieh uns wieder zutreiben.

Pusan der Beschützer

Vom Hirtengott und Wohlstandsgott ist es nur ein kleiner Schritt zu dem Gott, der die Menschen beschützt.

Rig-Veda 1, 90:
Indra, die Marut sollen uns zu guter Fahrt die Wege aussuchen, Pusan, Bhaga, die Löblichen.

Rig-Veda 10,17:
Ayus möge Dich lebenslänglich schützen, Pusan soll Dich auf der weiten Reise von vorne behüten.

Rig-Veda 10,17:
Pusan kennt diese Gegenden alle genau; er möge uns auf gefahrlosestem Wege führen, der Glückverleihende.

Rig-Veda 2, 40:
Mit euch (Pusan und Soma) *wollen wir alle Kämpfe siegreich bestehen.*

Pusan soll die Dichtung beleben, der Allbewegende; Soma, der Herr des Reichtums, soll Reichtum bringen.

Rig-Veda 1, 138:
Denn ich treibe Dich, Pusan, mit Lobesworten wie einen Renner auf der Fahrt voran, auf daß Du die Verächter auf den Trab bringst.

Wie ein Kamel sollst Du die Verächter fortschaffen.

195

Rig-Veda 10, 92:

Pusan, der allen Göttern Befreundete, soll unsere Schritte fördern, Apam Napat, Vayu,

daß wir rasch zum Ziele kommen. Besinget den Windhauch zum Heile; höret dies, ihr leicht zu errufenden Asvin, auf eurer Fahrt!

Rig-Veda 1, 138:

Fort und fort wird die Macht des Pusan von starker Art gepriesen; seine, des Starken, Macht, erlahmt nicht, sein Lob erlahmt nicht.

Ich besinge um seine Huld bittend ihn, der in der Nähe hilft, den Erfreulichen; den Freigebigen, der eines jeden Sinn gefesselt hat, als freigebiger Gott gefesselt hat.

Rig-Veda 1, 42:

Pusan! Begeh die Wege, entferne Ungemach, du Kind der Einkehr! Geh uns als Begleiter voran, o Gott!

Den bösen, unheilvollen Wolf, der uns bedroht, o Pusan, den jage von dem Wege fort!

Treib den Wegelagerer, den Räuber, der die Schleichwege kennt, von der Straße weit fort!

Tritt das Brandgeschoß des doppelzüngigen Verleumders, wer er auch sei, mit dem Fuße aus!

Diesen Beistand von Dir erbitten wir, Du ratreicher Meister Pusan, mit dem Du unsere Väter ermutigt hast.

Nun mach uns die Siegespreise leicht zu gewinnen, der Du alle Glücksgüter hast, Du erster Träger des goldenen Beils!

Führ uns über die Mängel hinweg, mach uns gute, gangbare Wege! O Pusan, schaff hierfür Rat!

XXVII 2. c)   Griechen

In der griechischen Mythologie ist Pan die Entsprechung zu dem römischen Faun und zu dem indischen Pusan. Die „Ziegenmänner" allgemein werden Satyrn oder Faune genannt.

Pan ist ein Sohn des Hermes, der wiederum ein Sohn des Zeus ist. Vermutlich ist Hermes ursprünglich der Seelenvogel des Zeus gewesen und Pan die Gestalt des Zeus bei seiner Wiederzeugung. Zeus ist die griechische Entsprechung zu dem germanischen Tyr – beide stammen von dem indogermanischen Sonnengott-Göttervater Dhyaus ab.

Homer (ca. 700 v.Chr.)

Homerische Hymnen: An Pan
Muse, erzähle mir über Pan, den lieben Sohn des Hermes,
den mit den Ziegenfüßen und mit zwei Hörnern –
den Liebhafter der fröhlichen Klänge.
Durch die bewaldeten Gefilde wandert er mit den tanzenden Nymphen,
die über die Kante einige steiler Klippen laufen und nach Pan rufen,
nach dem Hirtengott, den Langhaarigen, dem Ungekämmten.
Ihm sind alle schneebedeckten Grate und die Berggipfel
und die felsigen Gebirgskämme zu eigen –
er läuft hierhin und dorthin durch das dichte Gestrüpp ...
mal von leisen Bächen angelockt,
dann drängt er wieder vorwärts durch sich auftürmende Felsen
und klettert auf die höchsten Gipfel empor, von denen aus er die Herden überschaut.
Er zieht oft durch hohen glitzernden Berge
und oft eilt er über den stufigen Hügeln und jagt wilde Tiere –
dieser scharfäugige Gott. Erst am Abend,
wenn er von der Jagd zurückkehrt, läßt er seine Weise erklingen,
spielt süß und leise auf seiner Flöte aus Schilfrohren:
Nicht einmal er könnte ihn an Melodien übertreffen
– jener Vogel im Blumen-beladenen Frühling, der seinen Gesang mit honigsüßer
Stimme inmitten der Blätter hervorströmen läßt.
Zu dieser Stunde sind klarstimmigen Nymphen bei ihm
und bewegen sich mit flinken Füßen, singen an einer Quelle mit dunklen Wassern,
während das Echo noch in den Berggipfeln nachklingt ... während der Gott
auf dieser Seite des Chors oder auf jener Seite des Chors oder manchmal auch
in seiner Mitte seine Füßen flink mit ihnen zusammen bewegt.
Auf seinem Rücken trägt er ein geflecktes Luchsfell
und er erfreut sich an den hell-stimmigen Gesängen in einer Aue, wo Krokusse
und Hyazinthen allenthalben im Gras erblühen.
Sie singen über die gesegneten Götter und über den hohen Olymp
und erzählen dabei vor allem über den Glück-bringenden Hermes –
darüber, daß er der schnelle Bote all' der Götter ist
und darüber, wie er nach Arkadien kam, in das Land der vielen Quellen und
der Mutter der Herden – dort, wo sein heilger Ort ist als der Gott von Cyllene.
Denn dort hat er, obwohl er ein Gott ist, oft die Locken-haarigen Schaffe für einen
Sterblichen gehütet, denn dort überkam ein ihn zerschmelzendes und immer stärker
werdendes Verlangen, die Locken-reiche Tochter des Drops zu heiraten,
und dort vollzogen sie die Ehe. Und in dem Haus gebar sie dem Hermes

197

einen lieben Sohn, der schon bei seiner Geburt wundersam anzuschauen war:
mit Ziegenfüßen und zwei Hörnern – ein lautes, fröhlich lachendes Kind.
Doch als die Amme sein grobes Gesicht und seinen vollen Bart sah,
fürchtete sie sich und sprang auf und floh und ließ das Kind allein.
Da nahm ihn der glück-bringende Hermes und legt ihn sich in seine Arme:
Da war der Gott sehr glücklich in seinem Herzen!
Und er lief geschwind zu den Heimes der unsterblichen Götter und trug seinen Sohn
in die Felle von Berghasen gewickelt und legte ihn neben Zeus nieder
und zeigte ihn allen Göttern. Da erfüllte Freude die Herzen aller Götter und
insbesondere das des Bacchus Dionysios und sie nannten ihn Pan,
denn er erfreute all' ihre Herzen.
Deshalb singe ich Dir zum Heil, Herr! Ich erbitte Deine Gunst mit diesem Lied.
Und ich werde mich an Dich erinnern und auch an ein weiteres Lied.

Der Name „Pan" bedeutet im Griechischen auch „alle".

Lukianus von Samosata (ca. 100-170 n.Chr.)

Lukianus war ein Syrer. Da Syrien damals zum römischen Reich gehörte, hat er in lateinischer Sprache und in der griechisch-römischen Tradition geschrieben.

Das folgende ist eines der von Lukianus verfaßten „Göttergespräche – das zwischen Merkur und Pan.

Pan:
„ Guten Tag, Vater Merkur. "

Merkur:
„ O guten Tag auch! Aber seit wann sind wir so nahe Verwandte? "

Pan:
„ Bist Du denn nicht etwa Merkur von Cyllene? "

Merkur:
„ Das bin ich allerdings; aber wie folgt daraus, daß Du mein Sohn bist? "

Pan:
„ So ganz mit rechten Dingen ging's wohl nicht zu – ein Kind der Liebe von Deiner Fasson. "

Merkur:

„Zum Jupiter, Du siehest eher dem Sohn einer Ziege von der Fasson eines Bockes ähnlich. Wie sollte ich zu einem Sohne mit Hörnern und mit einer solchen Nase und einem solchen Zottelbart und gespaltenen Bocksfüßen und einem Schwanz über dem Hintern gekommen sein?"

Pan:

„Daß Du so verächtlich von Deinem eigenen Sohne sprichst, Vater, davon hab ich zwar wenig Ehre; aber gewiß, Du selbst hast noch weniger davon, daß Du solche Kinder in die Welt setzt; ich kann nichts für meine Gestalt."

Merkur:

„Wer wäre denn also Deine Mutter? Ich bin doch hoffentlich nicht unwissenderweise irgendeiner Ziege zu nahe gekommen?"

Pan:

„Das eben nicht; aber besinne Dich nur, ob Du nicht einmal in Arkadien einem edeln Mädchen Gewalt angetan hast? Was nagst Du so am Finger und tust, als ob Du Dich nicht besinnen könntest? Ich spreche von der Tochter des Ikarius, Penelope."

Merkur:

„Aber was für eine Grille war das von ihr, mich mit einem Sohne, der einem Bock ähnlich sieht, zu beschenken?"

Pan:

„Ich will Dir sagen, wie sie selbst die Sache erzählt hat. Wie sie mich nach Arkadien schickte, sprach sie zu mir: 'Mein Sohn, ich, Deine Mutter, bin die Spartanerin Penelope: wisse aber, daß Du einen Gott, den Merkur, Jupiters und Majens Sohn, zum Vater hast. Übrigens laß Dich Deine Hörner und Deine Bocksfüße nicht verdrießen: es kommt bloß daher, weil Merkur, um nicht entdeckt zu werden, die Gestalt eines Ziegenbocks annahm, als er Dein Vater wurde.'"

Merkur:

„Ich erinnere mich nachgerade, daß mir einmal so etwas begegnet sein mag. Aber daß ich, der ich mir immer so viel auf meine Gestalt zugute tat und noch dato ein glattes Kinn führe, für Deinen Vater passieren und mich von allen Leuten meiner schönen Zucht wegen auslachen lassen soll, das will mir nicht recht in den Kopf!"

Pan:

„Ich werde Dir keine Schande machen, Vater; ich bin ein Musikus und blase Dir auf der Rohrpfeife, daß es eine Lust ist; und Bacchus, der gar nicht mehr ohne mich leben kann, hat mich zu seinem beständigen Kameraden und zum Anführer seines Chors gemacht; und wenn Du die Herden, die ich bei Tegea und um den Berg Parthenius habe, besehen wolltest, Du würdest Deine Freude daran sehen! Ganz Arkadien ist mir untertan; und es ist noch nicht lange, daß ich den Athenern zu Hilfe zog und

mich bei Marathon so gut hielt, daß sie mir die Höhle unter der Burg zur Belohnung meiner Tapferkeit zuerkannt haben. Wenn Du einmal nach Athen kommst, wirst Du hören, was sich Pan für einen Namen dort gemacht hat."

Merkur:
"Weil Du denn so eine vielbedeutende Person bist, Pan – denn so deucht mich, nennen sie Dich – hast Du Dir auch schon eine Gemahlin beigelegt?"

Pan:
"Ich danke dafür, Herr Vater! – Ich bin etwas verliebter Natur, und mich mit einer einzigen zu behelfen wäre meine Sache nicht."

Merkur *(lachend)*:
"Du behilfst Dich vermutlich mit Deinen Ziegen?"

Pan:
"Das sagst Du doch wohl nur im Spaß? – Oh, ich habe ganz andere Liebschaften! Die Echo, die Pitho und alle Mänaden des Bacchus, so viele ihrer sind, und ich gelte sehr viel bei ihnen, das kann ich Dir versichern."

Merkur:
"Wohl, mein Sohn, willst Du mir was zu Gefallen tun, wenn ich Dich darum bitte?"

Pan:
"Du hast zu befehlen, Vater; wir wollen dann sehen, was möglich ist."

Merkur:
"Komm her und umarme mich! Aber den Namen Vater laß künftig weg, zumal wenn es jemand hören könnte."

Pans Mutter sagt in diesem „Gespräch" ausdrücklich, daß sich Hermes („Merkur") bei der Zeugung seines Sohnes in einen Ziegenbock verwandelt hatte. Sie sagt zwar, daß Hermes dies tat, um unentdeckt zu bleiben, aber der Ursprung dieser Szene in den Wiederzeugungs-Vorstellungen dürfte trotzdem sicher sein.

XXVII 3.   andere Völker

XXVII 3. a)   Sumer

Aus Sumer stammt das Motiv des Fisch-Steinbock-Mischwesens, aus dem später dann das Tierkreiszeichen „Steinbock" entstanden ist. Da der Fisch die Seele in der

Wasserunterwelt und der Steinbock bzw. die Ziege das bei der Bestattung geopferte Herdentier ist, wird es einst wohl auch eine Verwandlung des Toten in einen Ziegenbock gegeben haben.

XXVII 3. b)   Elam

Erfreulicherweise ist von den Elamitern, also von den südöstlichen Nachbarn der Sumerer, ein Ziegenbock-Mann bekannt.

Der Ziegenmann wirkt ein bißchen ängstlich und erschrocken – was aber verständlich ist, da er sich auf der Jenseitsreise befindet …

| *Ziegenmann, Elam* | *derselbe Mann wie links* |

XXVII 4.   Zusammenfassung

Die Verwandlung eines Mannes in einen Ziegenbock stammt aus der Wiederzeugungs-Symbolik, in der die Zeugungskraft eines für den Toten geopferten Bockes magisch auf den Toten übertragen wird, um dessen Zeugungskraft bei seiner Wiederzeugung mit der Jenseitsgöttin abzusichern.

Diese Ziegengöttin ist bei den Germanen die Ziege Heidrun, d.h. Freya – vermutlich gehört Heidrek (Tyr) als Mann zu ihr. Möglicherweise ist Freyr daher einst auch ein Ziegenbock-Gott gewesen.

Bei den Indogermanen sind der römischen Faun, der griechischen Pan und der indische Pusan die Ziegenbock-Götter. Sie gehen zusammen mit den germanischen Ziegen-Männern auf den indogermanischen Gott Pehuson zurück, der vermutlich das Urbild der Toten und des Sonnengott-Göttervaters Dhyaus bei der Wiederzeugung gewesen ist.

Da diese Symbolik auch aus Sumer und aus Elam bekannt ist, wird ihr Ursprung vermutlich in der frühen Jungsteinzeit liegen.

Der Ziegenbock-Verwandlung ist relativ gut bekannt – weil der Ziegenbock das Bestattungs-Opfertier der kleinen Leute gewesen ist, die sich keinen Hirsch oder Stier leisten konnten …

XVIII   Die Verwandlung in eine Ziege

Wenn es die Verwandlung eines Mannes in einen Ziegenbock gegeben hat, muß es notwendigerweise auch die Verwandlung der Jenseitsgöttin in eine Ziege gegeben haben.

XVIII 1.   Germanen

XXVIII 1. a)   Hyndla-Lied

Hyndla (zu Freya):
„So sollst Du von dannen ziehen, denn gerne würde ich schlafen,
Von mir sollst Du wenig Gutes erhalten;
Meine Edle, hinaus in die Nacht wirst Du springen
so wie Heidrun zwischen den Böcken.

Zu Odr sollst Du rennen, der Dich immer geliebt hat,
und zu den vielen anderen, die schon unter Deine Schürze gekrochen sind;
Meine Edle, hinaus in die Nacht wirst Du springen
so wie Heidrun zwischen den Böcken."

Heidrun ist die Ziege, die von den Blättern des Weltenbaumes frißt und die statt Milch den Asen den Göttermet gibt. Da dieser Ziegen-Met mit dem Wasser/Met aus Mimirs Quelle identisch ist, ist es wahrscheinlich, daß mit dem „Erinnerungs-Bier" der Göttermet gemeint ist.

Da der Ziegenbock ein beliebtes Opfertier bei Bestattungen gewesen ist und von ihm auch ein Wiedergeburts-Zauber bekannt ist (Thors Böcke), ist es recht sicher, daß der Tote mit dem für ihn geopferten Ziegenbock identifiziert worden ist, damit er dessen Zeugungskraft erhält und sich selber dann erfolgreich mit der Jenseitsgöttin wiederzeugen kann, woraufhin er dann von ihr wiedergeboren wird. Durch diese Identifizierung erhält der Tote die Gestalt eines Ziegenbockes und die Jenseitsgöttin notwendigerweise die Gestalt einer Ziege.

In der Thorsdrapa gibt es die Thor-Kenning „Thröngs alter Freund". Thröng ist ein Beiname der Freya. Da ansonsten von einer Freundschaft zwischen Thor und Freya nichts bekannt ist, könnte der Zusammenhang zwischen Thors Ziegenböcken und Freya als der Ziege Heidrun liegen.

Im Hyndla-Lied sagt Freya zu ihrer Schwester-Freundin Hel-Hyrrokkin: *„Dem*

Thor werde ich Ehre erbieten und ich werde ihn bitten daß Du immer seine Gunst finden wirst. " Das klingt auch nach einer Verbindung zwischen Thor und Freya.

<u>XXVIII 2.</u> Zusammenfassung

Die Göttin Freya nahm als Wiederzeugungs-Geliebte die Gestalt einer Ziege an, wenn für den Toten, mit dem sie sich im Jenseits vereinte, ein Ziegenbock geopfert worden war, dessen Gestalt der Tote dann im Jenseits annahm.

Entsprechend erhielt der Tote im Jenseits durch den für ihn geopferten Ziegenbock dessen Gestalt.

Siehe dazu auch das Kapitel „Ziegen" in Band 42.

G   Die Verwandlung in ein Raubtier

XXIX   Die Verwandlung in einen Bären

XXIX 1.   Germanen

Die Verwandlung in einen Bär ist der Ursprung der Berserker-Geschichten – „Berserker" bedeutet „Bärenfell(-Mann)". Die Berserker haben die Kraft eines Bären und tragen manchmal ein Bärenfell.

Siehe dazu auch die Kapitel „Bär" in Band 43 und „Berserker" in Band 62.

XXIX 1. a)   Hrolf Kraki und seine Berserker

Der Königssohn Bjorn („Bär") wurde von seiner Mutter, der Königin Hvit, nach einem heftigen Streit in einen Bären verwandelt.

Da schlug sie ihn mit einem Wolfsfell-Handschuh und sprach, daß er ab nun ein grimmigerer und gruseliger Höhlenbär sein werde, „und Du wirst nichts anderes zur Nahrung haben als die Herden Deines Vaters. Du wirst sie alle in bisher nicht gehörten Mengen für Dich als Nahrung töten und Du wirst niemals diesem Zauberspruch entkommen. Das ist mein kleines Geschenk an Dich, damit Du Dich immer an mich erinnern wirst und das wird Dir schlimmer als alles andere erscheinen!"

Daraufhin verschwand Bjorn und niemand wußte, was aus ihm geworden war. Als sie bemerkten, daß er fort war, suchten sie nach ihm, aber er wurde natürlich nirgendwo gefunden. Und dann ist zu berichten, daß das Vieh des Königs zu Dutzenden getötet wurde und daß ein grauer Bär dies tat, der groß und gewalttätig war.

Eines Abends geschah es, daß die Tochter des Bauern (Bjorns Freundin) *den grimmigen Bären sah. Der Bär nahte sich ihr und verhielt sich ihr gegenüber sehr sanft. Da meinte sie an dem Bären die Augen des Björn zu erkennen und lief nicht fort. Das Tier trottete von ihr fort und sei folgte ihm den ganzen Weg, bis sie zu einer Höhle kamen.*

Und als sie in die Höhle ging, stand dort ein Mann und grüßte sie, Bera („Bärin"), die Tochter des Bauern. Sie sah, daß es Bjorn Hring-Sohn war und es war ein freudiges Zusammentreffen. Sie blieb ein Weile in der Höhle, denn sie wollte ihn nicht verlassen – nicht solange sie eine Wahl hatte. Es sagte, daß es nicht rechtens für sie sei, mit ihm zu leben, solange er tagsüber ein Tier war, auch wenn er des Nachts ein Mann war.

XXIX 1. a)   Hrolf Kraki und seine Berserker

Der Berserker Bodhvar konnte im Kampf in der Gestalt eines Bären erscheinen.

Da sahen Hjorvard und seine Männer einen großen Bären vor König Hrolfs Männer laufen, der immer so nah wie möglich beim König blieb. Er tötete mehr Männer mit seinen Tatzen als jegliche fünf der anderern Kämpfer des Königs. Hiebe und Geschosse glitten von ihm ab. Er jedoch schlug sowohl die Männer als auch die Rosse des Heeres des König Hjorvard nieder und zerriß sie mit seinen Zähnen, sodaß sich Panik in Hjorvards Heer ausbreitete.

XXIX 2.   Indogermanen

XXIX 2. a)   Kelten

Außer bei den Germanen findet sich dieses Motiv nur noch andeutungsweise bei den Kelten: „König Artus" bedeutet „König Bär".

Als sehr späte Form der germanischen und keltischen Mythe erscheint die Bärenverwandlung noch in Märchen wie „Schneeweißchen und Rosenrot", in dem ein Prinz von einem Zwerg in einen Bären verwandelt worden ist.

XXIX 3.   Zusammenfassung

Die Bärenverwandlung ist das zentrale Element der Kampf-Ekstase der Berserker. Diese innere Vorgang wird in den Sagas manchmal auch als äußere Verwandlung dargestellt.

XXX   Die Verwandlung in einen Löwen

XXX 1.   Germanen

Die Löwen-Verwandlung ist kein typisch germanisches Motiv, da es in dem Siedlungs-Gebiet der Germanen keine Löwen gegeben hat. Diese Tiere sind ihnen aber dennoch bekannt gewesen und wurden symbolisch den Bären gleichgesetzt (siehe „Löwen" in Band 43).

XXX 1. a)   Die Goldhörner von Gallehus

Der einzige bekannte Hinweis auf die Löwen-Verwandlung eines Menschen findet sich auf den Bildern des größeren der beiden Goldhörner von Gallehus, auf dem sich ein Mensch-Löwe-Mischwesen und ein Vogel-Löwe-Mischwesen findet:

*Mann-Löwe-Mischwesen,
größeres Goldhorn von Gallehus*

*Vogel-Löwe-Mischwesen,
größeres Goldhorn von Gallehus*

XXX 2.   Indogermanen

XXX 2. a)   Inder

Der vierte Avatar des Vishnu, also seine vierte Inkarnation hatte die Gestalt eines Mannes mit Löwenkopf. Er trug den Namen Narasimha.

Der Dämonenkönig Hiranyakasyapa hatte durch Meditationen eine spezielle Form der Unsterblichkeit erlangt: Er konnte weder durch einen Menschen noch durch ein Tier, weder bei Tage noch in der Nacht, weder innerhalb noch außerhalb eines

Gebäudes getötet werden.

Das ist das klassische „Rätsel" bzw. „Orakel" über den Tod des indogermanischen Sonnengott-Göttervaters, das auch von den Germanen und von den Kelten bekannt ist und eine ganze Reihe von „weder – noch"-Formulierungen enthält (siehe auch den Band 76 über die Rätsel). Der Sonnengott-Göttervater war (fast) allmächtig und konnte daher nicht getötet werden, aber da er als Sonnengott jeden Abend starb, mußte es eine Lücke in seiner Unsterblichkeit geben, weshalb er durch eine List getötet werden konnte – so wie nichts Baldur verletzen konnte außer dem Mittelpfeil.

Hiranyakasyapa wurde schließlich am Abend auf einer Türschwelle von Vishnu in seiner Löwe-Mann-Mischgestalt getötet.

XXX 2. b)   Griechen

Homerische Hymnen: an Dionysos

Semeles ruhmvollen Sohnes Dionysos will ich gedenken
wie er erschien am Strande der Salzflut inmitten der Brandung
auf hochragender Klippe: ganz gleich einem jüngeren Manne,
jugendlich-frisch, wie schön ihn umflossen in Fülle die Locken
bläulich-schwarz, einen purpurnen Umhang über die starken
Schultern geworfen. Da stürmten aus gutgezimmertem Schiffe
Räuber hervor, Tyrrhener, die rasch übers weinrote Meer her
kamen. Die führte ein schlimmes Schicksal. Als sie ihn sahen
nickten einander sie zu, sie sprangen, ergriffen ihn eilends,
setzten ihn auf ihr gemeinsames Schiff, das Herz voller Freude.
Für einen Sohn von zeusgenährten Königen hielten
sie ihn wohl und wollten ihn binden mit schmerzenden Fesseln.
Doch ihn hielt keine Fessel: die Ruten fielen weit ab von
Händen und Füßen. Er saß nur da und lächelte mit den
bläulich-schwarzen Augen. Dem Steuermann aber ging da ein
Licht auf; schon rief er die Gefährten zusammen und mahnte:
„Ihr Besessenen! Welchen Gott fesselt ihr? Welchen Starken
faßt ihr? Nicht einmal das festgefügte Schiff kann ihn tragen!
Zeus ist dieser wohl, oder mit silbernem Bogen Apollon
oder Poseidon, denn nicht ist er den sterblichen Menschen
gleich, den Göttern viel mehr, die olympische Häuser bewohnen.
Aber nun laßt uns sofort aufs schwärzliche Festland ihn bringen
unverzüglich! Packt ja ihn nicht an, damit er nicht zornig

widrige Winde zusammenballe und vielfache Stürme!"
So sprach er. Da schalt ihn mit häßlicher Rede der Schiffsherr:
„Du Besessener! Sieh den Fahrtwind! Setz schon die Segel!
Alle Taue gepackt! Um den kümmern sich dann die Männer!
Bald, hoffe ich, wird er nach Ägypten oder auch Zypern
oder nach Norden und weiter hinaus noch gelangen. Am Ende
wird er die Freunde und allen Besitz, seine Brüder verraten
denn den hat uns ein Göttergeschick in die Hände geliefert!"
Sprachs und zog den Mast empor und das Segel des Schiffes.
Wind fuhr hinein und blähte das Segel, man straffte die Taue
allseits. Bald schon erschienen ihnen doch seltsame Dinge:
Wein zuerst überströmte das schwarze Schiff, das geschwinde,
lieblich süß, wohlriechend, es quollen ambrosische Düfte;
all die Matrosen, sobald sie es sahen, erstarrten vor Staunen;
und gleich breitete sich vom Segel ganz oben ein Weinstock
hierhin und dorthin und überall aus; daran hingen in Fülle
Trauben, und um den Mastbaum kletterte schwärzlicher Efeu,
blühte in Blumen anmutig empor, Frucht schwellte darüber;
Kränze umrankten die Ruderpflöcke. Doch als sie dies sahen,
schrien auf dem Schiffe die Männer dem Steuermann zu: „An
Land, zurück!" Da wurde drinnen im Schiff er zum Löwen
schrecklich richtete er sich auf, laut grollte er, schuf dann
mitten im Schiff eine zottige Bärin: Er zeigt sich in Zeichen.
Sie war gierig gespannt; der Löwe jedoch über Deck hoch
blickte furchtbar zornig; ins Heck verscheucht drängten sie sich
um den besonnen Steuermann dort, der die Fassung bewahrte;
tief entsetzt waren sie. Da reckte sich plötzlich der Löwe
hoch empor, den Schiffsherrn griff er; sie sahens und ahnten
schon ihr Ende und sprangen hinab in die göttliche Salzflut,
in Delphine verwandelt. Dem Steuermann aber gab Gnade
und gab höchstes Entzücken der Gott mit folgenden Worten:
„Sei guten Mutes, göttlicher Vater: du bist mir willkommen!
Ich selbst bin's: Dionysos, Donnerer, bin, den die Mutter
Semele, Kadmos' Tochter, von Zeus hat in Liebe empfangen."

Gruß Dir, Kind Semeles mit schönen Augen! Nie könnt' ich
Deiner vergessend ein süßes Lied je reizvoll gestalten!

XXX 3.   andere Völker

XXX 3. a)   Ägypten

Die bekannteste Löwen-Verwandlung ist sicherlich die des Pharaos bei seiner Jenseitsreise in eine Sphinx – die daher u.a. vor seiner Pyramide dargestellt worden ist.
Es gab auch eine weibliche Sphinx, die auf die Löwengöttin Sachmet zurückgeht.
Ursprünglich ist die Sphinx ein Mischwesen aus dem Leib eines Löwen, dem Kopf
eines Mannes und den Flügeln eines Falken gewesen.

XXX 3. b)   Göbekli Tepe

In Göbekli Tepe ist ein steinerner Totempfahl gefunden worden, der ungefähr eine
halbe Tonne schwer ist und der einen Panthermann darstellt. Dieser Totempfahl ist
ungefähr um 10.000 v.Chr. hergestellt worden.

Das Hauptmotiv auf diesem Totempfahl ist ein aufrechter Mensch, der durch verschiedene kleinere Motive an seiner Vorderseite ergänzt worden ist.

Von der Hauptfigur des Totempfahls fehlt das Gesicht. Ihre Arme liegen wie bei den T-Pfeilern in den Tempeln von Göbekli Tepe an der Seite – allerdings sind die abgewinkelten Unterarme nach oben und nicht nach unten gerichtet. Der Grund für diesen Unterschied ist möglicherweise, das Platz für die Skulpturen darunter benötigt wurde – aber vielleicht gab es dafür auch einen inhaltlichen Grund. Die Geste erinnert an das Spenden eines Segens.

Unter den Händen der Hauptfigur ist eine zweite, kleinere Figur zu sehen, deren Kopf ebenfalls fehlt. Die Hände der Hauptfigur liegen neben dem Kopf der kleineren Figur – dies könnte möglicherweise eine Schutz- oder Segensgeste sein. Die Arme dieser mittleren Figur sind in der üblichen Weise angewinkelt.

Unter der kleinen, mittleren Figur ist eine dritte, noch kleinere Figur zu sehen, deren Kopf erhalten geblieben ist. Die Hände der mittleren Figur liegen über dem Kopf der unteren Figur und sind vermutlich eine Variante der „Segensgeste" der großen Figur.

Die untere Figur hält in den Händen ihrer nach unten ausgestreckten Arme eine Kugel, die man wohl als Kopf bzw. Totenschadel ansehen kann.

Dadurch ergibt sich eine bessere Deutungsmöglichkeit für die Arme der drei Figuren.

Die oberste Figur greift nach oben, die mittlere hält ihre Arme angewinkelt und die untere Figur greift nach unten. Die Wahrscheinlichkeit ist daher groß, das hier ein Verbinden von Oben und Unten dargestellt wird, ein Verbinden von Diesseits und Jenseits – der Totempfahl stellt also im wörtlichen Sinne „Religion", „d.h. „Wieder-anbindung" dar.

Zusätzlich zu dieser Symbolik werden die „Hände am Kopf"-Gesten der drei Menschen aber wohl auch die Verbindung zwischen ihnen darstellen, durch die der Segen von dem Schädel bis zu der großen Gestalt fließt.

Der Schädel in den Händen der untersten Figur wird der Schädel eines wichtigen Ahnen sein, der vermutlich über die Reihe seiner Nachkommen (untere und mittlere Figur) seinen Segen und seine Kraft der oberen Figur sendet, damit diese sie den Menschen im Tempel gibt.

Die obere, große Gestalt ist somit ein Überbringer des Segens an die lebenden Menschen in dem Tempel.

Diese Deutung wird dadurch bestätigt, das sich links und rechts von diesem Totempfahl je eine aufsteigende Schlange befindet, die aufgrund ihrer Bewegungsrichtung den Weg aus dem Jenseits ins Diesseits darstellt.

Ciğdem Koksal-Schmidt und Klaus Schmidt haben in ihrer Beschreibung des Totempfahles darauf hingewiesen, das der obere Kopf die Ohren und die Augenpartie eines Panthers hat. Es könnte sich auch um einen Bären handeln, der aber ansonsten bisher in Göbekli Tepe noch nicht als Darstellungen gefunden worden ist.

Diese Panther-Mann-Mischgestalt wird sehr wahrscheinlich wie der altsteinzeitliche „Löwenmensch" aus der Hohlestein-Höhle in der Schwäbischen Alp und die Panthertanzer aus dem Tempel von Catal Höyuk ein Schamane sein, da sich das Pantherfell und das Löwenfell auch noch in den schriftlich überlieferten Religionen das Kennzeichen der Bestattungspriester, Trancepriester und Jenseitsreisenden ist.

Da die Pantherkraft das zu sein scheint, was die Jäger von Göbekli Tepe als „magisches Geschenk" von ihren Ahnen im Jenseits erhofften, stellt der Panthermann die erfolgreiche „Kraftübertragung" vom Jenseits in das Diesseits dar.

Der Pantherkopf oben auf dem Totempfahl entspricht auch den Panthern auf dem Gesicht einer T-Pfeiler in den Tempeln von Göbekli Tepe (siehe dazu auch mein Buch „Göbekli Tepe").

XXX 3. c)   Altsteinzeit

„Löwenmann"

Aus der Altsteinzeit ist ein Panther-Mann bekannt, der jedoch im allgemeinen als „Löwenmann" bezeichnet wird – obwohl er keine Löwenmähne hat.

Dieser „Löwenmann" wurde in der Hohenstein-Höhle gefunden und wurde ca. 37.000 v.Chr. hergestellt.

XXX 4.   Zusammenfassung

Die beiden Darstellungen eines Löwen mit Menschenkopf bzw. mit Vogelkopf (Kopf eines Seelenvogels) bei den Germanen werden vermulich mit der Berserker-Symbolik, also mit der Bären-Verwandlung eines Mannes übereinstimmen.

Die Bären-Verwandlung und die Löwen-Verwandlung gehen beide auf die Panther-Verwandlung zurück, durch die die Jäger der späten Altsteinzeit und der frühen Jungsteinzeit erreichen wollten, daß sie genauso erfolgreich wie die Panther jagen konnten.

XXXI Die Verwandlung in einen Wolf

XXXI 1. Germanen

Die Krieger wurden bei den Germanen und auch allgemein bei den Indogermanen als „Wölfe" angesehen, die das „Rudel" beschützen. Dieses Motiv wird in dem Kapitel „Ulfhedinn" („Wolfshaut-Leute") in Band 62 sowie in dem Band 43 in dem Kapitel über die Wölfe beschrieben.

Die archaischste Darstellung dieses Motivs ist die konkrete Verwandlung eines Kriegers in einen Wolf.

XXXI 1. a) Völsungen-Saga

Nach der Niederlage der Völsungen erscheint bei deren langsamer Hinrichtung die Mutter des Königs, der die Völsungen besiegt hat, in der Gestalt einer Wölfin, um die Gefangenen zu töten. Dies ist die einzige Erwähnung einer weiblichen Wölfin.

Da die Völsungen sozusagen der „Stamm des Tyr" waren, sind deren Feinde der „Stamm des Loki": die Hundinge. Daher könnte die Wolfs-Königin in der Völsungen-Saga aus der Verbidnung der Hel mit ihrem Bruder Fenrir entstaden sein – sie entspräche dann der Hyndla („Hündchen"), deren Name ein Beiname der Hel ist.

Als Signy sah, daß ihr Vater getötet und ihre Brüder ergriffen und dem Tod bestimmt waren, bat sie König Siggeir zur Seite um mit ihm zu sprechen und sagte: „Dies will ich von Dir erbitten, daß Du meine Brüder nicht eilig töten läßt, sondern sie für eine Zeitlang in den Fußblock legst, denn ich erinnere mich an das Sprichwort, das sagt 'Süß dem Auge, solange es gesehen wird'. Aber ich werde nicht um längeres Leben für sie bitten, denn ich weiß, daß diese Bitte mir nichts nutzen wird. "

Der Fußblock ist eine Form des Prangers und besteht aus zwei Balken mit Einkerbungen, in denen die Fesseln der Beine eingesperrt werden, sodaß der Betreffende nicht mehr laufen kann. Von dieser Form des „Fuß-Prangers" gab es verschiedene Varianten wie z.B. den im Folgenden beschrieben „Gemeinschafts-Balken".

Da antwortete Siggeir: „Du muß verrückt sein und den Verstand verloren haben, daß Du so um mehr Schande für Deine Brüder als nur die ihrer jetzigen Niederlage bittest. Aber dennoch will ich Dir dies gewähren, denn es gefällt mir um so besser, je mehr sie ertragen müssen und je länger ihre Pein dauert, ehe der Tod zu ihnen kommt."

Nun ordnete er es an, wie sie es gewünscht hatte und es wurde ein mächtiger Balken gebracht und an einem bestimmten Ort im Wild-Wald auf die Füße der Brüder gelegt. Dort saßen sie bis in die Nacht, aber um Mitternacht kam, als sie dort am Pranger saßen, eine Wölfin aus dem Wald. Sie war alt und sowohl groß als auch von bösartigem Aussehen und das erste, was sie tat, war, einen der Brüder so lange zu beißen, bis er starb und dann fraß sie ihn auf und ging ihres Weges.

Am nächsten Morgen aber sandte Signy einen Mann zu den Brüdern, den, dem sie am meisten vertraute, weil sie wissen wollte, wie es ihnen ergangen war. Und als er zurückkehrte, erzählte er ihr, daß einer von ihnen tot war und es schien ihr ein großes Leid zu sein, wenn sie alle auf diese Weise sterben sollten und doch wußte sie nicht, was sie für sie tun könnte.

Die Geschichte hierüber ist schnell erzählt: Neun Nächte hintereinander kam um Mitternacht die Wölfin und in jeder Nacht tötete sie einen der Brüder bis sie alle tot waren außer Sigmund allein.

Da sandte Signy, bevor die zehnte Nacht kam, jenen vertrauenswürdigen Mann zu ihrem Bruder Sigmund und gab ihm Honig in die Hand und bat ihn, den Honig auf Sigmunds Gesicht zu streichen und ein bißchen davon in seinen Mund zu geben. Da ging er zu Sigmund und tat wie ihm geheißen ward und kam dann wieder zurück.

In der nächsten Nacht kam die Wölfin von ihrem Verlangen getrieben und wollte ihn töten und verschlingen so wie sie es mit seinen Brüdern getan hatte. Aber da roch sie den Duft, der von ihm ausging, weil er mit Honig bestrichen worden war. Sie leckte mit ihrer Zunge über sein ganzes Gesicht und steckte ihm dann ihre Zunge in seinen Mund.

Davor hatte er keine Furcht, sonder fing die Zunge der Wölfin zwischen seinen Zähnen und wie sehr sie daraufhin auch zurückzuckte und wie mächtig sie sich auch von ihm zurückzog und ihre Füße gegen den Fußblock stemmte, sodaß alles zu reißen begann – er aber hielt ihre Zunge so fest, daß sie an ihrer Wurzel abriß und das war ihr Tod.

Einige Leute aber sagen, daß diese Wölfin die Mutter des Königs Siggeir gewesen ist, die sich selber mithilfe von Trollkünsten und Hexerei in die Gestalt einer Wölfin verwandelt hatte.

<u>XXXI 1. b)</u> <u>Völsungen-Saga</u>

Durch die eben geschilderte List gelang es Sigmund zu entkommen. Jahre später lernen er und sein Sohn Sinfiötli, sich in Wölfe zu verwandeln:

Die Geschichte erzählt, daß Sigmund den Sinfiötli noch für zu jung hielt, um ihm bei seiner Rache zu helfen. Daher wollte er ihn zunächst mit männlichen Taten härten. Daher zogen sie im Sommer durch die Wälder und töten Männer ihres Reichtums wegen.

Diese „unmoralische Lebensweise" war für einen Wikinger nichts Besonderes, da sie zu einem guten Teil von den Raubüberfällen auf ihren Reisen mit ihren Drachenbooten lebten.

Sigmund schien, daß er sehr nach der Art der Völsungen schlug, obwohl er dachte, daß er Siggeirs Sohn sei, und ihm schien, daß er das böse Herz seines Vaters zusammen mit der Kraft und dem Wagemut der Völsungen habe, denn nur allzuoft brachte er Sigmund die Übeltaten in Erinnerung, die Sigmund zugefügt worden waren und stachelte ihn an, König Siggeir zu töten.
Als sie so eines Tages durch den Wald zogen, um Beute zu machen, fanden sie ein bestimmtes Haus und zwei Männer mit Goldringen, die in ihm schliefen. Diese beiden waren durch Zauberbanne gebundene Gestaltwandler und Wolfsfelle hingen über ihnen in dem Haus und jeden zehnten Tag konnten sie aus diesen Fellen herauskommen und sie waren Königssöhne. Da legten Sigmund und Sinfiötli sich die Wolfsfelle an, sodaß sie auf keine Weise mehr aus ihnen herauskommen konnten, obwohl dennoch ihr voriges Wesen in ihnen erhalten blieb: Sie heulten wie Wölfe, aber sie konnten beide das Heulen der Wölfe verstehen. Sie liefen hinaus in den Wild-Wald und jeder ging seines Weges und sie verabredeten miteinander, daß sie den Angriff auf sieben Männer wagen würden, aber nicht mehr, und daß der von ihnen, der zuerst mehr Männer angriff, zuerst in der Wolfsweise heulen sollte: „Laß' uns davon nicht abweichen," sprach Sigmund, „denn Du bist jung und zu kühn und den Männern wirst Du eine gute Beute erscheinen, wenn sie Dich ergreifen."
So ging jeder seines Weges und als sie getrennt waren, stieß Sigmund auf gewisse Männer und ließ ein Wolfsheulen ertönen und als Sinfiötli dieses hörte, lief er geradewegs hinzu und tötete sie alle und dann trennten sie sich wieder.
Aber ehe Sinfiötli noch lange durch den Wald gestriffen war, traf er elf Männer und er ging mit ihnen solcherweise um, daß er sie alle tötete. Davon war er erschöpft und kroch unter eine Eiche und ruhte sich dort aus. Da kam Sigmund hinzu und sagte: „Warum hast Du mich nicht gerufen?"
Sinfiötli sprach: „Ich hatte es leid, wegen dem Töten von elf Männer um Deine Hilfe zu rufen."

XXXI 1. c)   Gisli-Saga

Aus den Sagas ist das Motiv gut bekannt, das Krieger in Träumen als Wölfe erscheinen.

„Ich träumte,“ sagte Gisli, „daß Männer zu uns kamen und daß Eyolf bei ihnen war und viele andere mit ihm und daß wir uns trafen und ich wußte, daß es fröhliche Arbeit zwischen uns geben würde. Einer von ihrer Schar griff zuerst an, grinsend und mit weit aufgerissenem Maul, und ich schlug ihn in der Mitte durch – und mit schien, daß er auch einen Wolfskopf hatte. “

XXXI 1. d)   Odins Rabenzauber

Die Sieggötter sehen
Nauma trauern
in der Wohnung des Wolfes:
sie geben ihr ein Wolfsfell.

Damit bekleidet sie sich:
verändert ist ihre Stimmung,
sie erfreut sich der List,
sie verwandelt ihre Gestalt.

„Nauma“ ist ein germanischer Frauenname und auch der Name eines Flusses und einer Insel. Diese Namen leiten sich von dem germanischen Wort „naumae“ ab, das „Geizige“, „Leiche“, „abquälen, zusammensinken, stoßen, rücken, nicken, winken“ sowie „Enge, Schmalstelle“ bedeutet. Der Ursprung dieser Worte ist das indogermanische „neu“ für „nicken“.

Der Fluß und die Insel lassen einen Zusammenhang mit dem Motiv der Unterwelt als einer Insel jenseits des tiefen Wassers vermuten. Auch die Bedeutung „Leiche“ würde dazu passen. Das „Zusammensinken“ wäre eine Beschreibung der Idun, die am Weltenbaum niedersinkt. Die „enge Stelle“ und das „Stoßen“ erinnern wiederum an den „Hnitbjerg“ („Stoßfels“), in dem Gunnlöd den Met bewacht und der seinen Namen von dem sich magisch verschließenden (bzw. durch Magie verschlossenen) „engen“ Eingang in die Grabkammer in seinem Inneren erhalten hat.

Nauma scheint demnach eine Jenseitsgöttin in der Grabkammer-Höhle eines Hügelgrabes zu sein. Da bisher in den beiden vorigen Strophen von Idun die Rede war, kann man davon ausgehen, daß „Nauma“ ein Beiname der Idun als Unterweltsgöttin auf der anderen Seite des Flusses, auf einer Insel oder in einem Hügelgrab ist. Dieser Fluß ist offensichtlich mit dem Gjallar identisch. Die Insel ist vermutlich dasselbe wie Utgard jenseits des Weltmeeres. Die Grabkammer in dem Hügelgrab entspricht schließlich der Halle der Hel – was Idun auch mit der Göttin Hel verbindet, wobei Hel die Angst vor dem Jenseits verkörpert und Idun die Hoffnung auf ein Weiterleben nach dem Tod.

Die „*Wohnung des Wolfes*" ist die Unterwelt. Nauma trauert um den toten Baldur in der Unterwelt – oder wegen ihrer Vorahnung seines Todes. Nauma wird daher auch Baldurs Frau Nanna sein. Anscheinend wurden in diesem Lied entweder alle Göttinnen, die mit dem Jenseits verbunden waren, einander gleichgesetzt, oder der Skalde erinnerte sich noch daran, daß diese verschiedenen Göttinnen Aspekte einer früheren, umfassenderen Göttin waren.

Das „*Heim des Wolfes*" könnte die (Jenseits-) „Amswartnir" sein, auf der der Fenris-Wolf von den Asen gefangengehalten wurde. Auch Wieland (Tyr in der Unterwelt) lebte mit seinen beiden Brüdern Egil und Slagfid im „Wolfstal" am „Wolfssee". Da der Wolf sowohl als Jenseitsführer als auch als Jenseitswächter mit der Unterwelt verbunden ist, ist die Deutung des „Heimes des Wolfes" als das Jenseits recht sicher – zumal auch die vorigen Bilder eine Reise der Idun in die Unterwelt beschreiben.

Das „*Wolfsfell*", das die Asen der Idun geben, wird ebenfalls ihre Reise in die Unterwelt bzw. ihren Aufenthalt in der Unterwelt, in die auch Baldur bald gelangen wird, ausdrücken.

Das Wolfsfell gibt Nauma-Idun-Nanna offenbar wieder Hoffnung. Diese Szene gibt eigentlich nur dann einen Sinn, wenn man hier von der Funktion des Wolfes als Helfer auf dem Weg ins Jenseits ausgeht und das Motiv als Anspielung auf die spätere Rückkehr aus dem Jenseits auffaßt. Zunächst einmal wird hier Nauma-Idun-Nanna durch das Wolfsfell selber zu einer Wölfin und freut sich über diese „*List*", d.h. über diese Magie, durch deren Hilfe sie über den Jenseitsfluß reisen kann.

Diese Verwandlung erinnert an die Verwandlungen der Walküren, die wie Nauma-Idun-Nanna eng mit den Nornen verbunden waren, in Schwäne.

Diese Deutung dieser Szene setzt voraus, daß auch die Asen selber die Zukunft vorhersehen und Nauma-Idun-Nanna dadurch beruhigen, daß sie bei ihrem Mann Baldur bleiben wird, auch wenn er ins Jenseits gehen sollte.

Mit einem Wolfsfell bekleidet sind ansonsten die Ulfhedinn-Ekstasekrieger – eine Anspielung auf sie ergibt hier aber nicht viel Sinn.

Kenning-freie Übersetzung der Strophe: „*Die Asen sehen Idun-Nauma-Nanna in der Unterwelt trauern und geben ihr ein Wolfsfell, mit dem sie sich bekleidet. Sie freut sich über die Verwandlung.*"

XXXI 1. e) Fenrir, Geri und Freki

Es gibt noch zwei weitere Wolfs-Verwandlungen, über die jedoch nicht direkt berichtet wird.

Tyr als Kriegsgott ist einst auch der Gott der Ulfhedinn, d.h. der Wolfskrieger gewesen. Als Wolfskrieger, Kriegsgott und Göttervater ist er natürlich der „Große Wolf" gewesen – der nach Tyrs Absetzung durch Thor und Odin möglichst gründlich umgedeutet worden ist: Fenrir.

Die beiden Schimmel vor dem Sonnen-Streitwagen des Tyr, in dem er Tags über den Himmel fährt, sind seine beiden Söhne, die „Alcis" genannt worden sind. Als Krieger sind sie zwei Wölfe gewesen, die nach 500 n.Chr. zu Odins Wölfen Geri und Freki umgedeutet wurden.

XXXI 2. Indogermanen

Die Verwandlung in Wölfe ist von den Germanen, Kelten, Slawen, Römern, Hethiter und Griechen bekannt.

XXXI 2. a) Kelten

Taliesin

Zuerst war ich ein normaler Mensch,
dann litt ich am Hofe der Cerridwen;
Obwohl ich nur wenig geachtet wurde, ließ man mich dort wirken.
Ich war wichtig an dem Ort, zu dem man mich führte;
Ich war die hochgeschätzte Verteidigung des Werkes,
Und von dem Verbot des Sprechens wurde ich
durch eine lächelnde schwarze alte Hexe befreit,
die voller furchtbarer Wut das verfolgte, was sie als das ihre ansah:

Ich floh voller Kraft, ich floh als Frosch,
Ich floh in der Gestalt einer Krähe, die kaum Ruhe findet,

Ich floh mit aller Macht, ich floh in der Gestalt einer Kette,
Ich floh als Reh in ein verwuchertes Gestrüpp,
Ich floh als Wolfwelpe, ich floh als Wolf in die Wildnis,
Ich floh in der Gestalt einer unheilverkündenden Drossel,
Ich floh als Fuchs, der Revierkämpfe gewohnt ist,
Ich floh als Schwalbe, was mir aber nichts nützte,
Ich floh als Eichhörnchen, das sich vergeblich versteckte,
Ich floh als Hirsch mit großem Geweih – doch vergeblich,
Ich floh als Eisen in einem glühenden Feuer,
Ich floh als Speerspitze, die denen Leid brachte, die das wünschten,
Ich floh als wütender Stier, der bitter kämpfte,
Ich floh als borstiges Wildschwein, das in einer Senke gesehen wurde,
Ich floh als weißes Weizenkorn,
das sich am Rand eines Lakens aus Hanf verfangen hatte,
das die Größe des Felles des Fohlens einer Stute hatte,
das wie ein Schiff auf dem Wasser dahintrieb;
Ich wurde in den dunklen Ledersack geworfen,
und auf eine Reise über die grenzenlose See gesandt;
Das war für mich ein Omen der zärtlichen Fürsorge,
Und schließlich gab mir der Herrgott meine Freiheit wieder zurück."

Mabinogion

Auch im Mabinogion wird über eine Wolfs-Verwandlung berichtet – in der 6. Geschichte des vierten Zweiges, die den Titel „Math, Sohn des Mathowny" trägt:

Mathonwy, der König von Gwynedd (Nordwales) *hatte einen Sohn mit Namen Math* („Bär"). *Math hat zwei Neffen, Gwydion* („Barde mit lauter Stimme") *und Gilfaethwy, sowie eine Nichte, Arianrhod* („Silberscheibe" = „Mond"). *König Math konnte nur leben, wenn seine Füße die Scham einer Jungfrau berührten. Lediglich wenn er in den Krieg zog, konnte er mit seinen Füßen wie andere Menschen die Erde berühren ohne daß er starb. Seine „Fußhalterin" war die Jungfrau Goewin.*
Als sich Maths Neffe Gilfaethwy jedoch in Maths Fußhalterin Goewin verliebte, begann Gwydion, um seinem Bruder zu helfen, den im 3. Zweig beschriebenen Krieg mit Pryderi. Um seinen Neffen zu helfen, verließ Math seine Fußhalterin und zog mit ihnen in den Krieg gegen Pryderi, den König von Wales.
Gilfaethwy vergewaltigte Goewin während der Abwesenheit des Königs, als diese sich weigert, ihn zum Liebhaber zu nehmen. Dadurch konnte sie nicht mehr Fußhalterin des Königs Math sein. Zur Entschädigung für die Vergewaltigung bot

Math Goewin an, sie zu heiraten, worin sie auch einwilligte.

Seine beiden Neffen verwandelte König Math zur Strafe für ihre Taten für je ein Jahr nacheinander in einen Hirsch und eine Hindin, einen Eber und eine Sau sowie in einen Wolf und eine Wölfin. In jedem dieser Jahre zeugte das Brüder-Tierpaar ein Kind, das Math ihnen jedesmal abnahm und in ein Menschenkind verwandelte. Nach dem Ende der drei Jahre gab Math seinen Neffen ihre menschliche Gestalt wieder zurück, die sie aber nur unter der Bedingung behalten dürfen, daß sie Math eine neue Jungfrau als „Fußhalterin" suchen.

Cú Chulainn

In den keltischen Sagen gibt es viele Berichte über Männer und auch Frauen, die sich in Wölfe verwandeln konnten und dann große Kämpfer waren. Der bekannteste keltische Wolfs-Ekstasekämpfer ist sicherlich Cú Chulainn, der Sohn des Sonnengottes Lugh (Cú = Hund; Chulainn/Culan = junges, stattliches Tier; „stattlicher, junger Hund").

XXXI 2. b) Römer

Bei den Römern konnten anscheinend einst auch die beiden Alcis-Zwillinge, die beiden Pferde-Söhne des Sonnengott-Göttervaters, die Gestalt von Wölfen annehmen, d.h. zu Kriegern werden: Die beiden Wölfe Geri und Freki des Odin entsprechen Romulus und Remus, den beiden Gründern von Rom, die von einer Wölfin gesäugt worden sind.

Ovid berichtet über Männer in den Wäldern von Arkadien (Zentral-Südgriechenland) die sich in Wölfe verwandelten.

Auch Virgil berichtet über Männer, die sich in Wölfe verwandeln konnten.

Plinius der Ältere berichtet über zwei Fälle von Wolfs-Verwandlungen, über die er bei anderen Schrifstellern gelesen hatte:
Euanthes hatte einst einen Mann gesehen, der in Arkadien seine Kleider an eine Esche gehangen hat und dann über einen See geschwommen ist und sich dabei in einem Wolf verwandelt hat. Er durfte zu den Menschen zurückkehren, wenn er versprach, neun Jahre lang keinen Menschen anzugreifen.
Plinius zitiert auch Agriopas, der darüber berichtet hat, daß sich ein Mann in einen

Wolf verwandelt hat, nachdem er von den Eingeweiden eines Kindes gegessen hatte. Zehn Jahre später erhielt er seine menschliche Gestalt zurück.

Gaius Petronius Arbiter erzählt in dem Schauspiel „Satyricon" über einen Freund, der sich bei einem Festessen in einen Wolf verwandelt hat: Er entkleidete sich am Straßenrand, pinkelte einmal rings um seine Kleider, verwandelte sich in einen Wolf und verschwand dann im Wald.

XXXI 2. c) Slawen

In den Mythen der Serben ist der Werwolf („Mannwolf") gut bekannt. Dies sind bei ihnen Tote, die die Gestalt eines Wolfes annehmen können, also vermutlich verstorbene Wolfskrieger.

XXXI 2. d) Hethiter

In den Ritualen und religiösen Umzügen der Hethiter treten des öfteren Wolfsmaskenträger und Hundemaskenträger auf.
Es gab bei den Hethitern die Redewendungen, „die Sippe soll eins sein wie ein Wolfsrudel".

XXXI 2. e) Skythen

Herodot berichtet über die Neuri, die im Nordosten des Landes der Skythen leben, daß sie sich einmal im Jahr für mehrere Tage in Wölfe verwandeln und dann wieder ihre ursprüngliche menschliche Gestalt annehmen.

XXXI 2. f) Griechen

Lycaon

Die Griechen haben nicht nur mehrfach darüber berichtet, daß sich die Skythen in Wölfe verwandeln konnten und dann furchtbare Krieger wurden, sondern kannten auch selber die Verwandlung in einen Wolf: Zeus bestrafte den Lycaon damit, daß er ihm die Gestalt eines Wolfes gab, weil er Menschenfleisch gegessen hatte.

Homer

Bei Homer ist aus der Wolfs-Verwandlung schon ein Saga-Motiv geworden:

Illias 10, 328:
Jener sprach's; doch Hektor erhob den Szepter, und schwur ihm:
„Höre den Schwur Zeus selber, der donnernde Gatte der Hera!
Nie soll jenes Gespann ein anderer der Troer lenken ;
Sondern Dir verheiß' ich daherzuprangen beständig!"
Also der Held, und beschwor Meineid, und reizte jenen.
Eilend hängt' er darauf das krumme Geschoß um die Schulter,
Hüllete dann sich umher ein graugezotteltes Wolfsfell,
Fügte den Otterhelm auf das Haupt, und faßte den Wurfspieß,
Eilete dann zu den Schiffen der Danaer."

Dolon

Der Trojaner Solon spionierte mit einem Wolfsfell verkleidet die Schiffe der Griechen aus, die Troja belagerten. Möglicherweise geht dies Motiv auf Wolfskrieger bei den Hethitern zurück, auf die ja auch die Wolfsmaskenträger bei den religiösen Prozessionen der Hethiter hinweisen.

Um ca. 460 v.Chr. ist auf einem Vasenbild Dolon mit einem Wolfsfell abgebildet worden:

Dolon als Wolf

XXXI 2. g) indogermanische Wolfsgötter

Manchmal entstand aus diesen Wolfskriegern auch ein Wolfskrieger-Urbild, also meistens ein Wolfsgott. Dazu zählen neben dem keltischen Cú Chulainn auch der römische Faunus, der auch als Wolfsgott angesehen wurde, der slawische geflügelte Hund Simargl und der baltische Werwolf mit dem Namen „Vilkacis" („Wolfsauge").

XXXI 3.   andere Völker

XXXI 3. a) Kanada

In den Mythen des Indianerstammes der Tsawataineuk an der kanadischen West-küste sind die Urahnen dieses Stammes Wölfe gewesen, die aus den Bergen an die Küste gekommen sind.

XXXI 4.   Zusammenfassung

Da die Krieger bei den Germanen als Wölfen aufgefaßt wurden, trugen sie manchmal ein Wolfsfell, woraus sich das Motiv der Wolfs-Verwandlung entwickelte.

Die Verwandlung einer Frau in einen Wolf oder der Assoziation einer Frau mit einem Wolf ist nur ein einziges mal bekannt und wird wohl auf die Vorstellungen über die Göttin Hel zurückgehen, deren Bruder der Fenris-Wolf ist, auf dem sie häufig reitet. Die „Wolfs-Königin", die den Söhnen des Königs Völsung den Tod bringt, wird daher eine Sagen-Variante der Hel-Hyndla sein.

Siehe zu diesem Thema auch die umfassendere Darstellung in dem Band 43 über die Wölfe sowie das Kapitel über die Ulfhedinn (Wolfs-Krieger) in Band 62.

XXXII   Die Verwandlung in einen Hund

XXXII 1.   Germanen

Der Hund teilt weitestgehend die Symbolik des Wolfes, von dem er abstammt: er ist Wächter und Krieger.

XXXII 1. a)   Die Wülfinge und die Hundinge

Die Wülfinge („Wolfs-Leute") sind weitgehend mit den Völsungen identisch. Da die Helden der Völsungen-Saga wie Völsung, Sigmund und Sigurd Drachentöter Saga-Varianten des Tyr sind, erscheint in dieser Saga auch eine Sippe, die die Feinde der Wülfinge/Völsungen sind: die Hundinge („Hunds-Leute").

Die Wülfinge sind die Sippe des Sommergottes Tyr: die Wölfe – vermutlich einst von Tyr als Fenris-Wolf angeführt.

Die Hundinge sind die Sippe des Wintergottes Loki: die Hunde – möglicherweise geht der Hel-Wächter („Höllenhund") Garm auf Loki zurück.

XXXII 1. b)   Die Saga über Bosi und Herraud

König Harek ist für seine Tierverwandlungen bekannt. Er hat sich u.a. auch zweimal in einem Kampf in einen Drachen verwandelt. Offenbar sind im Zusammenhang mit diesem König die bekannteren Tier-Verwandlungen der Bären-Verwandlung der Berserker und der Wolf-Verwandlung der Ulfhedinn angeglichen worden.

Da kam König Harek hinzu und verwandelte sich in einen Keiler. Er faßte Herraud mit seinen Zähnen und riß seine Brünne herunter, stieß seine Zähne in seine Brust und riß beide Brustwarzen von seinen Knochen. Herraud hieb auf die Schnauze des Keilers und schlug sie unterhalb der Augen ab. Da war Herraud so erschöpft, daß er auf seinen Rücken stürzte und der Keiler auf ihm herumtrample, da er unfähig war, ihn zu beißen, da ihm seine Schnauze abgeschlagen worden war.

Da kam ein großer gefräßiger Hund auf das Schiff. Er riß ein Loch in den Lendenbereich des Keilers, zerrte seine Eingeweide heraus und sprang über Bord. Da nahm Harek wieder seine menschliche Gestalt an und sprang ihm hinterher und beide sanken auf den Grund und keine von ihnen kam wieder empor.

Die Leute glaubten, daß dies (der Hund) *die Zauberin Busla gewesen sein müsse, da sie danach nie wieder gesehen wurde.*

XXXII 1. c) Die Saga über Sturlaug den Mühen-Beladenen

In dieser Saga verwandeln sich gleich zwei Krieger erst in Hunde und dann in Adler. Diese „Kampf-Verwandlungen" treten mit Vorlieben in solchen Sagas auf, in denen auch die Kämpfe selber sehr drastisch und dramatisch geschildert werden … Diese Verwandlungen sind dort offensichtlich ein Element, das zur Steigerung der Spannung verwendet wird.

Franmars anderer Gefährte war ein gewisser Finn, der gegen Svipud kämpfen sollte. Sie trafen aufeinander und kämpften hart und schnell, rascher als das Auge sehen kann, aber keinem gelang es, den anderen zu verwunden.

Als die Zuschauer wieder dorthin blickten, waren Finn und Svipud verschwunden und an ihrer Stelle waren zwei Hunde erschienen, die einer wütend bissen.

Und als man es am wenigsten erwartete, waren die Hunde verschwunden, aber man konnte oben in der Luft einen Lärm hören. Und als die Zuschauer aufblickten, sahen sie zwei Adler am Himmel fliegen ud jeder der beiden riß mit Klauen und Schnabel an dem Gefieder des anderen, sodaß zur Erde herabregente.

Dies endete damit, daß einer der beiden zur Erde niederstürzte, während der andere fortflog, aber niemand wußte, welcher Adler das war.

XXXII 1. d)   Saga über Hrolf Kraki und seine Berserker

In dieser Saga erscheint ein Hunde-Mann, der wohl wie die Ulfhedinn ein Krieger ist.

Kurze Zeit später begannen ihre Wehen und sie gebar einen Jungen, aber einen recht seltsamen. Er war oberhalb seines Nabels menschlich, aber unterhalb ein Hirsch. Er wurde Elch-Frodi genannt.

Dann kam ein zweiter Junge heraus und er wurde Thorir genannt. Er hatte vom Schritt ab hinab Hundebeine, sodaß er Thorir Hundefuß genannt wurde. Doch abgesehen davon war er ein hübscher Junge.

Er dritter Junge kam und er versprach der stattlichste von ihnen zu werden, Er wurde Bodhvar genannt und an ihm war nichts Merkwürdiges.

XXXII 1. e) Chronicon Lethense

In dieser Geschichte über Lejre, der ehemaligen Hauptstadt der dänischen Insel Seeland, erscheint ein Hund als König.

Da sandte König Hakon von Schweden den Dänen einen kleinen Hund als König – mit der Warnung, daß der, der als erster sagen würde, daß der Hund tot ist, sein Leben verlieren würde. Eines Tages saß das Hündchen an der Tafel und die großen Hunde balgten sich auf dem Fußboden. Als das Hündchen von der Tafel herabsprang, bissen die großen Hunde es zu Tode. Und niemand wagte es, König Hakon davon zu erzählen.
Da befahl der Riese Lee von der Lee-Insel seinem Hirten Snio („Schnee"), sich das Königreich von Hakon zu holen. Als Snio zu König Hakon kam, frug ihn dieser nach den Neuigkeiten.

Diese Geschichte ist schon recht weit von der ursprünglichen Mythe entfernt und schon fast zu einer Märchen-Fabel geworden.
Vermutlich ist „Hund" ursprünglich eine Umschreibung für „Krieger-König" gewesen. Vermutlich ist er der „Hund" Loki.
Der Riese Lee ist der Meeres-Riese Hler, der der ehemalige Göttervater Tyr als Riese in der Wasserunterwelt bzw. auf der Jenseitsinsel Hlesö („Hler-Insel") ist – er ist der „Wolf", der in dieser Geschichte zu den „großen Hunden" geworden ist.

XXXII 1. f) Die Saga über Hervor und König Heidrek den Weisen

In dieser Saga gibt eine Königin vor, daß sich ihr Sohn in einen Hund verwandelt hat. Diese Behauptung ist nur dann denkbar, wenn es prinzipiell eine solche Vorstellung gegeben hat – eben die Krieger als Wölfe bzw. Hunde.
Da König Heidrek eine Saga-Variante des Tyr ist, wird diese Wolfsverwandlung, die zudem bei seinem Sohn stattgefunden haben soll, von der Verwandlung des Tyr-Heidrek in den „Großen Wolf" Fenrir abgeleitet worden sein.

Eine Sommers, als König Heidrek auf Raubzug war, kam er ins Sachsenland zu dem

Königreich seines Schwiegervaters. Er fuhr mit seinen Schiffen in einen verborgenes Flüßchen und ging mit einem Mann an Land und kam zu den königlichen Hallen. Dort gingen sie zu dem Gebäude, in dem die Königin normalerweise schlief; und die Wächter bemerkten ihre Ankunft nicht.

Er ging in den Raum und sah, daß neben ihr ein Mann schlief und daß er an seinem Kopf blondes Haar hatte. Der Mann, der mit dem König gegangen war, sagte, daß er schon aus geringeren Gründen Rache genommen hätte.

Der König sprach: „Aber ich werde das nun nicht tun.“

Der König nahm den Jungen Angantyr, der in dem nächsten Bett lag und schnitt eine große Locke aus den Haaren des Mannes, der in den Armen seiner Frau lag und nahm dann beides mit, die Haare und den Jungen. Er ging zu seinen Schiffen.

Am Morgen kam der König zu dem Hafen und alle Leute kamen, um ihn zu begrüßen und es wurde ein großes Fest vorbereitet. Heidrek ließ eine Versammlung einberufen. Da wurde ihm die traurige Mitteilung gemacht, daß sein Sohn Angantyr plötzlich gestorben sei.

Heidrek sprach: „Zeigt mir seinen Leib.“

Die Königin sagte, daß dies nur seinen Schmerz vergrößern würde. Trotzdem ließ er sich zu dem Ort führen. Dort lag ein Tuch, das zusammengefaltet worden war und in ihm ein Hund.

König Heidrek sprach: „Da ist aber eine üble Veränderung über meinen Sohn gekommen, wenn er sich nun in einen Hund verwandelt hat ...“

Danach ließ der König den Jungen zu der Versammlung bringen und sagte, daß er Beweise für einen großen Verrat durch die Königin habe und alles berichteten wolle, was geschehen war und befahl, daß alle Männer, denen es möglich war, zu dem Rat kommen sollten.

Und als der größte Teil der Bevölkerung gekommen war, verkündete der König: „Der goldhaarige Mann ist noch nicht gekommen.“

Da wurde noch einmal gesucht und ein Mann mit einem Band um seinen Kopf in der Küche gefunden. Viele wunderten sich, warum er zu dem Rat kommen solle – er war nur ein armseliger Leibeigener.

Und als er zu der Versammlung gekommen war, sagte König Heidrek: „Hier könnt ihr den sehen, den die Königstochter an meiner Stelle haben wollte.“

Da nahm er die Locke und hielt sie an das Haar und sie paßten zusammen.

„Aber Du, König,“ sprach Heidrek, „bist uns stets wohlgesonnen gewesen und daher wird Dein Land in Frieden mit uns bleiben. Aber Deine Tochter will ich nicht mehr haben.“

Heidrek zog mit seinem Sohn heim.

XXXII 1. g)   Hamburgische Kirchengeschichte

Der Bischof Adam von Bremen berichtet über Hundekopf-Menschen:

Ingleichen sollen an diesen Gestaden des baltischen Meeres die Amazonen wohnen, was man jetzt das Land der Weiber nennt. Diese sollen nach Einigen vermittelst des Genusses von Wasser Leibesfrucht empfangen. Andere erzählen auch, sie würden schwanger von den gelegentlich sie besuchenden Handelsleuten oder von den Gefangenen, die sie bei sich hätten, oder von Ungeheuern, die dort nicht selten sind. Und dies halte ich auch für glaubwürdiger.

Und wenn sie zum Gebären kommen, so werden die Geburten, wenn sie männlichen Geschlechtes sind, Hundsköpfe, wenn aber weiblichen, die schönsten Mädchen. Diese leben zusammen und verschmähen den Umgang mit Männern, die sie sogar, wenn sie zu ihnen kommen, in mannhaftem Kampfe zurückschlagen.

Hundsköpfe aber sind Wesen, die den Kopf an der Brust haben. In Rußland sieht man sie oft als Gefangene, und sie bellen die Worte mit der Stimme hervor.

Dort sind auch die, welche Alanen oder Albaner, oder in ihrer Sprache Wizzen heißen, die blutgierigsten Vielfraße. Sie werden mit grauen Haaren geboren. Ihrer gedenkt als Gewährsmann Solin. Ihr Land wird von Hunden verteidigt. Wenn einmal gekämpft werden muß, so bilden sie aus Hunden die Schlachtordnung.

XXXII 2.   Indogermanen

XXXII 2. a)   Kelten

Die Hunde-Krieger-Symbolik ist auch von den Kelten bekannt, wie das berreits angeführte Beispiel des Cú Chulainn zeigt.

Selbst die Christen haben später diese Symbolik übernommen: Die Dominikaner-Mönche haben sich selber als „domini canis", also als „Hunde des Herrn" benannt.

XXXII 2. b)   Griechen

Der Schmiedegott Hephaistos (Zeus in der Unterwelt) verwandelte einst die Titanin Rhea in einen riesigen Hund.

XXXII 3.   andere Völker

XXXII 3. a)   Philippinen

In den phillipinischen Mythen erscheint manchmal das Vampir-ähnliche Ungeheuer Aswang, das sich in einen schwarzen Hund oder in einen schwarzen Eber verwandeln kann.

XXXII 4.   Zusammenfassung

Der Hund ist wie der Wolf ein Symbol der Krieger. Daher entspricht die Hunde-Verwandlung der Wolfs-Verwandlung der Ulfhedinn-Ekstasekrieger.

Während die Wölfe zu Tyr gehören („Wülfnige"), gehören die Hunde zu Loki („Hundinge").

XXXIII Die Verwandlung in einen Fuchs

XXXIII 1. Germanen

XXXIII 1. a) Die Saga über Thorstein Vikingson

Dieses Motiv findet sich nur ein einziges mal in der Saga über Thorstein Vikingson. Dort erscheint ein Zauberer, der die Gestalt einer Füchsin angenommen hat:

> *Als Thorstein und Thorer am Abend heimgehen wollten, sahen sie eine kleine Füchsin, die in alle Richtungen hin witterte und die unter jedem Baum schnüffelte.*
> *Thorer sprach: „Welches teuflische Biest läuft da, mein Bruder?"*
> *Thorstein antwortete: „Ich weiß es nicht wirklich, aber mir scheint, daß ich schon einmal so etwas ähnliches gesehen habe – das war in der Nacht, bevor Jokul uns in der Hütte besuchen kam und ich glaube, daß wir hier den verfluchten Ogautan haben."*
> *Da nahm er einen Speer und warf ihn nach der Füchsin, aber sie verschwand in der Erde.*
> *Danach gingen sie zu ihrer unterirdischen Behausung, aber erzählten niemandem, was geschehen war.*
> *Kurze Zeit später kam Jarl Viking und sagte: „Da habt ihr etwas Übles getan, indem ihr das gebrochen habt, was ich euch geboten habe: ihr habt eure Höhle verlassen! Und dadurch hat Ogautan herausgefunden, wo ihr seid. Daher glaube ich, daß die Brüder schon bald mit Krieg zu uns kommen werden!"*

Füchse wurden als sehr listig angesehen – der Zauberer Ogautan spionierte den beiden Wikingern Thorstein und Thorer in der Gestalt einer Füchsin nach.

XXXIII 2. Indogermanen

XXXIII 2. a) Kelten

Eine solche Verwandlung findet sich nur noch bei den Kelten, wo sie jedoch nur als eine Verwandlung unter vielen anderen in der bereits mehrfach zitierten Lebensgeschichte des Barden-Druiden Taliesin erscheint:

...

Ich floh als Fuchs, der Revierkämpfe gewohnt ist,

...

XXXIII 3. andere Völker

XXXII 3. a) China

Die bekannteste und am weitesten verbreitete Gestaltwandler-Geschichte in China ist die der Huli Jing. Sie ist eine Füchsin, die als schöne junge Frau erscheinen kann und manchmal gefährlich ist, aber in anderen Geschichten eine Geliebte ist.

XXXII 2. b) Japan

Auch in Japan ist die Fuchsfrau der bekannteste Gestaltwandler. Sie heißt Kitsune ("Fuchs") und entspricht von ihrem Charakter her der japanischen Huli Jing.

Die Kitsune ist klug, schlau und listig und hat viele magische Fähigkeiten wie Feuer oder Blitze herbeizaubern, fliegen, sich unsichtbar machen, die Träume von anderen beeinflussen und Illusionen erschaffen, die kaum von der Wirklichkeit zu unterscheiden sind.

Sie erscheint meist als junge Frau, kann aber auch andere Gestalten annehmen wie z.B. die eines alten Mann oder eines Jünglings. Sie hat haben manchmal Mühe, ihren Schwanz zu verbergen, den sie auch in ihrer menschlichen Gestalt manchmal beibehält. Zudem wirft die Kitsune auch in ihrer Gestalt als Frau in manchen Geschichten den Schatten eines Fuchses.

Je mehr Schwänze sie haten, desto älter, weiser und machtvoller ist sie. Sie erhält alle hundert Jahre einen neuen Schwanz hinzu bis sie maximal neun Schwänze hat.

Die Kitsune ist die Botin der Gottheit Okami, die eine der wichtigsten Gottheiten im Shinto ist. Okami kann als Mann, als Frau oder als Zwitter erscheinen. Sie ist die Gottheit der Fruchtbarkeit, des Ackerbaus, des Reis, des Tees und des Sake, aber auch des Handwerks, insbesondere der Schwertschmiede, sowie der Händler und natürlich auch der Füchse.

Entsprechend dem Charakter der Füchse sind die Kitsune auch in Japan Trickster, aber sie können auch Geliebte, Wächter, Freunde und Beschützer von Familien sein. In manchen Geschichten sind sie allerdings auch wie Vampire, die anderen die Lebenskraft entziehen, und es wird auch über die Bessenheit von jungen Frauen durch einen Fuchsgeist berichtet – was sich u.a. daran erkennen läßt, daß diese Frauen dann auf einmal lesen können.

XXXII 2. c) Korea

Die koreanischen Fuchsfrauen sind stets bösartig und erscheinen nur selten in der Gestalt eines Mannes.

XXXII 2. c) Göbekli Tepe

In den Tempeln von Göbekli Tepe scheint der Fuchs ein Jenseitsführer zu sein – eine Fuchs-Verwandlung ist jedoch nicht bekannt.

XXXIII 4. Zusammenfassung

Die Gestalt eines Fuchses wurde bei den Germanen von Zauberern benutzt, um unerkannt Menschen zu suchen oder anderen nachzuspionieren. Die Füchse wurden bei den Germanen generell als Bild für listige oder zauberkundige Krieger verwendet (siehe dazu auch das Kapitel „Fuchs" in Band 43).

In China, Japan und Korea ist die Fuchsfrau ein wichtiges mythologisches Motiv. Vermutlich sind beide Traditionen unabhängig voneinander entstaden und haben ihre Wurzel vor allem in der Beobachtung des Verhaltens von Füchsen.

H   Die Verwandlung in ein nicht näher bestimmtes Tier

XXXIV   Die Verwandlung in ein unbestimmtes Tier

XXXIV 1.   Germanen

An einigen Stellen in den Liedern und Sagas ist nur von der Fähigkeit, sich in ein Tier zu verwandeln die Rede, ohne das das betreffende Tier genannt wird.

XXXIV 1. a)   Der Begriff „hamhleypa"

Die Fähigkeit wird „hamhleypa" genannt und setzt sich aus „ham" und „hleypa" zusammen.

Das Wort „ham" bedeutet „Gestalt, Hülle" und ist möglicherweise mit „hamir" für „Habicht" verwandt. Im Germanischen hat „hamaz" die Bedeutung „Hülle, Haut, verhüllen, bedecken, Fruchtschale, Schlangenhaut". Von diesem Wort gibt es die germanische Ableitung „hamisaz", die „Hemd" bedeutet. Der indogermanische Ursprung dieses Wortes ist das Verb „hem" für „verdecken, verhüllen"

Das altnordische Verb „hleypa" bedeutet „laufen lassen, fällen, treiben, angreifen". Die germanische Wurzel dieses Verbs lautete „hlaupin", von der die möglicherweise unvollständigen Bedeutungen „Voreiligkeit, Angriff, Überfall" bekannt sind. Der indogermanische Ursprung dieses Wortes ist das Verb „kuelp" für „traben, stolpern".

Ein „hamleypr" ist somit jemand, der „in einer (veränderten) Gestalt umherläuft", wobei diese Gestalt wie ein übergezogenes Hemd aufgefaßt wird.

Dies entspricht den Schwanenhemden der Walküren, den Falkenhemden der Frigg und der Freya, den Wolfsfellen der Ulfhedinn und den Bärenfellen der Berserker: Die Gestalt-Verwandlung geschieht durch das Überziehen eines „Hemdes". Es ist dieses magische „Fell-Hemd", das die Veränderung bewirkt. Dieses Fell könnte ursprünglich zum einen das von den Kriegern getragene Wolfs- oder Bärenfell gewesen sein, aber auch das Fell des geopferten Herdentieres, in das die Toten gehüllt wurden, damit sie sich in dieses Tier verwandelten.

Die Übersetzung, die am nächsten am Original bleibt, wäre „Hemd-Läufer".

Die Verwandlung selber wurde „hamast" genannt, was man in etwa mit „Gestaltwandel" übersetzen könnte.

Mit dem „hamhleypa" ist das „hamingja" eng verwandt. Der Ursprung dieses Wortes ist „ham-gengja". „Gengja" bedeutet „gehen, gangbar, gängig, Begleitung. Gefolge". Dieses Wort ist somit fast identisch mit „hamhleypa": „Hemd-Läufer" und „Hemd-Geher". Man wird daher von einem gemeinsamen Ursprung beider Worte ausgehen können. Mit „hamingja" wurde ein glückbringender Schutzgeist bezeichnet, der meistens die Gestalt eines Tier hat. Im heutigen Deutsch würde man dazu vermutlich „Krafttier" sagen.

Die „hamingja" ist das Tier, in das man sich beim „hamhleypa" verwandelt. Man verwandelt sich also nicht in irgendein Tier, sondern in ein Tier, das dem, der sich verwandelt, wohlgesonnen ist und ihm Glück bringt. Dieses Konzept entspricht ganz dem vor allen von den Indianern bekannten Totemismus, der wiederum dem heutigen Konzept des Krafttieres entspricht.

Der germanische Männernamen „Hamdir", der aus der Vöslungen-Saga bekannt ist, bedeutet „Hemd-Diener". Da dieses „Hemd" das „magischen Gestaltwandler-Fell" ist, wäre „Hamdir" letztlich ein „Diener seines Krafttieres". Die Formulierung „Diener eines höheren Wesens" war bei den Germanen wie bei den meisten anderen Völkern eine Umschreibung für „Priester". Ein Mann, der sein Krafttier rufen kann, ist ein „Priester seines Krafttieres" – dasselbe gilt natürlich auch für Frauen.

Wie differenziert und individuell dieses germanische Krafttier-Konzept gewesen ist, läßt sich kaum noch erfassen. Die „standardisierte Verwandlung" in einen Wolf oder Bär beim Kampf wird sicherlich einen großen Einfluß auf das Konzept des „hamhleypa" und auch des „hamingja" gehabt haben.

Es gab zu diesen Verwandlungen eine Reihe von „Fachtermini":

hamingja	= Krafttier (wörtlich „Hemd-Geher")
hamhleypa	= Gestaltwandler (wörtlich „Hemd-Läufer")
hamfar	= in Tier-Gestalt reisen
hamingju-drjugr	= Glück (wörtlich „Halt durch das Krafttier")
ham-föng	= Wut, Ekstase (in der Gestalt eines Wolfes oder Bären)
ham-hjol	= Schicksalsrad
ham-madr	= „Glückspilz"
ham-skipti	= Veränderung des Geschickes

ham-stoli, ham-stolinn = verrückt, rasend, von Sinnen (wörtlich „Hemd-beraubt")

Diese Begriffe zeigen deutlich, daß das „ham", also das Krafttier, den Menschen Glück, Kraft und somit Erfolg gibt.

XXXIV 1. b) Huldar-Saga

Während einer Nachtruhe überfiel Flegda die Schar und schlug mit einem Schwerte nach Skjalg, aber der Hund Skotti hatte gewacht und schützte ihn so kräftig, daß die Gestaltwandlerin Flegda fliehen mußte.

XXXIV 1. c) Die Saga über Thorstein Viking-Sohn

Kol war ein so großer Hamhleyper, daß er sich in die verschiedensten Tiergestalten verwandeln konnte.

XXXIV 1. d) Die Saga über Bosi und Herraud

Die Mutter des Königs, die Kolfrosta genannt wird, ist die Herrin des Tempels. Sie ist durch ihre Zauberkünste so stark, daß sie durch nichts überrascht werden kann. Sie wußte durch ihre Magie bereits, daß sie diesen Monat nicht überleben würde. Deshalb reiste sie in der Gestalt eines Tieres nach Osten zu der Glasir-Ebene und raubte Hleidi, die Schwester des Königs Godmund, um sie zu einer ihrer Priesterinnen zu machen.

XXXIV 1. e) Die Saga über Sörli den Starken

Bork und Bolverk waren die größten Halunken und zugleich Zauberer, die ihre Gestalt wechseln konnten.

XXXIV 1. f)   Die Saga über Thorstein Viking-Sohn

Halfdan antwortete: „Hier hat die Gestaltwandlerin Dis Kol-Tochter mit ihren Listen Erfolg gehabt und ich glaube, daß es schwierig werden wird, von ihr Unterstützung für dafür zu erhalten, diese Sache wieder in Ordnung zu bringen, da sie zweifellos glaubt, daß sie ihren Bruder Harek Eisenkopf gerächt hat.“

XXXIV 1. g)   Landnahme-Buch

Damals lebte ein Mann, der Vekell der Gestaltwandler genannt wurde.

XXXIV 1. h)   Landnahme-Buch

Als der König das nächste mal auf Wikinger-Raubfahrt war, lud die Königin Bragi den Skalden in ihr Haus ein und bat ihn, gut nach den Jungen zu sehen, die drei Jahre alt waren. Sie schloß die Jungen mit Bragi in einer Kammer ein und verbarg sich selber unter der Empore.
Da sang Bragi diese Verse:

„Zwei sind hier innen,
Ihnen traue ich,
Hamund und Geirmund,
Hjors eigenen Nachkommen;
aber Leif, der dritte,
der Sohn der Lodhott:
ziehe ihn nicht auf, Königin –
nur wenige werden sich als übler erweisen!“

Dann schlug er mit seinem Stab auf die Empore, unter der sich die Königin versteckt hatte. Als der König heimkam, erzählte die Königin ihm dies und zeigte ihm die Jungen und er schwor, daß er noch nie derartige Hel-Häute gesehen habe – und daher wurden die beiden Brüder allezeit danach so genannt.

Der Name „Hel-Haut“ bezeichnete eine dunkle Hautfarbe, aber es ist denkbar, daß auch eine Assoziation zu dem „ham“ der Gestaltwandler bestanden hat.

XXXIV 1. i) Landnahme-Buch

Ketillraumr war der Name eines bekannten Hersirs in Raums-Tal in Norwegen. Er war der Sohn des Orm Muschel-Mahl, dem Sohn des Horsebjorn, dem Sohn des Raum, dem Sohn des Riesen-Bjorn aus dem Norden Norwegens.

Ein „Hersir" war in etwa ein Graf oder „Landherr". Dieser Titel war nur bis zu der Zeit von König Harald Haarschön in Gebrauch.

Ketill heiratete Mjoll, die Tochter von An Bogen-Bieger. Ihr Sohn wurde Thorstein genannt – er erschlug auf das Drängen seines Vaters hin in dem Wald, der zum Hochland führt, Jokul, den Sohn des Ingimund dem Grafen von Gautland. Jokul gab ihm sein Leben und später heiratete Thorstein Thordis, die Schwester des Jokul. Ihr Sohn war Ingimund der Alte; er wurde in Hefni von Thorir, dem Vater des Grim und des Hromund aufgezogen.

Wie in der Vatns-Tal-Saga berichtet wird, war Jokul zwar zu Tode verletzt, aber er hätte Thorstein noch töten können. Stattdessen schenkte er ihm sein Leben und bat ihn, seine Schwester zu heiraten, damit sein Name (der des Jokul) nicht ausstirbt – wodurch Jokul einen Segen zu erhalten glaubt. Auf diesen Handel geht Thorstein ein.

Heid die Zaubergesang-Frau sagte ihnen allen voraus, daß sie in einem Land im Westen des Meeres, das noch nicht entdeckt worden war, siedeln würden, aber Ingimund sagte, daß er sich davor hüten werde. Die Zaubergesang-Frau sagte jedoch, daß das ihm das nicht möglich sei und daß als Zeichen dafür nun sein Talisman, den er in seiner Tasche trug, verschwinden würde und daß er ihn dort wiederfinden würde, wo er auf jenem Land für das Fundament für die Säule hinter seinem Hochsitz graben würde.

Der hier mit „Zaubergesang-Frau" übersetzte germanische Begriff „Galdrmadr" setzt sich aus „galdr" für „Zaubergesänge, rituelle Gesänge, gesungene Zaubersprüche" und „madr" für „Mensch" zusammen. Ein Galdrmadr konnte somit sowohl eine Mann als auch eine Frau sein. Ursprünglich wird dies der Priester bzw. die Priesterin gewesen sein, die im Kult die traditionellen Texte vortrug bzw. sang. Diese Funktion ist ursprünglich weitgehend identisch mit dem Skalden gewesen.

Die magischen Fähigkeiten der Galdrmadr, über die hier berichtet wird, sind beachtlich.

Die „Säule hinter dem Hochsitz" ist symbolisch der Weltenbaum und er ist der Sitz der Ahnen der Familie. Da Freyr auch ein Totengott ist, ist es nicht nur ein Zufall, daß seine Statuette gerade unter dem Fundament dieser Säule liegen soll. Die Auswanderer, die nach Island zogen, nahmen diese Säulen aus ihrer Heimat mit dorthin, um weiterhin diese Verbindung zu ihren Ahnen zu haben.

Ingimund war ein großer Wikinger und fuhr immer auf Wikinger-Raubzug in den Westen.

... ...

Ingimund fühlte sich nirgendwo zuhause; daher drängte ihn König Harald, sein Glück in Island zu suchen. Ingimund sagte, daß das etwas sei, was er nie vorgehabt habe, aber er sandte zwei Finnen als Hamfarir auf eine Magier-Reise nach Island, um dort nach seinem Talisman zu suchen, der in der Gestalt des Freyr geformt und aus Silber angefertigt worden war.

Die Finnen kamen zurück und sagten, daß sie den Ort gefunden hatten, an dem sich der Talisman befand, daß sie ihn jedoch nicht ergreifen konnten.

Sie beschrieben jedoch dem Ingimund genau die Lage des Ortes in einem Tal zwischen zwei Hügeln und sie berichteten Ingimund alle Einzelheiten des Landes und wie es geformt war, wo er sich niederlassen sollte.

„Finne" war bei den Germanen ein Synonym für „Zauberer", da bei ihnen die Magie bei den Finnen sehr angesehen war und oft Finnen zur Lösung schwieriger Probleme mithilfe von Magie herangezogen worden – wie hier das Auffinden des Talismanes an dem Ort, wo Ingimund sich niederlassen sollte.

Diese (möglicherweise nicht-finnischen) „Finnen" unternahmen eine „Magier-Reise", d.h. eine Astralreise nach Island. Über solch einen „astralen Kundschafter", der nicht körperlich, sondern nur mit seinem Astralkörper („Lebenskraftkörper") auszog, um etwas zu erkunden, wird u.a. auch in der Heimskringla im Zusammenhang mit König Haralds Wunsch, Island zu erobern, berichtet. Im Vorwort zur Heimskringla wird erzählt, daß auch Odin diese Kunst beherrschte: *„Odin konnte seine Gestalt verwandeln: Sein Körper lag dann wie tot oder wie schlafend, aber er hatte dann die Gestalt eines Fisches, einer Schlange, eines Vogels oder Tieres und konnte in einem Augenblick in seinen eigenen Angelegenheiten und denen eines anderen in einem anderem Land sein."*

Die bekannteste Person, die ausgiebig diese „Astral-Spionage" im Krieg benutzt hat, ist vermutlich Geronimo, der Medizinmann und Häuptling der Apachen. Er entkam auf diese Weise, die er seinem Biographen erzählt hat, jahrzehntelang dem ihn verfolgenden Militär.

Der germanische Fachbegriff für die Astralreise ist „hamfarir". Wie oben bei Odin beschrieben, nahm der Astralreisende bei einer solchen Reise in der Regel die Gestalt eines Tieres an – vermutlich die seines Krafttieres. Der Vorgang selber wird „hamast" genannt. Das „ham" ist das Fell oder das Gefieder des betreffenden Tieres. So bedeutet z.B. „hamast i arnar" „Gefieder eines Adler" – solch ein „Adler-Gewand" zogen u.a. Odin und der Tyr-Riese Thiazi an, als sie sich in einen Adler verwandelten. „Hamast i arnarliki" ist der Fachbegriff der germanischen Goden und Zauberer für die „Gestalt eines Adlers", die sie bei ihrer Astralreise annehmen konnten.

Mit dem Wort „hamast" wurde auch die Kampfekstase der Berserker bezeichnet, denn auch sie war im Wesentlichen die Identifizierung mit einem Bären – bzw. bei den Ulfhedinn mit einem Wolf. Der Unterschied zu der normalen „hamast" bei der Astralreise ist vor allem, daß der Körper bei der Astralreise wie tot daliegt, während er bei der Berserker-Ekstase äußerst aktiv ist.

Schon die Sumerer um 2500 v.Chr. kannten den Zusammenhang zwischen der Bewußtheit über das eigene Krafttier und die eigene Seele, die sie „Me" nannten, mit dem Erfolg im Leben. Sie faßten diese Erkenntnis in einem Sprichwort zusammen: „Ohne das eigene Me gelingt einem nichts – mit dem eigenen Me gelingt einem alles."

XXXIV 1. j) Hexenhammer

Über die Art, wie sie die Menschen in Tiergestalten verwandeln.
Kapitel 8

Mag aber auch der Fall, daß die Hexen durch die Macht der Dämonen, da sie denn solches hauptsächlich gern tun, in Tiergestalten verwandeln, im ersten Teile des Werkes, in der Frage, ob die Hexen solches zu tun vermöchten, genügend erklärt sein,
so ist doch, weil einigen diese Frage bei ihren Argumenten und Lösungen zu dunkel sein könnte, besonders auch, weil keine Taten und Geschehnisse dazu berichtet sind, auch die Art, wie sie sich selbst so verwandeln, nicht ausgedrückt ist, die gegenwärtige Erklärung vermittels der Lösung sehr vieler Zweifel noch hinzuzufügen.
Erstens ist jener C a n o n E p i s c o p i XXVI, 5 nicht so ohne weiteres von diesem Stoffe zu verstehen, wie denn auch viele Gelehrte (wenn es nur rechte Gelehrte wären!) sich täuschen lassen, sich auch nicht scheuen, öffentlich in ihren Vorträgen zu lehren, derlei gauklerische Verwandlungen könnten auf keine Weise, auch durch die Macht der Dämonen nicht, geschehen; und zwar tun sie dies durchaus zum großen Nachteil des, Glaubens, wie oft gesagt ist; auch zur Stärkung der Hexen, die sich gar sehr über solche Reden freuen. Es kommt dies aber bei solchen Predigern daher, weil sie, wie oben gesagt ist, an der Schale und nicht an dem Kerne der Worte des Kanon arbeiten.
Wenn der Kanon nämlich sagt: „Wer da glaubt, es könne geschehen, daß eine Kreatur in einen besseren oder schlechteren Zustand umgestaltet oder in eine andere Gestalt oder ein anderes Bildnis verwandelt werde, außer vom Schöpfer allein, der

alles gemacht hat, der ist ohne Zweifel ein Ungläubiger," so möge hier der fromme Leser auf zwei Hauptpunkte achten: erstens auf das Wort „*geschehen*", zweitens auf die Worte: „*in ein anderes Bildnis verwandelt werden*".

Betreffs des ersten sei er sicher, daß „*geschehen*" doppelt verstanden wird: nämlich für „*geschaffen werden*" und für natürliche Hervorbringung einer Sache. In der ersten Weise kommt es nur Gott zu, wie bekannt, der durch seine unbegrenzte Macht etwas aus dem Nichts schaffen kann. Betreffs der zweiten Art ist zwischen den Kreaturen zu unterscheiden, weil es entweder vollkommene sind, wie der Mensch, der Esel usw., oder unvollkommene, Schlangen, Frösche, Mäuse usw., die deshalb unvollkommen heißen, weil sie aus Fäulnis entstehen können. Es mag der Kanon immer von den ersteren sprechen; aber nicht von den zweiten, was aus dem Umstände erhellen mag, daß *A l b e r t u s* in dem Buche *d e a n i m a l i b u s*, wo er fragt, ob die Dämonen wahre Tiere machen könnten, mit ja antwortet, jedoch nur bezüglich der unvollkommenen Tiere, auch mit dem Unterschiede, daß er nicht im Augenblicke handelt, wie Gott, sondern durch eine, wenn auch plötzliche, Bewegung, wie sich an den Hexern Ex od. 7 zeigt. Man sehe, wenn es beliebt, nach, was in der erwähnten Frage, im ersten Teile des Werkes, und zwar bei der Lösung des ersten Argumentes berührt wird.

Betreffs des zweiten Punktes, wo angeführt wird, daß sie keine Kreatur verwandeln können, sollst du sagen, daß es eine zweifache Verwandlung gibt: eine substantielle und eine akzidentielle; und zwar ist die akzidentielle wiederum zweifach: weil (sie sich kundgibt) durch eine natürliche und der erscheinenden Sache anhaftende oder eine der erscheinenden Sache nicht anhaftende Form, die dann vielmehr den Organen und Kräften des Sehenden selbst anhaftet. Von den ersteren redet der Kanon, und zwar besonders von der gestaltlichen oder wesenheitlichen Verwandlung, wie z. B. eine Substanz in eine andere sich verwandelt, was allein Gott bewirken kann, der solcher Wahrheiten Schöpfer ist.

Er redet auch von der zweiten Art, die der Dämon wohl bewirken mag, insofern durch mit Zulassung Gottes geschickte Krankheiten dem Körper eine akzidentielle Form verliehen wird, z. B. daß das Gesicht aussätzig erscheint und ähnliches.

Aber weil wir davon nicht eigentlich reden, sondern von der gauklerischen Erscheinung, nach welcher sich die Dinge in andere Bildnisse zu verwandeln scheinen, so sagen wir, daß der angeführte Kanon solche Verwandlungen nicht ausschließen kann, weil sie durch Autorität, Gründe und Erfahrung zugleich (Ich versuche das schöne Wort *quidditativa* des Textes ebenso schön wiederzugeben!) festgestellt sind, nach dem, was *A u g u s t i n u s de civ. d e i XVIII, 17* auf Grund sicherer Erfahrung berichtet, wobei er das auch durch verschiedene Untersuchungen erklärt.

Denn unter anderen gauklerischen Verwandlungen führt er auch an, daß die hochberüchtigte Zauberin Kirke die Gefährten des Odysseus in Tiere verwandelt habe, und daß einige Stallmägde seine eigenen Gastfreunde in Lasttiere verhext hätten. Er berichtet auch, die Gefährten des Diomedes seien in Vögel verwandelt worden und noch lange Zeit nachher seien sie um den Tempel des Diomedes geflogen: Ferner habe Prästantius wahrheitsgetreu von seinem Vater erzählt, dieser habe selbst berichtet, er sei ein Pferd gewesen und habe mit anderen Tieren Getreide getragen.

Betreffs des ersten Punktes, nämlich daß die Gefährten des Odysseus in Tiere verwandelt seien, ist zu sagen, daß das durchaus nur Schein war und Augentäuschung, so daß jene Tiergestalten aus dem Aufbewahrungsorte oder dem Gedächtnisse der Gestalten nach der Vorstellungskraft herausgeführt wurden; dadurch ward ein eingebildetes Gesicht verursacht und folglich, durch den starken Eindruck auf die anderen Kräfte und Organe, glaubte der, der sie sah, Tiere zu sehen, auf die Art, wie es oben, im vorhergehenden Kapitel gesagt ist. Aber wie das durch die Kraft der Dämonen ohne Verletzung geschehen könne, soll unten erklärt werden.

Über den zweiten Fall, wo von Stallmägden die Gastfreunde in Lasttiere verwandelt wurden und ferner, daß der Vater des Prästantius erzählte, er sei ein Pferd gewesen und habe Säcke getragen, darüber ist zu bemerken, daß hier dreierlei Täuschungen geschahen: Erstens, daß hier Menschen durch Gaukelkunst in Tiere verwandelt schienen, eine Verwandlung, die auf die oben erwähnte Weise geschah; zweitens, daß jene Lasten, wo sie die Kräfte der Träger überstiegen, die Dämonen unsichtbar trugen; drittens, daß sie, die anderen in Tiergestalten verwandelt schienen, auch sich selbst als in Tiere verwandelt vorkamen, wie es dem Nabuchodonosor erging, da sieben Zeiten über ihn verwandelt waren, daß er Heu fraß wie ein Ochse.

Darüber aber, daß die Gefährten des Diomedes in Vögel verwandelt und noch lange um seinen Tempel geflogen seien, ist zu sagen, daß dieser Diomedes, der bei dem Auszuge der Griechen zur Belagerung der Stadt Troja zugegen war, mit seinen Gefährten, als er wieder heimkehren wollte, im Meere ertrank. Als ihm daher auf den Vorschlag eines Idols hin ein Tempel gebaut worden war, als sei er unter die Götter gezählt, flogen die Dämonen, um den Irrtum zu bestärken, noch lange als Vögel umher und galten als seine Gefährten.

Daher war auch noch eine andere Art des Aberglaubens aus der Zahl der obengenannten Gaukeleien dabei: daß sie nämlich nicht durch Hervorführung der Sinnesgestalten zur Vorstellungskraft, sondern in angenommenen Körpern, als fliegende Vögel, sich dem Auge der Sehenden darstellten. Wenn gefragt wird, ob sie auch auf die erwähnte Weise, durch Hervorführung von Sinnesgestalten die Zuschauer hätten täuschen können, so daß die Dämonen nicht in angenommenen Körpern aus Luft, als fliegende Vögel, sich dargestellt hätten, so ist mit ja zu antworten. Denn es war auch die Meinung einiger (wie Sankt T h o m a s , Sent. II, 8, 2 erwähnt), daß die Engel, seien es gute oder böse, niemals Körper annähmen, sondern daß alles, was man in den Schriften von ihren Erscheinungen liest, durch Gaukelei geschehen wäre, oder in bloß vorgestelltem Sehen.

Bei diesen Worten wird von dem heiligen Doktor der Unterschied festgestellt zwischen Gaukelei und vorgestelltem Sehen: Gaukelei kann einen Gegenstand haben, der sich von außen dem leiblichen Auge darstellt, mag er auch anders scheinen, als er ist; aber vorgestelltes Sehen verlangt derlei nicht notwendig, daß sich nämlich ein Gegenstand von außen darstellte; sondern es kann ohne diese äußere Darstellung, nur durch jene inneren Sinnesgestalten geschehen, wenn sie zur Vorstellung geführt werden.

Daher waren, wenn man der Meinung jener folgt, die Gefährten des Diomedes nicht durch Dämonen in angenommenen Körpern und Vogelbildnissen dargestellt, sondern es geschah das nur in phantastischem und vorgestelltem Sehen, nämlich durch Herausführung jener Sinnesgestalten usw. wie oben. Aber weil der heilige Doktor jene Ansicht als Irrlehre, nicht als bloße Meinung, zurückweist, (wenn auch nicht geradezu als Ketzerei, wie in Liebe geglaubt wird), da solche eingebildeten Erscheinungen bisweilen auch von guten und bösen Engeln angewendet worden seien, ohne Annahme von Körpern, die Heiligen doch, wie er ebenda sagt, überein-stimmend erklären, daß die Engel auch in körperlicher Erscheinung sich gezeigt hätten (und solche Erscheinung geschieht in angenommenen Körpern); auch der Text der Heiligen Schrift mehr für solche körperliche Erscheinungen ist als für die vorge-stellten und gauklerischen:

Deshalb also können wir danach für jetzt von allen Erscheinungen, ähnlich der von den Gefährten des Diomedes, sagen, daß, wenn dieselben auch durch die Macht der Dämonen im vorgestellten Sehen der Zuschauer hätten gesehen werden können nach der angegebenen Weise, doch lieber angenommen wird, daß sie durch Dämonen in angenommenen Körpern aus dem Elemente der Luft, als fliegende Vögel dargestellt wurden, oder daß andere, natürliche Vögel, getrieben von den Dämonen, jene dar-gestellt hätten.

Die Auseinandersetzung der Inquisitoren im „Hexenhammer" mit den Tier-Ver-wandlung zeigt, daß sie fest in den Vorstellungen der Germanen (und auch der Grie-chen, Römer und Kelten) verankert gewesen ist. Derartige Verwandlungen werden vereinfacht gesagt, von den Inquisitoren als von den Dämonen verursachte Visionen aufgefaßt, die die Menschen als Illusionen erkennen sollten.

XXXIV 1. k) Canon episcopi

Dieser Bischofs-Brief, der um 906 verfaßt worden ist, war bis 1918 gültig. In ihm werden auch die Vorstellung, daß es Tier-Verwandlungen gibt, angeprangert – was zeigt, wie weit solche Vorstellungen damals verbreitet gewesen sind. In dem folgen-den Text ist aus der Tier-Verwandlung bereits der Ritt bzw. Flug auf diesen Tieren geworden.

„Es soll auch nicht ausgelassen werden, daß manche zügellose Frauen, die von Satan verführt und von Illusionen und Phantasiegebilden verwirrt worden sind, glauben und öffentlich verkünden, daß sie auf gewissen Tieren zusammen mit der Göttin Diana und einer zahllosen Horde von Frauen in der Stille der Nacht über weite Landstriche fliegen und die Befehle ihrer Herrin befolgen und von ihr in anderen Nächten zu ihren Diensten gerufen werden."

Es ist interessant, daß hier die Tier-Verwandlung bzw. der Tier-Ritt mit dem Flug, also der Astralreise assoziiert wird, da beides wesentliche Bestandteile des Schamanismus sind.

XXXIV 2.   andere Völker

Die Vorstellungen über ein Krafttier, das mit einem Menschen verbunden ist („Totem"), ist weltweit verbreitet. In vielen Fällen wird die innere Kontaktaufnahme mit diesem Tier, durch das der Betreffende auch die Fähigkeiten dieses Tieres erhält, als eine Verwandlung in dieses Tier beschrieben.

XXXIV 3.   Zusammenfassung

Die Wurzel der Tier-Verwandlung ist das persönliche Krafttier, daß einem Kraft und Glück und somit Erfolg gibt, wobei die Verwandlung in Wölfe bzw. Bären bei der Kampfeskaste der Ulfhedinn bzw. Berserker einen großen prägenden Einfluß auf die späteren Vorstellungen über die Tier-Verwandlungen gehabt hat.

Der Gestaltwandel ist vor allem von Göttinnen/Priesterinnen/Zauberinnen und von Zauberern bekannt – diese Fähigkeit scheint fast ein Erkennungszeichen von Zauberern und Zauberinnen gewesen zu sein. Da die Kenntnis des eigenen Krafttieres fast ebenso eng mit dem Schamanismus verbunden ist wie die Astralreise, muß diese Assoziation zwischen der Magie und der Tier-Verwandlung schon sehr alt sein.

Die Tier-Verwandlungen waren so fest in den Vorstellungen der Germanen verwurzelt, daß die Kirche wiederholt gegen diese Vorstellung argumentierte und sie verboten hat.

Diese Tier-Verwandlungen finden sich in so gut wie allen Kulturen und Mythologien.

I Die Verwandlung in einen anderen Menschen

XXXV Die Verwandlung eines Mannes in einen anderen Mann

XXXV 1. Germanen

Eine solche Verwandlung ist nur aus der Sigurd-Saga bekannt. Es gibt allerdings eine „technische Variante" aus der Saga über Bosi und Herraud.

XXXV 1. a) Gripirs Weissagung

In diesem Lied wird die Verwandlung des Sigurd in Gunnar von Sigurds Onkel, dem Seher Gripir, vorhergesehen.

Sigurd:
„Meintaten geschehen, das merk ich wohl:
Übel wankt Sigurds Wille,
Wenn ich werben muß um die wonnige Maid
Einem andern zu Handen, der ich hold bin selber."

Meintat = Untat, Übles, Verbrechen

Gripir:
„Ihr werdet euch alle Eide leisten,
Gunnar und Högni, und Du, Held, der dritte.
Unterwegs wechselt ihr Wuchs und Gestalt,
Du und Gunnar: Gripir lügt nicht!"

Sigurd:
„Warum tun wir das? Warum täuschen
Wir unterwegs Wuchs und Gestalt?
Schon fürcht ich, es folge noch andre Falschheit,
Gar grimme: sprich, Gripir, weiter."

Gripir:
„Du hast nun Gunnars Gang und Gestalt;
Hast eigne Rede und edeln Sinn.
So verlobst Du Dich dem erlauchten
Hutkind Heimirs: das verhütet niemand!"

Heimir = Onkel und Ziehvater der Brünhild; sein Hutkind, d.h. das von ihm behütete Kind (Pflegetochter) = Brünhild

Sigurd:
„Das Schlimmste scheint mir, Sigurd gilt dann
Dem Volk für falsch, fügt es sich so.
Ungern möcht ich mit Arglist trügen
Die Heldentochter, die ich die hehrste weiß."

Gripir:
„Liegen wirst Du, Lenker des Heers,
Keusch bei der Maid wie bei der Mutter.
Drum wird erhaben so lange die Welt steht,
Volksgebieter, dein Name bleiben.

Zumal werden beide Bräute vermählt,
Sigurds und Gunnars, in Giukis Sälen.
Wieder wechseltet ihr Wuchs und Gestalt
Daheim, nicht das Herz: das behielt jedweder."

sein Herz behalten = seine Identität behalten

XXXV 1. b) Skaldskaparmal

In dieser kurzen Zusammenfassung der Verwandlungs-Szene und der Gründe für sie ist es die Furcht des Rosses des Gunnar, die zu der Verwandlung des Sigurd führt –

nur Sigurds Roß ist in der Lage, in das Jenseits zu reisen. Dieses Roß hat Sigurd durch die Vermittlung des Odin erhalten, wodurch es anscheinend Qualitäten von Odins achtbeinigem Jenseitsreise-Roß Sleipnir erhalten hat.

Sigurd ist beim Drachenkampf und bei seiner Reise zu Brünhilde schon im Jenseits gewesen.

Sigurd ritt hinweg und kam zu dem König, der Giuki hieß; sein Weib war Grimhild genannt. Seine Kinder waren Gunnar, Högni, Gudrun und Gudny. Gutthorm war Giukis Stiefsohn. Sigurd weilte da lange Zeit. Da freite er Gudrun, Giukis Tochter; und Gunnar und Högni schwuren Brüderschaft mit Sigurd. Darauf fuhr Sigurd mit Giukis Söhnen zu Atli, dem Sohne Budlis, um dessen Schwester Brünhild für Gunnar zu bitten. Sie wohnte auf dem Hindaberge, und ihre Burg war mit einer Waburlohe umgeben; auch hatte sie das Gelübde getan, keinen anderen Mann zu freien, als den, der es wage, durch Wafurlogi zu reiten.

Da ritt Sigurd mit den Giukungen, die auch Niflungen hießen, den Berg hinan, und Gunnar sollte nun durch Wafurlogi reiten. Er hatte das Roß, das Goti hieß; dieses Roß wagte aber nicht in das Feuer zu rennen. Da tauschten Sigurd und Gunnar Gestalt und Namen, denn Grani wollte unter keinem anderen Manne gehen als unter Sigurd. Da saß Sigurd auf Grani und ritt durch Wafurlogi.

Denselben Abend hielt er Hochzeit mit Brünhild, und als sie zu Bett gingen, zog er das Schwert Gram aus der Scheide und legte es zwischen sie beide. Am Morgen aber, da er aufstand und sich ankleidete, gab er Brünhild zur Morgengabe den Goldring, den Loki dem Andwari genommen hatte, und empfing von ihr einen anderen Ring zum Andenken. Alsdann sprang Sigurd auf sein Roß und ritt zu seinen Gesellen. Darauf tauschte er mit Gunnar abermals die Gestalt und Gunnar fuhr mit Brünhild zu König Giuki.

XXXV 1. c) Völsungen-Saga

Hier findet sich dieselbe Argumentation wie in der Skaldskaparmal.

Eines Tages ging Grimhild zu ihrem Sohn Gunnar und sprach: „Schön blüht Dein Leben und dein Glück, nur eines fehlt noch, denn du bist noch unverheiratet. Gehe und heirate Brynhild. Dies ist ein guter Rat und Sigurd wird mit Dir reiten."

Gunnar sprach: „Gewiß ist sie schön und ich würde sie gerne freien."

Dies sagte er seinem Vater und seinen Brüdern und Sigurd und sie alle sprachen ihm zu, diese Heirat anzustreben.

Sie bereiteten sich voller Freude für ihre Fahrt und ritten über Berg und Tal zu dem

Haus des Königs Budli, um um seine Tochter zu werben und er nahm ihre Rede freundlich auf. Er stimmte ihrer Werbung zu, sofern sie selber nicht ablehnen würde, denn sie sei von solch edler Gesinnung, daß sie nur einen Mann heiraten würde, den sie selber ausgesucht hat.

Hier findet sich zumindestens einmal ein Ansatz dazu, daß die Frau frei ihren Mann wählen kann.

Sie ritten nach Hlymdale und wurden dort von Heimir herzlich willkommen gehei-ßen. Gunnar sagte ihm, warum er gekommen war.

Heimir sagte, daß sie nur denjenigen heiraten sollte, den sie aus freien Stücken selber wählte. Er sagte ihnen, daß ihre Wohnstatt nur ein kleines Stückchen weiter wäre und daß es er glaube, daß sie nur denjenigen haben wolle, der durch das lo-dernde Feuer reiten würde, daß ihre Halle umgab.

So ritten sie davon und kamen zu ihrer Halle und zu ihrem Feuer und sahen dort ein Schloß mit einem goldenen Dach, um die ringsum ein brüllendes Feuer empor-loderte.

Die Waberlohe ist ein wichtiges Bild für die Grenze und den Übergang zum Jen-seits, das aus der Sitte der Brandbestattung entstanden ist. Dieser Brauch ist seiner-seits dadurch entstanden, daß man die Opfergaben, die man den Ahnen im Jenseits sandte, symbolisch „töten" mußte, damit sie ins Totenreich kamen, wozu ihr Verbren-nen eine einfache Methode war („Brandopfer"). Diesen „Transport ins Jenseits" über-trug man dann auch auf die Toten selber, um ihnen eine schnelle Reise zu ermög-lichen.

Eine Waberlohe ist auch von Sigurds erstem Ritt zu Brünhild und von Skirnirs Ritt nach Utgard, als er die Riesentochter Gerdr für den Gott Freyr werben wollte, bekannt.

Gunnar ritt auf Goti und Högni auf Holkvi. Gunnar wandte sein Pferd zu dem Feuer, aber es schreckte zurück.

Die Pferdenamen „Goti" und „Holkvi" bedeuten „Guter" bzw. „Inselspeer". „Holkvi" ist eine Weiterentwicklung von „Holmgeir" und war auch als Männername in Gebrauch.

Da sprach Sigurd: „Warum weichst Du zurück, Gunnar?"

Er antwortete: „Das Pferd will nicht durch dies Feuer gehen; leih mir Dein Roß Grani."

„Ja, von Herzen gern," sprach Sigurd.

Da wollte Gunnar ihn zum Feuer reiten, aber Grani bewegte sich kein bißchen und Gunnar konnte wieder nicht durch das Feuer reiten.

Da vertauschten sie ihr Aussehen, Gunnar und Sigurd, so wie Krimhild es ihnen gelehrt hatte, da steig Sigurd mit dem Aussehen des Gunnar auf und ritt mit Gram in seinen Händen und goldenen Sporen an seinen Füßen los. Als Grani die Sporen spürte, sprang Grani in das Feuer und das Feuer brüllte gewaltig auf, als es noch verrückter loderte, und die Erde bebte und die Flammen fauchten bis zum Himmel empor und niemand hätte gewagt, so zu reiten, wie er ritt, selbst wenn es tiefe Dunkelheit gewesen wäre.

Doch nun sank das Feuer wieder und er sprang von seinem Pferd und schritt in die Halle, so wie das Lied sagt:

„Die Flamme flackerte in größtem Wahn,
der Erde Felder begannen zu wanken
als die rote Flamme oben
die niedrigsten Himmel leckte.

Von der Herren der Menschen
wären nur wenige gerne
durch diese Flamme geritten
oder durch sie geschritten.

Da schlug Sigurd Grani
mit dem Schwert
und die Flamme neigte sich
vor dem König.

Die Flammen legten sich nieder
vor der Krone des Ruhmes.
Hell erstrahlte die Rüstung,
die einst Regin gehörte."

Nachdem Sigurd durch das Feuer gegangen war, kam er zu einem gewissen schönen Gebäude, in dem Brynhild saß.

Sie frug: „Welcher Mann ist kommt da?"

Da nannte er sich selber Gunnar Giuki-Sohn ud sprach: „Du bist mir als Frau versprochen durch die Güte und das Wort Deines Vaters und Deines Ziehvaters, denn ich bin durch die Flamme Deines Feuers geritten entsprechend Deinem Gebot, daß Du gesprochen hast."

„Ich weiß nicht recht," sprach sie, „wie ich Dir antworten soll."

Da stand Sigurd aufrecht in der Halle und stützte sich auf den Griffs eines Schwertes und sprach zu Brynhild: „Soll ich Dir als Belohnung eine große Mitgift an Gold und guten Dingen zahlen?"

Sie sprach mit schwerem Gemüt von ihrem Sitz, auf dem sie wie ein Schwan auf einer Woge saß – ein Schwert in der Hand und ein Helm auf dem Haupt und mit einer Brünne angetan.

Das Bild des Schwanes ist ein Hinweis darauf, daß Brynhild eine Walküre war, da diese sich in Schwäne verwandeln konnten.

Das „schweres Gemüt" der Brynhild könnte zum einen dadurch entstanden sein, daß sie nicht heiraten wollte, aber es könnte auch sein, daß sie die Täuschung spürt.

„O Gunnar," sprach sie, „Sprich zu mir nicht von solchen Dingen, wenn Du nicht der erste und beste aller Männer bist, denn dann sollst Du meine Werber töten, wenn Du das Herz dazu hast. Ich bin mit den Königen der Griechen in den Schlachten gewesen und die Waffen waren mit rotem Blut befleckt und nach solchen Dingen sehne ich mich noch immer."

Er antwortete: „Ja, gewiß hast Du viele große Taten getan; aber rufe Dir Deinen Schwur in Erinnerung, den Du bezüglich des Reitens durch dieses Feuer getan hast, in dem Du geschworen hast, daß Du mit dem Mann gehen würdest, der dies vollbringen würde."

Da fand sie, daß er nichts als die Wahrheit sprach und achtete seine Worte und erhob sich und grüßte ihn gebührend und er verbrachte dort drei Nächte und sie lagen gemeinsam im Bett, aber er nahm sein Schwert Gram und legte es zwischen sie. Da frug sie, warum er es dort hinlege, und er antwortete, daß er in dieser Weise seine Frau heiraten oder seinem Verhängnis begegnen müßte.

Da zog sie den Ring aus Andvaris Hort, den er ihr zuvor gegeben hatte, aus und gab ihn ihm, er jedoch gab ihr einen anderen Ring aus Fafnirs Schatz.

Danach ritt er durch dasselbe Feuer zurück zu seinen Gefährten und er und Gunnar tauschten wieder ihr Aussehen miteinander und ritten nach Hlymdale und berichteten, wie es ihnen ergangen war.

An demselben Tag ging Brynhild heim zu ihrem Ziehvater und erzählte ihm als einem Vertrauten, wie ein König zu ihr gekommen war, „und er ritt durch mein loderndes Feuer und sagte, daß er gekommen sei, um mich zu heiraten und nannte sich selber Gunnar, aber ich sagte, daß solch eine Tat nur Sigurd hätte vollbringen können, mit dem ich mich auf dem Berg verlobt habe. Und er ist mein erster Verlobter und mein Geliebter."

Heimir sagte, daß die Dinge so bleiben müßten, wie sie nun geschehen waren.

Brynhild sagte: „Meine Schwester Aslaug und Sigurd sollen hier bei Dir Unterkunft und Speise finden."

Nun zogen die Könige heim, aber Brynhild fuhr zu ihrem Vater.

Grimhild hieß die König gebührend willkommen und dankte Sigurd für seine Begleitung. Es wurde ein großes Fest gefeiert und viele Gäste waren dort und dorthin kamen König Budli mit seiner Tochter Brynhild und seinem Sohn Atli und das Fest dauerte viele Tage lang. An diesem Fest wurde Gunnar mit Brynhild vermählt. Als dies schließlich ein Ende fand, erinnerte sich Sigurd auf einmal wieder an all die Eide, die er Brynhild geschworen hatte, aber er ließ all dies in Frieden und Stille ruhen.

Brynhild und Gunnar saßen in großer Freude und Fröhlichkeit beisammen und tranken guten Wein.

Sigurd wurden den Eiden, die er und Brynhild sich gegenseitig gegeben hatten untreu, weil er sie durch den Zaubertrank von Gunnars und Gudruns Mutter Grimhild vergessen hatte.

XXXV 1. d) Thirdrek-Saga

In dieser Version der Sigurd-Saga sind bereits militärische Argumente an die Stelle der magisch-mythologischen Bilder getreten (siehe den Band 38 „Sigurd/Siegfried").

Sigurd bricht sein Versprechen Brünhild gegenüber, weil er zu Gunnar steht.

Als sich in der Brautnacht zeigt, daß Brünhild stärker als Gunnar ist, bittet Gunnar Sigurd, ihr im Dunkeln unerkannt die Jungfräulichkeit und damit auch ihre übernatürliche Kraft zu nehmen.

XXXV 1. e) Nibelungen-Lied

In dieser Version der Sigurd-Saga wird Sigurd unsichtbar und hilft Gunnar, einen Kampf gegen Brünhild zu gewinnen. Die Unsichtbarkeit ist wie der Ritt durch das Feuer mit der Jenseitsreise verbunden (siehe „Unsichtbarkeit" in Band 64 und den Band 38 über „Sigurd/Siegfried").

Auch nach der gescheiterten Brautnacht hilft Sigurd dem Gunnar dadurch, daß er im Dunklen unerkannt in Gunnars Bett Brünhild bezwingt, die sich daraufhin (ohne den Tausch zu bemerken) mit Gunnar vereint.

XXXV 1. f)   Die Saga über Bosi und Herraud

In dieser Saga nehmen Bosi und Herraud auf technische Weise die Gestalt zweier anderer Männer an, die in König Godmund Diensten standen, um diesen König zu überlisten und aus seiner Halle eine Frau zu rauben. Da dieser König Godmund die Sagen-Variante des ehemaligen Göttervaters Tyr ist, kann man diesen Frauen-Raub als eine Weiterentwicklung des Rittes des Sigurd durch die Waberlohe zu Brünhild ansehen.

Bosi kam früh am Morgen zu Herraud und erzählte ihm, was er in der Nacht erfahren hatte und sie bereiteten sich für ihren Aufbruch vor.

... ...

Sie gingen auf der Straße vor Sigurd. Bosi stieß seinen Speer durch ihn und Herraud würgte den Diener zu Tode. Dann zog Bosi ihnen beiden die Haut ab und ging zu ihrem Schiff und berichtete Smidur, was er erreicht hatte. Dann machten sie Pläne. Smidur legte Bosi die Totenmaske des Sigurd auf und sich selber die andere und kleidete sich wie der Diener, während Bosi die Kleider des Sigurd anzog.

XXXV 1. g)   Die Saga über Halfdan Eystein-Sohn

Die „Verwandlung" in dieser Saga ist eigentlich ein „Rollentausch":

Als nächstes rief der König alle seine Männer zusammen. Dann sprach er zu Ulfkell dem Helden und zu seinem Sohn Halfdan: „Wir haben gehört," sagte er, „daß Jarl Skuli im Norden in Alaborg herrscht. Ingigerd, die Tochter des Königs Hergeir, wird von ihm aufgezogen. Skuli ist ein großer Krieger und ich nehme an, der er mit einem Heer gegen uns anrücken wird. Daher solltet ihr ihm nach Osten hin entgegengehen und die Herrschaft über sein Land übernehmen und mir die Tochter des Königs bringen. Und wenn es euch gelingt, das Land zu erobern, dann soll Ulfkell wegen seiner mutigen Hilfe und weil er mir gefolgt ist, dort Jarl werden. Ich werde ihm eine ehrenvolle Braut suchen, aber Halfdan soll Ingigerd heiraten, wenn sie dem zustimmt."

Durch diese zweite Heirat würde sich Eysteinn seinen Herrschaftsanspruch noch einmal festigen.

Ulfkell und Halfdan rüsteten ihr Heer und hielten nicht an bevor sie nach Alaborg kamen.

Mittlerweile hatte Skuli erfahren, was in Aldeigjuborg geschehen war, und hatte ein großes Heer versammelt. Als sich jedoch das Heer versammelt hatte, wurde Skuli schwer krank. Da hörte er, daß sich das Heer des Ulfkell und des Halfdan näherte.

Er sagte zu Kol: „Ich will,“ sagte Skuli, „daß Du der Anführer des Heeres wirst. Nimm meine Standarte und meine Kleider und ich will Dir eine Grafschaft geben und Dich mit meiner Ziehtochter Ingigerd verheiraten, wenn Du den Sieg erringst.“

Somit hat sich nun die Situation ergeben, daß zwei Königssöhne um das Reich Alaborg und die Königstochter Ingiborg kämpfen. Dies ist zwar keine ungewöhnliche Szenerie für die damaligen Zeiten, aber sie entspricht auch dem Kampf des Tyr und des Loki um die Herrschaft im Diesseits und um die Göttin Freya. Auch der Tod (Hergeir), die Krankheit (Skuli) und die Zurückhaltung (Eysteinn) der alten Herrscher würde zu einer Entstehung aus der Jahreszeiten-Mythe passen, die durch den Kampf zwischen Tyr und Loki geprägt ist.

Kol sagte, daß er vollkommen bereit dazu sei. Da sagte Skuli den Männern, wie sie verhalten sollten. Sein Heer glaubte, daß dies Skuli sei, obwohl es in Wirklichkeit Kol war. Da zog er mit seinem Heer gegen Halfdan und Ulfkell. Jarl Skuli lag in einem Bett in einem Dorf und erholte sich noch immer von seiner Krankheit.

XXXV 1. h)   Der Reisebericht des Ibn Fadlan

Die ausführlichste Beschreibung einer germanischen (Feuer-)Bestattung findet sich in dem Reisebericht des arabischen Kaufmanns und Forschers Ibn Fadlan aus dem Jahr 922 n.Chr. Der Häuptling, dessen Bestattung er beschreibt, gehörte zu den östlichen schwedischen Wikingern, die sich „Rus“, d.h. „Ruderer“ nannten. Dieser Name ist der Ursprung von „Rußland“.

In diesem arabischen Bericht findet sich im Zusammenhang mit der bei der Bestattung getöteten Dienerin auch die Vorstellung der Wiederzeugung. Man wird daher den Tod der Nanna und die Hilfe durch die Riesin Hyrrokkin bei der Bestattung des Baldur recht sicher als Erinnerungen an das Wiederzeugungsmotiv und die damit verbundenen Bestattungsbräuche der Germanen ansehen können.

Es wurde mir mehrfach erzählt, daß wenn einer ihrer Häuptlinge stürbe, viele Dinge geschehen würden, wovon die Leichenverbrennung die wichtigste sei. Ich war deshalb sehr daran interessiert, etwas genaueres darüber zu erfahren. Eines Tages bekam ich davon zu hören, daß ein angesehener Mann unter ihnen gestorben war. Sie legten ihn in ein Grab und deckten dieses für zehn Tage zu, bis sie mit dem

Zuschneiden und Nähen der Leichenkleider fertig waren.

Die Bestattung ging auf folgende Art und Weise vonstatten. Für den Armen unter ihnen machten sie ein kleines Schiff, legten ihn hinein und verbrannten es. Aber wenn es um einen Reichen unter ihnen ging, so sammelten sie sein ganzes Vermögen und teilten dieses in drei gleichgroße Teile. Ein Drittel geht zu der Familie des Verstorbenen, für das zweite Drittel machten sie die Leichenkleider für den Toten und für das letzte Drittel brauten sie Nabid (Met oder Bier), welches getrunken wird, wenn seine Sklavin sich für ihn tötet und mit ihrem Herrn verbrannt wird.

Die Rus sind ganz dem Nabid verfallen, welchen sie Tag und Nacht trinken. Oft geschieht es, daß einer von ihnen mit dem Becher in der Hand stirbt.

Wenn ein Häuptling unter ihnen tot ist, so sagt seine Familie zu seinen Sklavinnen und Dienern: „Wer von euch möchte mit ihm sterben?"

Eine von denen antwortete: „Ich."

Da bekamen zwei andere Sklavinnen den Auftrag sie zu bewachen, wo immer sie auch stand und wohin sie auch ging und wuschen ihr mit ihren eigenen Händen die Füße.

Die Sklavin hat hier dieselbe Rolle inne wie die Göttin Nanna bei der Bestattung des Gottes Baldur – wobei der Tod der Nanna allerdings schon zu einem Tod durch die Trauer um ihren Mann Baldur umgedeutet worden ist.

So begannen sie und nahmen sich der hinterbliebenen Dinge des Toten an, um die Kleider für den Toten zu nähen und machten alles fertig, wie es sein sollte. Aber die Sklavinnen tranken und sangen jeden Tag in einer Freude, als ob sich etwas glückliches in naher Zukunft ankündige.

Als der Tag kam, an dem der Fürst und seine Sklavin verbrannt werden sollten, ging ich zum Flußufer, wo sein Schiff lag. Dies war an Land hochgezogen worden und wurde durch vier Stützen aus Birkenholz oder anderen Holzarten aufrechtgehalten.

Weiterhin war etwas aufgebaut worden, das wie ein großes Lager oder Magazin aus Holz aussah. Das Schiff wurde dorthin gezogen und an das Holzgestell angebracht. Und das Volk lief hin und her und sie sprachen eine Sprache, die ich nicht verstand, während der Tote noch in seinem Grabe lag. Sie hatten ihn noch nicht aus dem Grab herausgenommen.

Dann kamen sie mit einer Bank und setzten sie auf das Schiff und bedeckten sie mit Teppichen, mit byzantinischem Dibag (bemalter Seidenstoff) und mit Kissen aus byzantinischem Dibag. Nun kam eine alte Frau, welche der Todesengel genannt wurde und breitete die Teppiche über der Bank aus. Sie stand vor den Kleidern für den Toten und vor dem Gestell für die Leiche. Das ist auch diejenige, die die Mädchen tötet (Sklavinnen). Ich sah, daß sie eine alte, riesengroße Frau, dick und düster vom Aus-

sehen her war. (Sie ist die Verkörperung der Hel/Hyrrokkin.*)*

   Als sie zu seinem Grab kamen, nahmen sie die gesamte Erde weg vom Holz und danach entfernten sie das gesamte Holz. Und so zogen sie von ihm die Kleider, die der Tote trug. Ich möchte bemerken, das er ganz schwarz aufgrund der Kälte im Lande geworden war. In das Grab hatten sie zusammen mit ihm Bier, Früchte und eine Mandoline hineingelegt. Und all dies nahmen sie nun aus dem Grab. Der Tote roch merkwürdigerweiße überhaupt nicht und nichts hatte sich verändert an ihm außer seiner Hautfarbe.

   Dann kleideten sie ihn mit Hosen, Überhosen, Stiefeln, Gürtel und einen Mantel aus Dibag mit Goldknöpfen. Sie setzten ihm eine Kappe aus Dibag und Zobelfell auf seinen Kopf und trugen ihn in das Zelt, das auf dem Schiff aufgestellt worden war. Dort setzten sie ihn auf den Teppich und stützten ihn mit Kissen.

   Dann kamen sie mit Nabid, Früchten und wohlriechenden Pflanzen und legten diese zu seinen Seiten nieder. Weiterhin brachten sie Brot, Fleisch und Zwiebeln und legten sie vor ihm hin. Dann kamen sie mit einem Hund und schnitten ihn in zwei Teile und warfen ihn ins Schiff. Danach kamen sie mit seinen Waffen und legten sie zu seinen Seiten nieder. Dann nahmen sie zwei Pferde und trieben sie solange bis sie schweißnaß waren. Daraufhin hieben sie diese in Stücke mit ihren Schwertern und warfen das Fleisch in das Schiff. Genauso taten sie es mit zwei Kühen, auch diese hackten sie in Stücke und warfen das Fleisch ins Schiff. (Die Pferde und Rinder sind die Opfertiere, die die Zeugungskraft des Toten magisch sichern sollen.) Schließlich kamen sie mit einem Hahn und einem Huhn, töteten diese und warfen auch diese auf das Schiff.

   Die Sklavin, die getötet werden wollte, ging währenddessen hin und her. Sie ging in das eine oder das andere Zelt und der Herr des Zeltes hatte sexuellen Umgang mit ihr, während er sagte: „Sage dies zu deinem Herren: Das habe ich getan aus Liebe zu Dir."

   Die „Freunde des Toten" übernehmen hier im Bestattungsritual die Rolle des Toten bei der Wiederzeugung. Diese Vereinigung mit der Sklavin, die die Jenseitsgöttin bei der Wiederzeugung verkörpert, ergibt nur einen Sinn, wenn die Freunde des Toten den Toten selber repräsentieren.

   Möglicherweise wurde dieses Ritual auch als ein Analogie-Zauber angesehen: So wie sich die Freunde des Toten mit der Sklavin vereinen, soll sich auch der Tote mit der Jenseitsgöttin vereinen.

   Die Auffassung der Sklavin als der Jenseitsgöttin und der Freunde des Toten als des Tote selber ist jedoch eine schlichtere und daher wahrscheinlich auch die zutreffende Beschreibungen. Zudem entspricht diese Auffassung dem Gestalttausch von Sigurd und Gunnar.

Als es Freitag Nachmittag geworden war, nahmen sie die Sklavin mit zu einer Art Türrahmen („Jenseitstor"). Sie setzte ihre Beine auf die Handflächen der Männer, wodurch sie so hoch kam, daß sie über diesen Rahmen hinausragte, woraufhin sie etwas in deren Sprache sagte. Anschließend ließen sie sie herunter. Aber kurz darauf hoben die Männer sie wieder hoch und sie machte dasselbe wie beim ersten mal. Schließlich ließen die Männer sie wieder herunter um sie ein drittes mal hochzuheben und sie tat dasselbe, wie beim ersten und beim zweiten mal zuvor. Da reichten sie ihr eine Henne und sie schnitt dem Huhn den Kopf ab und warf es weg. Die Männer hoben die tote Henne auf und warfen sie in das Schiff. Da fragte ich den Übersetzer was sie gemacht hatte.

Er antwortete: „Das erste mal, als sie hoch gehoben wurde sagte sie: 'Seht dort, ich sehe meinen Vater und meine Mutter dort (im Jenseits) *sitzen!' Das zweite mal sagte sie: 'Seht dort, ich sehe alle meine toten Verwandten dort sitzen!' Und beim dritten mal sagte sie: 'Seht dort, ich sehe meinen Herrn im Paradies sitzen und das Paradies ist farbig und grün und zusammen mit meinem Herrn sind Männer und junge Diener. Er ruft nach mir. Laßt mich zu ihm gehen!'"*

Und so gingen sie mit ihr zum Schiff.

Sie nahm zwei Armreifen von ihrem Arm und gab sie der alten Frau, welche der Todesengel genannt wurde und sie töten sollte. Dann nahm sie von sich zwei Achselringe und gab sie den Töchtern der Frau, welche der Todesengel genannt wurde („Draupnir-Ringe").

Dann führten sie sie hinauf zum Schiff, aber ließen sie nicht ins Zelt. Dann kamen Männer mit Schildern (Symbol der Sonnenscheibe?) *und Holzstäben* (die „Zauberstäbe", die auch auf dem Goldhorn von Gallehus und auf den Runensteinen abgebildet sind).

Dann reichten sie ihr einen Becher mit Nabid. Sie sang darüber und trank den Becher aus. (rituelles Trinken des „Göttermets")

Der Übersetzer sagte zu mir: „Nun nimmt sie Abschied von ihren Freunden." Und so wurde ihr ein neuer Becher gereicht. Sie nahm ihn und trank diesen sehr langsam aus. Aber die alte Frau drängte sie, schnell auszutrinken, damit sie ins Zelt zu ihrem Herren gehen konnte. Da sah ich zu ihr und sie sah ganz verstört aus. Sie wollte in das Zelt hineingehen und steckte den Kopf ins Zelt, so daß sie zwischen dem Zelt und dem Schiff war. Aber da nahm die Frau ihren Kopf und zog ihn in das Zelt und die Frau ging ihr in das Zelt nach.

Die Männer begannen da mit den Holzstäben gegen die Schilde zu schlagen, so das der Lärm die Schreie der Sklavin überdeckte, damit die anderen Mädchen nicht verängstigt würden und nicht mehr den Tod zusammen mit ihren Herrn suchen würden wollen, wenn die Zeit dafür kommt. (Dies ist wahrscheinlich eine Deutung von Ibn Fadlan und nicht unbedingt die rituelle Bedeutung des „Trommelns".)

Da gingen sechs Männer in das Zelt und sie nahmen sie nacheinander (rituelle Wiederzeugung).

Da lag sie nun neben ihrem toten Herrn. Zwei hielten ihre Beine und zwei die Hände. Die Frau, die der Todesengel hieß, legte einen Strick um ihren Hals und knüpfte die Enden in die entgegengesetzte Richtung, sodaß zwei Männer daran ziehen konnten. So ging die Frau mit einem kleinen Dolch mit breitem Blatt und stach diesen zwischen die Rippen des Mädchens und zog ihn wieder heraus und die zwei Männer würgten sie mit dem Strick. So starb sie.

Dann kamen die vom Volk, die mit dem Toten am nächsten verwandt waren zum Platz. Der Häuptlingssohn nahm ein Holzstück und zündete es an. Er ging rückwärts mit dem Rücken zum Schiff und das Gesicht zum Volk und hielt in der einen Hand das Holzstück während er die andere Hand hinter dem Rücken auf seinem Gesäß ruhte. Er war nackt (wie die Gestalten auf dem Goldhorn; d.h. er war im Jenseits).

Auf diese Weise wurde überall Feuer unter dem Gestell, das das Schiff stützte, gelegt, nachdem sie die getötete Sklavin an die Seite ihres Herrn gelegt hatten.

Nun kam das Volk zu dem Platz mit Holz und jeder hatte ein Holzstückchen mit Feuer an der Spitze. Sie warfen das Holz so unter das Schiff, das das Feuer nur so um sich griff. Erst brannte das Schiff und dann das Zelt mit dem Mann und der Sklavin darin sowie alles, was im dem Schiff war. Da kam ein starker und fürchterlicher Wind, sodaß die Flammen kräftiger wurden und das Feuer sehr weit in den Himmel emporloderte.

Zu meiner Seite stand ein Mann von den Rus und ich hörte ihn, wie er sich mit dem Übersetzer unterhielt. Ich fragte ihn dann, was er zu ihm gesagt hatte.

Er antwortete: „Ihr Araber seit dumm."

Ich frug: „Wieso das?"

Er sagte: „Den den ihr am meisten unter euch Menschen liebt und ehrt, werft ihr in die Erde, wenn er tot ist, sodaß die Erde, Kriechtier und Gewürm ihn verzehren kann. Wir dagegen brennen ihn hinauf in einem Augenblick, sodaß er dann am selben Ort zur selben Stund ins Paradies geht."

Und da begann er laut zu lachen.

Als ich ihn genauer darüber befragte, sagte er: „Sein Herr (Tyr/Odin) *hat in seiner Liebe den Wind gesendet, so daß er in einer Stunde hinweggetragen wird."*

Und dies geschah wirklich. Es dauerte nicht mehr als eine Stunde, bis das Schiff und das gesamte Holz und die Sklavin und ihr Herr und alles zu Asche und Aschestaub geworden war!

Schließlich bauten sie da, wo das Schiff, das sie vom Ufer hochgezogen hatten, stand, einen Hügel auf. Mitten auf diesem Hügel errichteten sie eine schwere Holzstütze aus Birkenholz. Auf diese schrieben sie den Namen des Mannes und den Namen Rus-König (Entsprechung zu den Runensteinen) *und gingen sie ihres Weges.*

XXXV 2.   Indogermanen

Das Motiv der Verwandlung eines Mannes in einen anderen Mann ist außer von den Germanen nur noch von den Kelten und von den Griechen bekannt. Auch dort steht es mit der Zeugung bzw. Wiederzeugung und der Jenseitsreise in Zusammenhang.

XXXV 2. a)   Kelten

In der Vulgate wird über Merlin berichtet, daß er sich und andere Männer in die Gestalt von anderen Männern verwandeln konnte. Merlin gibt König Uther die Gestalt des Herzogs Gorlois von Cornwall, damit dieser sich mit dessen Gattin Igraine vereinen kann, ohne daß diese es bemerkt. Auf diese Weise wird der spätere König Artus gezeugt.

Im Mabinogion tauschen Prinz Pwyll und der Jenseitsgott Arawn ihre Gestalten.

XXXV 2. b)   Griechen

Als Zeus die Alkmene begehrte, verwandelte er sich in ihren Mann Amphitryon, um das Lager mit ihr zu teilen.

Als Zeus der Semele nachstellte, verwandelte er sich in einen Schäfer, um ihre Gunst zu erlangen.

XXXV 3. Zusammenfassung

Die Verwandlung in einen anderen Mann dient dazu, einem Freund zu helfen, durch die Waberlohe ins Jenseits zu gelangen und sich dort mit einer Walküre, d.h. der Jenseitsgöttin als Wiederzeugungs-Geliebter zu vereinen.

Dieses Motiv hat seinen Ursprung in einem von Ibn Fadlan berichteten Brauch: Die Freunde eines toten Fürsten vereinen sich bei dessen Bestattung mit der Frau, die anschließend getötet und zusammen mit dem Fürsten begraben wird. Dabei sagen sie ausdrücklich, daß sie diese Vereinigung nur für ihn getan haben. Die Freunde des Toten führen also rituell für den Fürsten dessen Wiederzeeugung im Jenseits durch.

Bei den Germanen ist es Sigurd, der den Rollentausch vornimmt – Sigurd ist eine Saga-Vaiante des ehemaligen Sonnengott-Göttervaters Tyr.

Bei den Kelten wird durch den Rollentausch König Artus gezeugt, der viele Merkmale des früheren Sonnengott-Göttervaters der Kelten übernommen hat (wie u.a. Artus' Schwert-Symbolik zeigt).

Auch bei den Griechen ist die Rollentausch-Symbolik mit dem Göttervater Zeus verbunden.

Das Rollentausch-Motiv und das Wiederzeugungs-Ritual stammt offenbar aus den ursprünglichen Mythen der Indogermanen.

Siehe auch die ausführlichere Darstellung dieses Themas in dem Kapitel „Wiederzeugung" in Band 51.

XXXVI Die Verwandlung eines Mannes in eine Frau

XXXVI 1. Germanen

Die Verwandlung eines Mannes in eine Frau ist ein recht häufiges Thema, das auch von den beiden Göttern Odin und Loki bekannt ist.

Diese beiden Götter waren auffälligerweise Blutsbrüder – ihre beiden Vorgänger Tyr und Loki sind vermutlich sogar leibliche Brüder gewesen. Dies läßt vermuten, daß diese Frauen-Verwandlung ein älteres mythologisches Thema ist.

In einem Lied muß sich auch Thor in eine Frau verkleiden.

- Lokis Frauen-Verwandlungen -

XXXVI 1. a) Gylfis Vision

Loki konnte sich in eine alte Frau verwandeln und in dieser Gestalt die Göttin Frigg überlisten.

Da frug Gangleri: „Haben sich noch andere Abenteuer mit den Asen ereignet? Eine gewaltige Heldentat hat Thor auf dieser Fahrt verrichtet.“

Har antwortete: „Es mag noch von Abenteuern berichtet werden, die den Asen bedeutender scheinen.

Und das ist der Anfang dieser Sage, daß Baldur, der gute, schwere Träume träumte, die seinem Leben Gefahr deuten. Und als er den Asen seine Träume sagte, hielten sie Rat zusammen und beschlossen, dem Baldur Sicherheit vor allen Gefahren auszuwirken.

Da nahm Frigg Eide von Feuer und Wasser, Eisen und allen Erzen, Steinen und Erden, von Bäumen, Krankheiten und Giften, dazu von allen vierfüßigen Tieren, Vögeln und Würmern, daß sie Baldurs schonen wollten.

Die Göttin Frigg ist die Mutter des Baldur und ist vermutlich daher diejenige, die versucht, Baldur zu schützen. Im Wegtam-Lied reist Odin ins Jenseits, um zu erfahren, wie Baldur geschützt werden kann. Beide Eltern des Baldur versuchen demnach, ihren Sohn zu beschützen. Frigg scheint eine „Göttin der Welt" zu sein, da sie allen Dingen Eide abverlangen kann.

Als das geschehen und allen bekannt war, da kurzweilten die Asen mit Baldur, daß er sich mitten in den Kreis stellte und einige nach ihm schossen, andere nach ihm hieben und noch andere mit Steinen warfen. Und was sie auch taten, es schadete ihm nicht; das dünkte sie alle ein großer Vorteil.

Aber als Loki, Laufeyjas Sohn, das sah, da gefiel es ihm übel, daß den Baldur nichts verletzen sollte. Da ging er zu Frigg nach Fensal in Gestalt eines alten Weibes.

Da frug Frigg die Frau, ob sie wüßte, was die Asen in ihrer Versammlung vornähmen.

Die Frau antwortete, daß sie alle nach Baldur schossen, aber ihm nichts schadete.

Da sprach Frigg: 'Weder Waffen noch Bäume können Baldur schaden: Ich habe von allen Eide genommen.'

Da frug das Weib: 'Haben alle Dinge Eide geschworen, Baldur zu schonen?'

Frigg antwortete: 'Östlich von Walhall wächst eine Staude, Mistel genannt, die schien mir zu jung, sie in Eid zu nehmen.'

Darauf ging die Frau fort. Loki nahm den Mistelzweig, riß ihn aus und ging zur Versammlung. Hödur stand zuäußerst im Kreise der Männer, denn er war blind."

XXXVI 1. b) Gylfis Vision

Loki konnte auch die Gestalt einer Riesin annehmen – immerhin war er der Sohn der Riesin Laufey.

Da ritt Hermod auf die Halle zu, stieg vom Pferd und trat in die Halle. Da sah er seinen Bruder Baldur auf dem Ehrenplatze sitzen. Hermod blieb dort die Nacht über.

Aber am Morgen verlangte Hermod von Hel, daß Baldur mit ihm heim reiten solle, und sagte, welche Trauer um ihn bei den Asen sei.

Aber Hel sagte, das solle sich nun erproben, ob Baldur so allgemein geliebt werde als man sage, „und wenn alle Dinge in der Welt, lebendige sowohl als tote, ihn beweinen, so soll er zurück zu den Asen fahren; aber bei Hel bleiben, wenn eins widerspricht und nicht weinen will."

Da stand Hermod auf und Baldur geleitete ihn aus der Halle und nahm den Ring Draupnir und sandte ihn Odin zum Andenken, und Nanna sandte der Frigg einen Überwurf und noch andere Gaben, und der Fulla einen Goldring.

Da ritt Hermod seines Weges zurück und kam nach Asgard und sagte alle Dinge, die er da gehört und gesehen hatte.

Danach sandten die Asen Boten in alle Welt und geboten, Baldur aus Hels Gewalt zu weinen. Alle taten das, Menschen und Tiere, Erde, Steine, Bäume und alle Erze; wie Du schon gesehen haben wirst, daß diese Dinge weinen, wenn sie aus dem Frost in die Wärme kommen.

Als die Gesandten heimfuhren und ihr Gewerbe wohl vollbracht hatten, fanden sie in einer Höhle ein Riesenweib sitzen, das Thöck genannt wurde. Die baten sie auch, den Baldur aus Hels Gewalt zu weinen.

Sie antwortete:

„Thöck muß weinen mit trocknen Augen
Über Baldurs Ende.
Nicht im Leben noch im Tod hatt ich Nutzen von ihm:
Behalte Hel was sie hat."

Man meint, daß dies Loki, Laufeyjas Sohn, gewesen sei, der den Asen so viel Leid zugefügt hatte.

XXXVI 1. c) Thrym-Sage

In diesem Lied verwandelt sich Loki in Freyas Dienerin – allerdings nur durch eine Verkleidung.

Da sprach Thor also, der gestrenge Gott:
„Mich würden die Asen weibisch schelten,
Legt ich das bräutliche Linnen mir an."

Anhub da Loki, Laufeyjas Sohn:
„Schweig nur, Thor, mit solchen Worten.
Bald werden die Riesen Asgard bewohnen,
Holst Du den Hammer nicht wieder heim."

Das bräutliche Linnen legten dem Thor sie an,
Dazu den schönen, schimmernden Halsschmuck.
Auch ließ er erklingen Geklirr der Schlüssel,
Und weiblich Gewand umwallte sein Knie;
Es blinkte die Brust ihm von blitzenden Steinen,
Und hoch umhüllte der Schleier sein Haupt.

Da sprach Loki, Laufeyjas Sohn:
„Nun muß ich mit Dir als deine Magd:
Wir beide wir reisen gen Riesenheim."

XXXVI 1. d) Skaldskarpmal

Frauenverwandlungen jeder Art scheinen dem Loki geläufig gewesen zu sein – er konnte sich auch (wie bereits dargestellt) in eine Stute verwandeln.

Da frug Gangleri: „Wem gehört das Roß Sleipnir? Oder was ist von ihm zu sagen?"

Har antwortete: „Nicht magst Du von Sleipnir Kunde haben, wenn Du nicht weißt, bei welchem Anlaß er erzeugt wurde, und das wird Dich wohl der Erzählung wert dünken.

Es geschah früh bei der ersten Niederlassung der Götter, als sie Midgard erschaffen und Walhall gebaut hatten, daß ein Baumeister kam und sich erbot, eine Burg zu bauen in drei Halbjahren, die den Göttern zum Schutz und Schirm wäre wider Bergriesen und Hrimthursen, wenn sie gleich über Midgard eindrängen.

Aber er bedingte sich das zum Lohn, daß er Freyja haben sollte und dazu Sonne und Mond. Da traten die Asen zusammen und hielten Rat und gingen den Kauf ein mit dem Baumeister, daß er haben sollte was er anspräche, wenn er in einem Winter die Burg fertig brächte; wenn aber am ersten Sommertag noch irgend ein Ding an der Burg unvollendet wäre, so sollte er des Lohnes entraten; auch dürfte er von niemanden bei dem Werke Hilfe empfangen.

Dieser Handel zwischen den Asen und dem Riesen ist im Grunde von Anfang an zum Scheitern verurteilt, denn entweder geht der Riese ohne Lohn aus oder die Asen haben zwar eine sichere Burg, aber es scheint ihnen keine Sonne und kein Mond mehr und obendrein haben sie die Göttin Freya verloren, die immerhin für die Wiedergeburt und somit in ihrer Erscheinungsform als Idun für die ewige Jugend der Götter zuständig ist.

Als sie ihm diese Bedingung sagten, da verlangte er von ihnen, daß sie ihm erlauben sollten, sich der Hilfe seines Pferdes Swadilfari zu bedienen, und Loki riet dazu, daß ihm dies zugesagt wurde.

Loki ist somit derjenige, wegen dem die Mauer rings um Asgard erbaut worden ist und wegen dem die folgende Geschichte ihren Lauf nehmen konnte.

Da griff er am ersten Wintertag dazu, die Burg zu bauen und führte in der Nacht die Steine mit dem Pferde herbei. Die Asen dünkte es ein großes Wunder, wie gewaltige Felsen das Pferd herbeizog; und noch halbmal so viel Arbeit verrichtete das Pferd als der Baumeister.

Der Kauf aber war mit vielen Zeugen und starken Eiden bekräftigt worden, denn ohne solchen Frieden hätten sich die Jötune bei den Asen nicht sicher geglaubt, wenn Thor heimkäme, der damals nach Osten gezogen war, Unholde zu schlagen.

Als der Winter zu Ende ging, ward der Bau der Burg sehr beschleunigt, und schon war sie hoch und stark, daß ihr kein Angriff mehr schaden konnte. Und als noch drei Tage blieben bis zum Sommer, war es schon bis zum Burgtor gekommen.

Da setzten sich die Götter auf ihre Richterstühle und hielten Rat und einer frug den andern, wer dazu geraten hätte, Freyja nach Jötunheim zu vergeben und Luft und Himmel so zu verderben, daß Sonne und Mond hinweggenommen und den Jötunen gegeben werden sollten.

Da kamen sie alle überein, daß der dazu geraten haben werde, der zu allem Übeln rate: Loki, Laufeyjas Sohn, und sagten, er solle eines Übeln Todes sein, wenn er nicht Rat fände, den Baumeister um seinen Lohn zu bringen. Und als sie dem Loki zusetzten, ward er bange vor ihnen und schwur Eide, er wolle es so einrichten, daß der Baumeister um seinen Lohn käme, was es ihm auch kosten möchte.

Und denselben Abend, als der Baumeister nach Steinen ausfuhr mit seinem Hengste Swadilfari, da lief eine Stute aus dem Wald dem Hengst entgegen und wieherte ihm zu. Und als der Hengst merkte, was Rosses das war, da ward er wild, zerriß die Stricke und lief der Mähre nach, und die Mähre voran zum Walde und der Baumeister dem Hengste nach, ihn zu fangen. Und diese Rosse liefen die ganze Nacht umher, und diese Nacht ward das Werk versäumt und am Tage darauf wurde dann nicht gearbeitet, wie sonst geschehen war.

Und als der Meister sah, daß das Werk nicht zu Ende kommen möge, da geriet er in Riesenzorn. Die Asen aber, die nun für gewiß erkannten, daß es ein Bergriese war, der zu ihnen gekommen war, achteten ihre Eide nicht mehr und riefen zu Thor, und im Augenblick kam er und hub auch gleich seinen Hammer Miölnir und bezahlte mit ihm den Baulohn, nicht mit Sonne und Mond; vielmehr verwehrte er ihm das Bauen auch in Jötunheim, denn mit dem ersten Streich zerschmetterte er ihm den Hirnschädel in kleine Stücke und sandte ihn hinab gen Niflhel.

Loki selbst war als Stute dem Swadilfari begegnet und einige Zeit nachher gebar er ein Füllen, das war grau und hatte acht Füße, und dies ist der Pferde bestes bei Göttern und Menschen.

XXXVI 1. e)   Ägirs Trinkgelage

Loki hat sich auch in eine Kuh verwandelt und ist in dieser Gestalt Mutter geworden:

Loki:
„Schweig nur, Odin, ungerecht zwischen
Den Sterblichen teilst du den Streit:
Oftmals gabst Du, dem Du nicht geben solltest,
Dem schlechtem Manne den Sieg!"

Odin:
„Weißt Du, daß ich gab, dem ich nicht geben sollte,
Dem schlechtem Manne den Sieg;
Doch Du warst acht Winter unter der Erde
als milchende Kuh und Mutter
und dort gebarest Du:
Das dünkt mich eines Argen Art!"

Loki war acht Jahre lang in der Gestalt einer Kuh unter der Erde, d.h. im Jenseits
und ist dort Mutter geworden, d.h. er hat mindestens ein Kälbchen geboren.

XXXVI 1. f)   Ägirs Trinkgelage

Auch Niörd spielt auf Lokis Kinder, die dieser als Stute bzw. Kuh gebar, an:

Niördr (zu Loki):
„Die Schöngeschmückten, das schadet nicht,
Wählen Männer wie sie mögen;
Des Verworfnen Verweilen bei den Asen wundert nur,
Der Kinder konnte gebären."

XXXVI 1. g)   Zusammenfassung: Loki

Loki verwandelt sich mindestens fünfmal in eine Frau oder ein weibliches Tier:

265

1. Er verwandelt sich in eine alte Frau, um von Frigg zu erfahren, wie Baldur getötet werden kann. (Skaldskaparmal)

2. Er verhindert in der Gestalt der Riesin Thökk (Hel?) durch seine Weigerung, wegen Baldurs Tod zu weinen, daß dieser auf Friggs Bitte hin aus dem Jenseits zurückkehren kann. (Gylfis Vision)

3. Er verkleidet sich als Frau, um Thor zu helfen, seinen Hammer von dem Tyr-Riesen Thrym zurückzuerlangen. (Thrym-Lied)

4. Er verwandelte sich in eine Stute, um in dieser Gestalt das Roß des Riesenbaumeisters (Tyr als Riese) abzulenken, wodurch er zum Vater von Odins Roß Sleipnir wurde. Wenn Loki diese Ablenkung nicht gelungen wäre, hätte der Riese die Mauer um Asgard vollendet und die Asen hätten ihm die Sonne, den Mond und die Göttin Freya zum Lohn geben müssen. (Skaldskaparmal)

5. Er war acht Jahre lang in der Gestalt einer Kuh unter der Erde, d.h. im Jenseits und ist dort Mutter geworden, d.h. er hat mindestens ein Kälbchen geboren. (Lokasenna)

Alle fünf Verwandlungen sind mit dem Jenseits assoziiert.
Vier dieser Verwandlungen sind mit Frigg oder Freya verbunden.
Vier dieser Verwandlungen haben einen Zusammenhang mit dem Sommergott-Göttervater (Tyr-Riesenbaumeister, Tyr-Thrym, Baldur, Sonne).
In vier Fällen geht es darum, daß etwas die Grenze zum Jenseits überschreiten soll: Baldur, Sonne, Mond, Freya, Hammer.
In zwei Fällen verwandelt sich Loki in eine weibliches Herdentier und wird zur Mutter. Dies könnte sich auf die Wiederzeugung und die Wiedergeburt beziehen, bei der die Toten bzw. die Götter sowie die Jenseitsgöttin (Frigg-Freya) die Gestalt eines Herdentieres annehmen.

Die Frauen-Verwandlungen des Loki einschließlich seiner Stuten- und Kuh-Gestalt beziehen sich auf die Jenseitsgöttin Frigg-Freyr sowie auf den Sommergott-Göttervater. Lokis Frauen-Verwandlungen scheinen somit ursprünglich etwas mit der Wiederzeugung und der Wiedergeburt des Sonnengott-Göttervaters Tyr zu tun gehabt zu haben.

- Odins Frauen-Verwandlungen -

XXXVI 1. h) Ägirs Trinkgelage

Odin hat sich Loki zufolge (der zwar stichelt und provoziert, dies aber mit der Wahrheit tut) einst in eine Seherin verwandelt oder verkleidet.

Loki (an Odin):
„Du schlichest, sagt man, in Samsö umher
Von Haus zu Haus als Wala.
Als vermummte Zauberin trogst du das Menschenvolk:
Das dünkt mich eines Argen Art."

Odin hat sich einst in eine Seherin verwandelt.

XXXVI 1. i) Gesta danorum

In der „Gesta danorum" („Geschichte der Dänen") des Mönches Saxo grammaticus („Saxo der Schriftkundige") wird über die Begegnung zwischen Odin und Rindr und ihren Sohn Wali, der hier „Bous" genannt wird, in der Form einer Sage berichtet.

In der „Gesta danorum" erscheint Odin in den drei Gestalten des Woden (Krieger), des Wili (Schmied) und des We (Heiler). Dies entspricht den drei Ständen der Germanen: Krieger/Fürsten, Priester/Heiler und Bauern/Handwerker.

Nachdem seine Verführung der Rindr als Krieger und als Handwerker fehlgeschlagen war, verwandelte sich Odin in eine Heilerin.

Aber Odin, der erfahren hatte, daß nichts den Wünschen eines Liebenden mehr dient als feste Entschlossenheit, ging, obwohl er von der Schande der zweifachen Zurückweisung verletzt worden war, ein drittes mal zu dem König und bot ihm die vollkommensten Dienste in der Kriegskunst an.

Zu dieser Tat wurde er nicht nur durch sein Verlangen nach Vergnügen, sondern auch durch sein Verlangen, seine Schmach auszumerzen, angetrieben. In den früheren Zeiten besaßen diejenigen, die in den magischen Künsten bewandert waren, die Macht, ihr Aussehen im Nu zu verändern und die verschiedensten Gestalten anzunehmen. Sie waren in der Tat sehr geschickt darin, das verschiedenste alter vorzuspielen – nicht nur in ihrer körperlichen Erscheinung, sondern auch in ihrem Wesen;

und so begann der alte Mann, um gefällig zu erscheinen, unter den Stolzesten der Krieger auf und ab zu reiten.

Doch nicht einmal solch eine Präsentierung konnte die Entschlossenheit der Maid erweichen, denn es fällt dem Geist schwer, zu einer echter Zuneigung für jemanden zurückzukehren, gegen den man einmal eine heftige Abneigung empfunden hat. Als er versuchte, sie bei seinem Abschied zu küssen, stieß sie ihn so heftig zurück, daß er stolperte und sich sein Kinn auf dem Boden stieß.

Daraufhin berührte er sie sofort mit einem Stück Rinde, auf das Zaubersprüche geschrieben waren, und ließ sie dadurch wie jemanden erscheinen, der einen Anfall hat: Dies war eine kleine Rache für all die Beleidigungen, der er von ihr erhalten hatte.

Diese Szene ist möglicherweise eine Anspielung auf den Namen der Königstochter, da „Rinda", falls „Rindr" auch bei den Wikingern die Bedeutung „Rinde" gehabt haben sollte.

Aber noch immer gab er das Erreichens eines Zieles nicht auf, denn das Vertraute in seine eigene göttliche Größe erfüllte ihn mit Zuversicht; daher nahm dieser unermüdliche Wanderer die Gestalt einer jungen Frau an und kehrte ein viertes mal zu dem König zurück und zeigte sich, nachdem er von ihm aufgenommen worden war, hilfreich, ja zuvorkommend. Die meisten Menschen nahmen ihm ab, daß er eine Frau sei, denn er war in weibliche Gewänder gekleidet. Er sagte zudem, daß sein Name „Wecha" sei, und sein Beruf Heilerin: und diese Behauptung bewies er durch seine bereitwilligsten Dienste.

Der Name „Wecha" ist von dem germanischen Wort „wäha" für „weihen" abgeleitet. Er ist eine Weiterentwicklung des Gottesnamens „We", mit dem in der Dreiheit „Woden, Wili, We" der Stand des Priesters/Heilers bezeichnet wird.

Schließlich wurde er in den Haushalt der Königin aufgenommen und erhielt dort die Aufgabe der Kammerzofe der Königstochter und wusch sogar regelmäßig am Abend den Schmutz von ihren Füßen; und als er mit dem Wasser sie beim Waschen netzte, konnte er sogar ihre Waden und ihre Oberschenkel berühren.

Doch das Glück geht mit wechselhaften Schritten voran und so führte der Zufall in seine Hände, was seine Absicht nie erreicht hatte. Denn es geschah, daß das Mädchen erkrankte und nach Heilung suchte; und sie rief zum Schutze ihrer Gesundheit eben jene Hände herbei, die sie zuvor zurückgewiesen hatte und bat jenen um Erhaltung ihres Lebens, den sie zuvor verabscheut hatte.

Er untersuchte genauestens alle Zeichen ihrer Krankheit und sagte schließlich, daß es, um die Krankheit so bald wie möglich aufzuhalten, notwendig sei, einen bestimmten Heiltrank anzuwenden; aber daß dieser Trank derart bitter zusammengemischt sei, daß die Maid niemals eine solch heftige Heilung ertragen könnte, wenn sie nicht bereit wäre, sie anbinden zu lassen; denn die Säfte der Krankheit müßten aus den innersten Fasern herausgeworfen werden.

Als der Vater dies hörte, zögerte er nicht, seine Tochter zu binden; und nachdem er sie auf das Bett gelegt hatte, bat er sie, geduldig alle Heilmittel der Heilerin zu ertragen. Denn der König wurde durch das Frauengewand getäuscht, das der alte Mann trug um seine nicht ermüdende List zu verbergen; und so wurde die scheinbare Heilung zu einem Ereignis der Empörung.

Denn der Heiler ergriff die Gelegenheit zur Liebe und ließ von seiner Tätigkeit des Heilens ab und eilte zu der Arbeit – nicht zu der Vertreibung des Fiebers, sondern zu den Arbeiten der Lust; er nutzte die Krankheit der Königstochter, die ihm bei guter Gesundheit widerstanden hatte.

Ich werde nicht langweilen, wenn ich eine weitere Version dieser Angelegenheit hinzufüge. Denn es gibt einige, die sagen, daß der König, als er sah, wie der Heiler unter seiner Liebe litt, aber trotz all seiner geistigen und körperlichen Anstrengungen nichts erreichte, ihn nicht seines ihm zustehenden Lohnes, den er sich so redlich verdient hatte, berauben wollte und ihm deshalb erlaubte, mit seiner Tochter ungestört zusammenzuliegen.

So fällt die Verdorbenheit des Vaters manchmal auf die Tochter zurück, wenn starke Leidenschaft die natürliche Milde verzerrt. Aber seinem Vergehen folgte schon bald eine Reue, die voller Scham war, als seine Tochter einen Sohn gebar.

Der Sohn des Odin und der Rindr ist Wali, der in der „Gesta danorum" „Boe" genannt wird.

In den früheren Versionen der Verbindung zwischen Odin und Rindr wie z.B. der Vereinigung von Wieland und Bödwild oder von Odin und Gunnlöd ist noch nicht von solch einer Vergewaltigung die Rede, denn dort wird das Verhältnis als von beiden gewollt beschrieben.

Vielleicht liegt dieser Umdeutung schon der christliche Einfluß, der Sexualitäts- feindlich war, zugrunde.

... ...

Als er sah, daß Boe, sein Sohn von Rinda für die Härten der Krieges gewappnet war, rief er ihn zu sich und bat ihn, die Ermordung seines Bruders in Erinnerung zu behalten. Er sagte zu ihm, daß es besser sei, an den Mördern des Balder Rache zu nehmen als die Unschuldigen zu besiegen, den das führen von Kriegen war dann am besten und am passendsten, wenn es durch eine Rache einen heiligen Grund gab, den Krieg rechtmäßig zu eröffnen und ihn zu führen.

... ...

Da versammelte Hother die Ältesten und sagte ihnen, daß er in dem Krieg, in dem er Boe begegnen wird, fallen werde und daß er dies nicht durch zweifelhaftes Raten, sondern durch sichere Vorhersagen von Sehern wüßte.

Da ersuchte er sie, seinen Sohn Rorik zum König zu ernennen, damit das Urteil von heimtückischen Männern das Königtum nicht auf fremde und unbekannte Häuser übertragen würden. Er beteuerte, daß er mehr Freude über die Nachfolge seines Sohnes ernten würde als Bitterkeit über seinen eigenen Tod. Diese Bitte wurde schnell erfüllt.

Dann traf er Boe in einer Schlacht und wurde getötet, aber Boe gab sein Sieg nur wenig Freude. Wahrlich, er verließ die Schlacht so scher verwundet, daß er auf einen Schild gelegt und von seinen zu Fuß kämpfenden Kriegern reihum getragen wurde und am nächsten Tagen an den Schmerzen seiner Wunden starb.

Der Tod des Boe nach der Schlacht gegen Hother (Hödur) könnte eine Erinnerung an den zyklischen Tod des Göttervaters sein, der nach der Umdeutung der Mythe in eine Sage zu einem Tod nach dem Durchführen seiner Rache wurde.

Ursprünglich starb der Göttervater aufgrund des Sonnengleichnisses jeden Abend und wurde jeden Morgen wiedergeboren. Als der Göttervater in einen alten und in einen jungen Gott, d.h. in Vater und Sohn aufgespalten wurde, entstand zunächst eine Thronfolge, eine Ablösung in der Herrschaft. Daraus wurde in einem nächsten Schritt ein Kampf um den Thron zwischen Vater und Sohn. Als dann die „böse Motivation" des Sohnes sozusagen „ausgelagert" und zu einem „bösen Gott" verselbständigt wurde, entstand das Motiv der Rache des Sohnes an dem „bösen Gott".

Das Erleben der endlosen Folge von Rache und Gegen-Rache zwischen zwei Parteien und aus dem zyklischen Charakter der ursprünglichen Mythe entstand dann die Vorstellung, daß auch der Rächer bereits kurz nach dem, den er aus Rache getötet hat (der „böse Gott"), stirbt. Der „böse Gott" wird am Morgen getötet, aber es ist abzusehen, daß der Sohn am Abend wieder zu einem „alten Gott" geworden sein wird und daher sterben wird – woraufhin die Geschichte dann Morgen von Neuem beginnt.

Die Schwierigkeiten des Odin, zu Rindr zu gelangen und sich mit ihr zu vereinen, zeigt deutlich, wie sich die Jenseitsvorstellungen der Germanen im Laufe der Zeit gewandelt haben.

In den frühen Versionen der Wiederzeugungs-Mythen sucht die Göttin (Freya) noch selber nach dem Toten (Odr).

Als der Göttervater innerhalb der Asen-Sippe an Macht gewann, wurde die Göttin zu einer Riesin umgedeutet, zu der Odin reist und sich mit ihr vereint (Gunnlöd).

Nach und nach wurde diese Reise immer schwieriger und Odin mußte immer mehr

Aufgaben erfüllen und Hindernisse überwältigen, um zu der Göttin (Rindr) zu gelangen. Die Sagas der Germanen sind voll von solchen schwierigen Reisen zu der Göttin der Wiederzeugung und der Wiedergeburt, die meistens die Gestalt einer Riesin hat.

Diese Entwicklung findet sich in vielen Details der Mythen nicht nur der Germanen: Der Weg ins Jenseits wird immer schwieriger wird und die Dinge und Wesen, die ursprünglich bei dieser Reise halfen, wurden aufgrund der Angst vor dem Tod zunehmend zu Gefahren auf dem Jenseitsweg und schließlich zu Ursachen des Todes umgedeutet.

XXXVI 1. j) Zusammenfassung: Odin

Auch Odins Frauen-Verwandlung steht mit der Rache für Baldur, d.h. mit der Rückkehr/Wiedergeburt des Sommergottes (ursprünglich Tyr) in Verbindung.

Odin muß sich in eine Frau verwandeln, damit er den Sohn erlangt, der Baldur rächen kann. Dies klingt recht ähnlich wie Lokis Frauen-Verwandlungen.

Odins Verwandlung in eine Seherin auf Samsö ist leider nur als kurze Anspielung bekannt. Sie könnte aber in das dargestellte Schema passen.

- Thors Frauen-Verwandlungen -

XXXVI 1. k) Thrym-Sage

In diesem Lied verwandelt sich nicht nur Loki in Freyas Dienerin, sondern auch Thor in Freya – allerdings ebenfalls nur durch eine Verkleidung.

Da sprach Thor also, der gestrenge Gott:
„Mich würden die Asen weibisch schelten,
Legt ich das bräutliche Linnen mir an."

Anhub da Loki, Laufeyjas Sohn:
„Schweig nur, Thor, mit solchen Worten.
Bald werden die Riesen Asgard bewohnen,
Holst Du den Hammer nicht wieder heim."

271

Das bräutliche Linnen legten dem Thor sie an,
Dazu den schönen, schimmernden Halsschmuck.
Auch ließ er erklingen Geklirr der Schlüssel,
Und weiblich Gewand umwallte sein Knie;
Es blinkte die Brust ihm von blitzenden Steinen,
Und hoch umhüllte der Schleier sein Haupt.

Da sprach Loki, Laufeyjas Sohn:
„Nun muß ich mit dir als deine Magd:
Wir beide wir reisen gen Riesenheim."

XXXVI 1. l) Zusammenfassung: Thor

Da Thor um 500 n.Chr. in mehreren Tyr-Mythen an die Stelle des ehemaligen Göttervaters Tyr getreten ist und auch Baldur einen Teil der Mythen des Tyr fortführt, wird Thor vermutlich auch in diesem Lied an die Stelle des Tyr getreten sein. Thors Hammer ersetzt hier wahrscheinlich den Ring Draupnir, den Odin dem Baldur ins Jenseits mitgegeben hatte und der ihm von Baldur durch den Schamanen Hermod zurückgesandt wurde.

- sonstige Verwandlungen eines Mannes in eine Frau -

XXXVI 1. m) Hugdietrich-Lied

In diesem Lied findet sich die Verkleidung eines Mannes als Frau, damit er zu seiner Geliebten in den Turm gelangen kann. Dies erinnert sehr an die Seherinnen der Germanen in ihren Turm-Tempeln und an Rapunzel in ihrem Turm.

„Hildeburg die Schöne   /   ist die Magd genannt.
Ihresgleichen fände niemand,   /   durchführ er alles Land,
Weder Königstocher   /   noch irgend andre Magd,
Die zu des Landes Frauen   /   dir billig besser behagt.

Sie ist wohl edeln Königen / von Geschlechte gleich.
Sie wohnt bei Zucht und Ehre, / fürwahr das sag ich euch,
Scham, Maß und Sitte, / dazu Bescheidenheit,
Tugend und Schöne / trägt die herrliche Maid.

Auf einem Turm verschlossen / ist die werte Magd:
Allen Männern hat ihr Vater / sie verschworen und versagt
Bis an sein Ende, / so lang ihm währt das Leben:
Und bät um sie ein Kaiser, / dem wollt er sie nicht geben.

Ein Wächter sie zu pflegen / ist allezeit bedacht,
Und auch ein Torwächter, / wenn ihr Essen wird gebracht;
Dazu eine Jungfrau, / die ihr zum Dienst behagt:
So ist gar wohl behütet / diese kaiserliche Magd.

Was hilft Dir, lieber Herre, / was ich Dir hab gesagt?
Du mußt doch fahren lassen / die wonnigliche Magd.
Man mag sie nicht gewinnen, / wie klug sich einer stellt,
Sie muß zu Salneck bleiben, / ob es Dir übel gefällt. "

„Du weißt wohl, lieber Meister, / die blöden Kinder sind
Zu Stürmen und zu Streiten / kein nützes Ingesind,
Noch auch zu hohen Räten, / wo man die pflegen soll.
Nun rat auf deine Treue, / daran so tust Du wohl.

Nach der schönen Frauen / steht mir Sinn und Mut.
Ich lerne nähn und spinnen, / dünkt es Dich anders gut,
Und feine Arbeit wirken / mit Gold und seidnem Faden:
Mit weiblichen Züchten / will ich mich überladen.

Nun heiß mir gewinnen / die beste Meisterin,
Daß man nicht bessre findet / im Lande her und hin,
Die mich am Stickrahmen / mit Seide wirken lehrt,
Und Wild und Zahm entwerfen, / wie es im Walde fährt;

Auch an der Haube bilden / Wunder ohne Zahl,
Und ringsher goldne Borten, / eine breit, die andre schmal,
Mit Hirschen und Hinden, / als ob sie lebend sein:
Ich will mit Listen werben / um das schöne Mägdelein. "

Der Meister Herzog Berchtung / sah seinen Herren an,
Daß er so kluge Reden / zwölf Jahr alt begann.
Er gewann nach seinem Wunsche / ihm die beste Meisterin,
Keine bessre war zu finden / bei den Griechen her und hin.

Hugdieterichen lehrte / sie wohl ein ganzes Jahr
Gar feine Arbeit wirken, / das sag ich euch fürwahr.
Was ihm vorgebildet / die gute Meisterin,
Das wirkten seine Hände / nach mit gelehrigem Sinn.

Zu weiblicher Stimme / auch kehrt' er seinen Mund;
Das Haar ließ er wachsen, / daß es ihm lieblich stund.
Da ward so schön der Jüngling / und ward so minniglich,
Daß er oberhalb des Gürtels / wohl einer Jungfrau glich.

In weiblichem Gewande / ließ er sich auch sehn,
Wenn er zu Konstenopel / zur Kirche sollte gehn.
Die oft gesehen hatten / zuvor den jungen Herrn,
„Wer ist die Wohlgetane?", / fragten alle nah und fern.

Da nun das Hugdietrich / an sich selbst befand,
Er sei den eignen Leuten / fremd und unbekannt,
Da freut' er sich von Herzen; / es schuf ihm hohen Mut:
Käm er nach Salneck, dacht er, / sein Werben würde gut.

Er sprach: „Viel lieber Meister, / nun gib mir Deinen Rat,
Da Du es bist alleine, / der mir zu raten hat.
In welcher Weise soll ich / nun von hinnen fahren?"
Da sprach der alte Herzog: / „Ich kann Dich wohl bewahren.

Du sollst mit Dir führen, / Hugdieterich,
Kühner Ritter fünfzig / gekleidet wonniglich,
Und vierhundert Knechte, / wohl zu der Fahrt bereit,
Und sechsunddreißig Jungfraun, / sie all in köstlichem Kleid.

Du sollst auch mit Dir führen / Dein herrlich Gezelt;
Und wenn ihr kommt zu Salneck / vor die Burg auf das Feld,
So heiß es aufschlagen / auf dem weiten Plan,
Sitz drunter mit der Krone, / Deine Diener um und an.

So wird von dem König / alsbald zu Dir gesandt,
Durch welches Abenteuer / Du kämest in sein Land?
So sollst Du, lieber Herre, / alsdann bescheiden ihn:
Ich bin von Konstenopel / eine edle Königin.

Daraus hat mich vertrieben / mein Bruder Hugdietrich.
Einen Mann will er mir geben, / der sich nicht ziemt für mich,
Einen Ungetauften / aus der Heidenschaft:
So komm ich nun auf Gnade / zu Dir, König tugendhaft,

Daß Du mich hier behaltest, / König auserkorn,
Bis gegen mich mein Bruder / läßt von seinem Zorn.
Heißt dann Dich bei sich weilen / der König lobesam,
So bleib allda selbvierte; / dein Gesinde schick hindann.

Und halte Dich aufs Beste / bis in das andre Jahr:
So komm ich geritten, / das sag ich Dir fürwahr,
Und will Dich dann besuchen / und will dann wohl erspähn,
Ob Dir ein Abenteuer / dort zu Salneck sei geschehn.“

Da freute seines Rates / sich Hugdieterich.
Fünfzig kühne Ritter / kleidet' er wonniglich
Und vierhundert Knappen / schön zu der Fahrt bereit,
Und sechsunddreißig Jungfraun, / sie all in köstlichem Kleid.

Dazu Gezelt und Hütten / nahm der Degen mit,
Und alle andre Zierde / als er von dannen ritt.
Sie hatten fröhlich Urlaub / all daheim genommen;
Am achtzehnten Morgen / sah man sie gen Salneck kommen.

Da fanden sie vor Salneck / gar ein reiches Feld
Und geboten aufzuschlagen / ihr herrlich Gezelt.
Vier Karfunkel gaben / in den Knäufen lichten Schein:
Den König Walgund wunderte / wer die Gäste möchten sein.

Herdegen hieß ein Ritter, / der ward dahin gesandt,
Um welches Abenteuer / sie kämen in das Land?
Der Ritter aus der Veste / unter die Zelte ging,
Wo er Hugdieterichen / mit den Seinen wohl empfing.

Als er Hugdieterichen / nun vor ihm sitzen sah,
Nun mögt ihr gerne hören, / wie sprach er zu ihm da:
„Edle Königstochter, / ich bin zu euch gesandt,
Um welches Abenteuer / ihr gekommen wärt ins Land."

Da gab Hugdietrich Antwort, / der Held gar unverzagt:
„Ich bin von Konstenopel / eine königliche Magd.
Daraus hat mich vertrieben / mein Bruder Hugdietrich:
Einen Mann will der mir geben, / der sich nicht geziemt für mich,

Einen Ungetaufen / aus der Heidenschaft.
Nun kam ich her auf Gnade / zu dem König tugendhaft,
Daß mich selbviert behalte / der König auserkorn,
Bis gegen mich mein Bruder / wieder läßt von seinem Zorn."

Der Ritter ging hinwieder, / wo er den Herren fand.
Er sprach: „Seltsame Gäste / sind gekommen in dies Land:
Es ist von Konstenopel / eine edle Königin,
Die ist hieher gekommen / auf deiner Gnade Gewinn.

Das ziemt euch wohl, Herr König, / da sie gekommen ist
Fernher aus fremden Landen / so gar ohn arge List.
Es bringt Dir Ehr und Frommen, / König auserkoren:
Die Jungfrau ist gar schön und reich, / dazu auch hochgeboren.

Ihr ist von Dir gemeldet, / Du seist ein biedrer Mann:
So laß sie, gnädger Herre, / nun Deine Gnad empfahn."
Auf hub sich König Walgund, / aus seiner Burg er ging,
Hugdietrich mit den Seinen / er gar tugendlich empfing.

Da bog sie die Knie / vor dem König lobesam.
Da rief König Walgund: / „Steht auf, das geht nicht an."
Hugdietrich sprach: „Ich neige / mich zu den Füßen Dein:
Herr, mein lieblich Grüßen / laß mit Deinen Hulden sein,

Und behalte mich selbvierte, / König auserkorn,
Bis daß mein Bruder / läßt wider mich den Zorn.
Das dankt Dir selbst mit Ehren / mein Bruder Hugdietrich,
Wenn ich zu Hulden komme, / das glaube sicherlich."

„Seid ihr von Konstenopel   /   eine edle Königin,
So sollt ihr das vermeiden   /   hier vor mir zu knien.
Was ihr von mir verlanget,   /   des seid ihr gewährt:
Daß ihr vor mir kniet,   /   des weiß ich mich nicht wert.

Euch und eur Gesinde   /   nehm ich gern hier auf,
Zu essen und zu trinken   /   geb ich euch vollauf,
Roß und reiche Kleider,   /   edle Königin.“
„Nein,“ sprach Hugdietrich,   /   „so hab ichs nicht im Sinn.

Mich hat von Konstenopel   /   geleitet über Meer
In Herzog Berchtungs Dienste   /   des Gesindes schier ein Heer.
Er ist ein werter Hezrog   /   und hat ein weites Land:
Daß ichs ihm wieder sende,   /   steht meine Treue zu Pfand.“

„Berchtung,“ sprach der König,   /   „den kenne ich wohl fürwahr:
Er hat mir gedienet   /   bis in das vierte Jahr.“
Sein Heer sandt er ihm wieder,   /   gekleidet ritterlich;
Bei ihm verblieb selbvierter   /   König Hugdieterich.

Walgund der König   /   nahm sie bei der Hand,
Wohl gezogen führt' er sie   /   in seine Burg zuhand.
Liebgart die alte   /   den Zwein entgegenging,
Hugdietrich und die Seinen   /   sie gar tugendlich empfing.

Da sprach König Walgund: /   „Liebe Herrin mein,
Diese schöne Jungfrau   /   laßt euch empfohlen sein,
Und nehmt zur Tischgenossin   /   die Königin erkoren;
Wir wären wohl ihr eigen,   /   so hoch ist sie geboren.“

Einen Sessel ließ da bringen   /   die edle Königin
Mit reichen Seidenkissen,   /   den boten sie ihr hin:
„Geruht darauf zu sitzen,   /   wenn euch geliebt zur Stund.“
Sie frug ihn wie er hieße;   /   er sprach: „Ich heiße Hildegund.“

Klein fein begann zu spinnen   /   da Hildegund zuhand,
Man fänd ihres Gleichen   /   nicht in allem Land;
Dazu geschickt zu wirken   /   die schönen Vögelein
Mit Gold und mit Seiden,   /   sie schienen lebend zu sein.

Als die reiche Königin / die hohen Künste sah,
Nun mögt ihr gerne hören, / wie sprach sie zu ihm da:
„Das sollt ihr mir lehren / zwei meiner Mägdelein."
Er sprach: „Ich lehr euch viere, / viel edle Königin mein."

Sie sprach zu ihr: „So will ich / euch immer bleiben hold,
Ich geb euch zu Lohne / Silber und Gold
Und was ihr mögt begehren, / das ist euch unversagt."
Da dankt' ihr wohl gezogen / der Ritter unverzagt.

Da lehrte Hugdietrich / zwo Jungfraun, das ist wahr,
Künstlich Gewirke / wohl ein halbes Jahr,
Schöne Tischtücher / und Zwickeln weiß und breit,
Wie man sie edeln Fürsten / vorlegt bei festlicher Zeit.

Sittich und Zeisig, / Drossel und Nachtigall,
Wo es am einen Ende / zur Erde nahm den Fall;
Mitten zu Gesichte / den Greifen und den Aar,
Daß ihn desto besser / ein jeder würde gewahr.

Am andern Ende sah man / den Falken wie er flog,
Und ander Gevögel / in Scharen mit sich zog.
Den Leun am dritten Ende, / dazu den Lindwurm,
Als ob sie miteinander / föchten freislichen Sturm.

Hasen und Füchse / um den vierten Saum,
Als ob sie liefen / und sprängen durch den Raum;
Das Eberschwein zu Walde, / voran den Hunden rot,
Daß jeder, der es schaute, / dem Fürsten Ehren erbot.

Hirsche und Hinden / dabei auch ohne Zahl
In rotem Gold gebildet, / wie lebend allzumal.
Seltsamer Wunder / sah man viel daran;
Das schöne Tischlaken / schaute mancher Biedermann.

Da sprach der König Walgund: / „Wer hat uns das genäht?
Des seltsame Wunder, / das hier vor uns steht?"
Da sprach der Kämmrer einer: / „Das mach ich euch kund,
Das alles näht von Griechenland / die schöne Hildegund."

Da wurden ihr zu Salneck   /   alle Leute hold.
Er begann hervorzusuchen   /   sein fein gesponnen Gold:
Damit wirkt' er eine Haube   /   mit Wundern ohne Zahl,
Umher goldne Borten,   /   eine breit, die andre schmal.

Als er die wohl gezierte   /   Haube fertig sah,
Nach Walgund dem König   /   senden ließ er da:
Da setzt' ihm auf die Haube   /   das schöne Mägdelein:
„Das tragt bei diesem Hofgelag,   /   Herr, um den Willen mein.

Ihr sollt sie mir zu Liebe   /   vor euern Gästen tragen,
Wenn sie zu Lande kehren,   /   dass sie dann können sagen,
Ihr tragt auf euerm Haupte   /   gar ein reiches Kleid.“
Er sprach: „Ich tu es gerne;   /   Dank, minnigliche Maid.

Ihr erweist mir große Ehre,   /   viel edle Königin.
Verlangt, was euch geliebet,   /   das wird euch zum Gewinn.
Burgen, Land und Leute,   /   oder was eur Herz begehrt,
Ich geb euch meine Treue,   /   des sollt ihr sein gewährt.“

Sie sprach: „Lieber Herre,   /   und haltet ihr das wahr?“
Er sprach: „Was ihr gebietet,   /   das tu ich alles gar.“
„So laßt vom Turm hernieder   /   eure Tochter zu mir gehn,
So ist mir für die Haube   /   genug Entgeltung geschehn.“

Er sprach: „Edle Königin,   /   des seid ihr gern gewährt;
Ihr hättet andre Gabe   /   vergebens nicht begehrt.
Beides, Land und Leute,   /   das Silber und das Gold,
Das laß ich euch geben,   /   wenn ihr es nehmen wollt.“

XXXVI 1. n)   Zusammenfassung: Sonstige Verwandlungen

Hugdietrichs Verkleidung als Frau, um zu seiner Geliebten in deren Turm zu gelangen, erinnert an die germanischen Seherinnen in ihren Turmtempeln und auch an das Märchen Rapunzel, in dem die junge Rapunzel von einer Zauberin in einem Turm gefangengehalten wird und zu der ein junger Prinz kommt.

- Die Frauen-Verwandlung als Beleidigung -

Siehe zu diesem Thema auch die ausführliche Darstellung in dem Kapitel „Nid" in Band 64.

XXXVI 1. o)   Die Saga über Thorstein Hall-Sohn

In der Thorstein-Saga beleidigt Thorstein, der Sohn Halls des Vornehmen, seinen Gegner mit den folgenden Worten:

„Er ist jede neunte Nacht eine Frau und hat dann Sex mit Männern."

XXXVI 1. p)   Völsungen-Saga

Sinfiötli antwortete:
„Trübe scheint nun Eure Erinnerung an die Zeit geworden zu sein, als Ihr ein Zauber-Weib in Varinsey gewesen seid und gerne einen Mann gehabt hättet und mich von allen in der Welt für diesen Dienst auserkoren habt. Und wie Ihr danach eine Walküre in Asgard gewesen seid und es fast dazu gekommen wäre, daß wegen Euch alle Männer gekämpft hätten. Und neun Welpen habe ich mit Eurem Körper in Lowness gezeugt und ich war der Vater von ihnen allen."

Diese Stelle ist erstaunlich, denn eigentlich ist es unmöglich, daß Granmar nacheinander ein Zauberweib, eine Wölfin und eine Walküre in Asgard gewesen ist. Es muß sich hier folglich um dieselben auserlesene Beleidigungen mit mythologischem Hintergrund handeln, die Sinfiötli und Gudmund auch im ersten Lied von Helgi Hundingstöter einander zum Besten geben.

Hier findet sich eine Umschreibung der beiden ersten Zeilen der nur halb erhaltenen Strophe über die neun Wolfs-Welpen: Sinfiötli behauptet, der Wolf gewesen zu sein, der mit Gudmund, der die Gestalt einer Wölfin hatte, neun Welpen gezeugt hat. Einen anderen als Frau zu bezeichnen, die man selber schwängert, war eine der gröbsten Beleidigungen, die es gab.

„Lowness" bedeutet vermutlich „flache Landzunge".

XXXVI 1. q)   Die Nialssaga

Er nahm den Mantel an sich und warf dafür ein Paar blaue Beinkleider Flose vor die Füße; die könne er besser gebrauchen, sagte er, da er in jeder neunten Nacht ein Weib würde und mit dem Teufel Zusammenkünfte hätte auf Svinefjeld. Da stieß Flose mit dem Fuße nach dem Gelde und wollte keinen Pfennig annehmen.

In diesen erlesenen Gemeinheiten finden sich einige interessante Details:

    - Auch Odin war eine Zauberin auf einer Insel (Samsö, hier Varinsey). Dies könnte die Jenseitsgöttin auf der Jenseitsinsel sein.
    - Dort gebiert der in eine Frau verwandelte Mann Söhne – so wie Loki als Kuh in der Unterwelt oder als Stute den Sleipnir.
    - Die auf dieser Insel gezeugten Kinder sind Wolfs-Welpen – das erinnert an die Wolfsinsel im Wieland-Lied und daran, daß der Fenriswolf auf einer Insel gefangengehalten wurde.
    - Es sind neun Kinder, was auf das Jenseits hinweist.
    - Aus der Jenseitsgöttin als Wiederzeugungs-Geliebter wurden die Walküren, die u.a. zu „Kellnerinnen" in Asgard degradiert wurden.
    - Der Mann hat sich in eine Stute verwandelt und wurde von Sigurds Hengst Grani geschwängert, der vermutlich mit Odins Sleipnir verwandt ist. Dies erinnert daran, daß Sleipnir der Sohn des Loki ist, als dieser die Gestalt einer Stute angenommen hatte.

Hier findet sich somit das Bild der Verwandlung eines Mannes in die Jenseitsgöttin auf der Jenseitsinsel, wo er (als sie) Kinder gebiert.

XXXVI 1. r)   Gisli-Saga

Damals lebte ein Mann mit dem Namen Fuchs, der war Skeggis Schmied, und Skeggi gab ihm den Auftrag, die Gestalten des Gisli und des Bard zu schnitzen, „und sieh zu," sagte er, „daß der eine genau hinter dem Rücken des anderen steht und dieser Spott-Stab soll für alle sichtbar zu ihrer Schande aufgestellt werden."

XXXVI 1. s)   Saga über Bjarnar den Kämpfer von Hit-Tal

Nun wird berichtet, daß unter den Besitztümern, die Thordur hinter sich am Strand zurückgelasen hatte, etwas gefunden wurde, daß überhaupt nicht freundlich war: Es waren zwei Männer, von denen einer einen blauen Hut auf seinem Kopf trug. Sie lehnten sich übereinander und der eine blickte von hinter über den anderen.

Dies wurde von allen als ein schrecklicher Fund angesehen und alle fanden, daß beide, die so dastanden, in einer üblen Lage waren, aber das die des vordernen Mannes noch sehr viel schlimmer war.

XXXVI 1. t)   Egil-Saga / Gesta danorum

In der Nid-Zeremonie wird entweder eine homosexuelle Szene oder der Kopf eines Pferdes auf einem Stab benutzt, aber anscheinend nie beides gleichzeitig.

Das läßt vermuten, daß das Pferd an der Stelle des eines der beiden Männer oder beider steht, d.h. daß der Mann mit dem Pferd identisch ist – vermutlich mit einer Stute. Die Nid-Beleidigung hat ihre Wurzel offenbar in der Annahme der Roß-Gestalt durch die Göttin und der Annahmen der Hengst-Gestalt durch den Toten bei der Wiederzeugung. Dabei galt es für Männer als schändlich, die Frauen-Rolle einzunehmen – möglicherweise weil im Bestattungsritual die Frau, die die Rolle der Stute bzw. der Jenseitsgöttin einnahmen, anschließend getötet wurde.

XXXVI 1. t)   Zusammenfassung: Beleidigung

Diese Beleidigung enthält als Kern das Bild der Verwandlung eines Mannes in die Jenseitsgöttin auf der Jenseitsinsel, wo er (als sie) Kinder gebiert. Dabei kann der Mann die Gestalt einer Stute (Göttin) oder eines Hengstes (Toter) annehmen, was sich auf die Szene der Wiederzeugung in Pferde-Gestalt bezieht.

XXXVI 2. Indogermanen

XXXVI 2. a) Römer

Vertumnus, der römische Gott der Jahreszeiten, konnte nur zu Pomonain in deren Obstgarten gelangen, indem er die Gestalt einer alten Frau annahm.

XXXVI 2. b) Griechen

Zeus nimmt die Gestalt der Artemis an, um zu Callisto zu gelenagen und diese zu verführen.

Tiresias sah zwei Schlangen bei der Paarung und stieß sie mit einem Stab und wurde daraufhin zur Frau. Nachdem er Kinder geboren hatte, traf er dieselben Schlange und stieß sie wieder mit einem Stab, woraufhin er sich in einen Mann zurück-verwandelte

XXXVI 3. Zusammenfassung

Die Verwandlung eines Mannes in eine Frau ist eng mit dem Jenseits verbunden – anscheinend ist das Urbild dieses Motivs die Verwandlung des Loki in die Jenseitsgöttin Frigg-Freya – wozu auch paßt, daß Loki als der Vater des Jenseitsgöttin Hel angesehen wurde, die ursprünglich mit Frigg-Freya identisch gewesen sein wird.

Das Ergebnis dieser Verwandlung ist entweder Loki als Frigg-Freya oder Loki als Stute bzw. Kuh. Diese Tier-Variante zeigt, daß die Mann→Frau-Verwandlung aus der Wiederzeugungs-Symbolik stammt. Als Stute gebiert Loki Odins achtbeiniges Doppel-Roß Sleipnir, das ursprünglich die beiden Pferde-Söhne des Tyr gewesen sind. Als Kuh gebiert er ein oder mehrere Kälbchen. Die Funktion der Wiedergeburts-Mutter gehört eigentlich zu der Jenseitsgöttin.

Bei diesen Verwandlungen ist es entweder das Ziel des Loki, die Wiedergeburt des Baldur zu verhindern oder den Raub der Sonne, des Mondes, der Göttin Freya und in einer späteren Variante des Thor-Hammers zu verhindern bzw. rückgängig zu machen. Dies erinnert an Lokis Raub der Idun, bei dem er sich allerdings nicht in eine Frau verwandelt.

Der Gegner des Loki ist also wie üblich der ehemalige Sonnengott-Göttervater Tyr (Riesenbaumeister, Thrym) bzw. dessen Nachfolger Baldur.

Odin trat um ca. 500 n.Chr. an die Stelle des Tyr als Göttervater. Odin mußte sich in eine Frau verwandeln, um sich mit Rindr vereinen zu können, deren Sohn dann Baldur rächte – was vermutlich als Voraussetzung für Baldurs Rückkehr nach dem Ragnarök, d.h. seine Wiedergeburt angesehen worden ist. Die Frauen-Verwandlung des Odin könnte eine Fortsetzung einer früheren Frauen-Verwandlung des Tyr sein.

Odin hat sich auf der Insel Samsö in eine Seherin verwandelt. Ein ähnliches Motiv findet sich in den Beleidigungen des Sinfiötli in der Völsungen-Saga. Dort provoziert Sinfiötli seinen Gegner damit, daß er behauptet, daß sein Gegner auf der Insel Varinsey eine Frau gewesen sei, der dort neun Welpen geboren habe, die von Sinfiötli gezeugt worden sind. Anscheinend fand die Wiederzeugung auf einer Jenseitsinsel statt. Diese Insel könnte mit der Wolfsinsel identisch sein, auf der der Fenriswolf gefangengehalten wurde. Die Zahl „neun" ist ein Jenseitssymbol.

Die Frau, in die sich Sinfiötlis Gegner verwandelt haben soll, wurde später zu einer Walküre in Odins Halle. Dies bestätigt die Auffassung der Frau, in die sich diese Götter und Männer verwandeln, als Frigg-Freya.

Sinfiötlis Gegner soll auch als Stute von Sigurds Hengst Grani, der vermutlich mit Odins Sleipnir verwandt ist, geschwängert worden sein. Das ist eine Wiederholung der Schwängerung des Loki als Stute durch den Hengst Svadilfari des Riesenbaumeisters der Mauer rings um Asgard, der ursprünglich der Göttervater Tyr gewesen ist. Hier scheint ein Zyklus vorzuliegen: Tyr/Svadilfari => Odin/Sleipnir => Sigurd/

Grani. Derartige dreistufige Zyklen sind, wie die Untersuchungen über den Inzest zeigen, die typische Darstellung eines endlosen Zyklus bei den Germanen gewesen (siehe „Inzest" in Band 51).

Ein endloser Zyklus von Verwandlungen eines Gottes in einen Hengst bei der Wiederzeugung würde durchaus zu dem Sonnengott-Göttervater Tyr, seinem Nachfolger Odin und dessen Urururenkel Sigurd passen, da Tyr in seinen bis 500 n.Chr. erzählten Mythen in jedem Herbst von Loki getötet und in jedem Frühjahr wiedergeboren wurde.

Der Raub des Hammers des Thor durch den Tyr-Riesen Thrym und die Frauen-Verkleidung des Thor und des Loki bei der Rückholung des Hammers sind eine der nach 500 n.Chr. entstandenen Mythen, die die Überlegenheit des Thor über Tyr demonstrieren sollten.

Die Verkleidung des Hugdietrich als Frau, um zu seiner Geliebten in ihrem Turm zu gelangen, ist eine noch spätere Variante desselben Themas.

Es bleibt die Frage, warum sich Loki in die Jenseitsgöttin verwandelt hat und warum sich anscheinend auch der Göttervater in eine Frau verwandeln mußte, um wiedergeboren zu werden.

Die Verwandlung eines Mannes in einen anderen Mann, der es selber nicht vermag, in das Jenseits zu reisen und sich dort wiederzuzeugen, läßt sich leicht durch die rituelle Darstellung der Wiederzeugung bei der Bestattung erklären, bei der sich die Freunde des verstorbenen Fürsten mit der Frau vereinten, die anschließend getötet und mit dem Fürsten zusammen bestattet wurde.

Es liegt nahe, die Verwandlung eines Mannes in eine Frau in diesem Zusammenhang zu betrachten.

Bei der Suche nach dem Ursprung dieser Frauen-Verwandlung eines Mannes ist auch zu beachten, daß die Verwandlung in eine Frau bzw. die Frauen-Rolle beim homosexuellen Geschlechtsverkehr als die übelste Schmach angesehen wurde. Diese Frauen-Rolle wurde als „Nid" bezeichnet, was „Unteres, unten, Niederes (als Sex-Position?)" und auch „Unterwelt" bedeutete. Der Nid war eng mit einem Pferdekopf auf einem Pfahl verbunden, der möglicherweise auf den Schädel des für einen Toten geopferten Pferdes zurückgeht und dann sowohl eine Todes-Drohung als auch eine Anspielung auf die Wiederzeugung wäre.

Es gibt zumindestens drei verschiedene mögliche Erklärungen für dieses Motiv, die einander möglichweise ergänzen:

- In dem endlosen Kampf zwischen Tyr und Loki, der die Jahreszeiten verursacht hat, entmannte der jeweilige Sieger den Verlierer, wodurch dieser symbolisch zu einer „Frau" wurde.

Dies würde u.a. der Kastration des Kronos durch seinen Sohn Zeus entsprechen und es würde auch den üblen Ruf, den die Frauen-Verwandlung hatte, erklären. Es wäre allerdings erstaunlich, daß nirgends in den germanischen Mythen eine Kastration erscheint – aber vielleicht ist die Frauen-Rolle das Bild der Germanen für einen kastrierten Mann gewesen ... Es gab jedoch das Wort „geldja" für „kastrieren" – das sich von dem Verb „gel" für „schreien" ableitet.

- Vielleicht ist auch das Töten der Frau, die bei der rituellen Wiederzeugung bei einer Bestattung die Rolle der Jenseitsgöttin übernahm, der Grund für das Motiv der Frauen-Verwandlung: Man wünschte dem, den man mit einer Frauen-Verwandlung beleidigte, den Tod.

- Der in der Unterwelt gefangengehaltene Gott, also im Winter Loki und im Sommer Tyr, konnte sich nur in der Gestalt einer Frau in das Frauenhaus der Göttin schleichen und sich dann dort mit ihr wiederzeugen.

Dies würde der Saga/Mythe über Odin und Rindr und auch dem Hugdietrich-Lied entsprechen und es wäre auch noch nah mit der List des Thor und des Loki bei der Heimholung des Thor-Hammers verwandt, bei der das unbemerkte Eindringen in die Halle des Tyr-Riesen Thrym das erste Ziel gewesen ist.

XXXXVII   Die Verwandlung einer Frau in einen Mann

XXXVII 1.   Germanen

Diese Verwandlung kommt in den germanischen Mythen nicht vor.

Die Königstochter Hervor verkleidet sich zwar als Mann und wird eine Wikinger-Anführerin, aber das wird man kaum als Verwandlung ansehen können – zumal Hervor eine Walküre zu sein scheint.

XXXVIII   Die Verwandlung einer Frau in eine andere Frau

XXXVIII 1.   Germanen

Die Verwandlung einer Frau in eine andere Frau ist in den germanischen Mythen und Sagas eher selten.

XXXVIII 1. a)   Völsungen-Saga

Nach einiger Zeit, als Signy in ihrem Frauenhaus saß, geschah es, daß eine zauberkundige Frau zu ihr kam, die über die Maßen geschickt war und Signy sprach solcherart mit ihr: „Ich hätte gerne," sprach sie, „daß wir unser Aussehen miteinander tauschen."

Sie sprach: „Es soll sein, wie Du willst."

Und so bewirkte sie mit ihren Künsten, daß sie ihr Aussehen tauschten. Nun saß die Zauber-Frau nach ihrem Ratschluß an Signys Platz und ging in der Nacht mit dem König zu Bett und er weiß nicht darüber, daß er eine andere Frau neben sich hat.

Die Geschichte erzählt jedoch über Signy, daß sie zu dem Erdhaus ihres Bruders ging und ihn bat, ihm Unterkunft für die Nacht zu gewähren, „denn ich habe mich in den Wäldern verirrt und weiß nicht mehr, wo ich bin."

So sagte er ihr, daß sie bleiben könne und daß er einer einsamen Frau die Herberge nicht verweigern werde, da er glaubte, daß sie seine Güte nicht mit Gerede über ihn lohnen werde. So trat sie in das Haus und saß zum Essen nieder und seine Blicke ruhten oft auf ihr und sie schien ihm eine schöne und edle Frau zu sein. Als sie jedoch gesättigt waren, sagte er zu ihr, daß er wünschte, daß sie für die Nacht nur ein gemeinsames Lager hätten. Sie wehrte dies in keiner Weise ab und so lag sie für drei Nächte mit ihm im Bett.

Danach kehrte sie nach Hause zurück und fand die Zauber-Frau und bat sie, ihr Aussehen wieder zu tauschen und so tat sie.

Es wäre denkbar, daß diese Geschwister-Vereinigung aus den Mythen über die alljährliche Vereinigung und Wiedergeburt des Sonnengott-Göttervaters Tyr und seiner Frau, der Jenseitsgöttin stammen. Durch diese zyklische Wiedergeburt, bei der der Gott und die Göttin zu ihren eigenen Eltern werden, werden beide quasi unbeabsichtigt auch zu Geschwistern, sodaß an dieser Stelle der Mythen ungewollt das Motiv der Geschwisterehe entstand. Um dies Motiv in die Völsungen-Saga einfügen zu können, wurde es durch den Gestaltwandel der Signy „entschärft".

Diese Geschichte erinnert auch an Njörd und seine Schwester, die zusammen die beiden Kinder Freyr und Freya haben – bei den Wanen war die Geschwisterehe erlaubt.

Auch bei den Kelten, die den Germanen nah verwandt waren, findet sich ein sehr ähnliches Motiv: Merlin gab dem König Uther Pendragon die Gestalt des Gorlois, Herzogs von Cornwall, damit dieser mit mit Igraine, der Frau des Herzogs schlafen konnte. Aus dieser Verbindung entstand König Artus.

Da zu der Jenseitsreise (bei Männern) die Wiederzeugung mit der Jenseitsgöttin und (bei Männern und Frauen) die anschließende Wiedergeburt durch sie gehörte, wird die Vereinigung von Sigmund und Signy in ihrem Erdhaus „unter der Erde" diese Wiederzeugung in der Unterwelt sein. Auch dieses Motiv findet sich in der Wielandsage in der Vereinigung des Schmiedes Wieland mit der Königstochter Bödwild („zum Kampf bitten"), die ihrem Namen nach eine Walküre zu sein scheint, wieder. Anschließend an die Vereinigung mit ihr verwandelt Wieland sich in einen Adler – der Seelenvogel des Göttervaters, als der er nach seiner Wiedergeburt erscheint.

Auch die Verwandlung der Signy in eine andere Frau könnte aus den Krönungsritualen der Indogermanen stammen, da in diesen Ritualen z.T. die Wiederzeugung inszeniert wurde. Bei den Krönungsritualen der Inder vereinte sich die angehende Königin z.B. mit dem getöteten Hengst, dessen Zeugungskraft magisch auf den König übertragen wurde. Auf Kreta war es ein Stier, mit dem sich die Königin vereinte, wodurch dann der Minotaurus entstand.

Die Opferung eines männlichen Herdentieres für den Jenseitsreisenden (Toter, Schamane, König) ist sehr weit verbreitet, da die Herdentiere aufgrund ihres Lebens in Herden offenbar sowohl sehr fruchtbar als auch sehr zeugungskräftig waren und der Jenseitsreisende und die Jenseitsgöttin diese Qualitäten bei der Wiederzeugung und der Wiedergeburt benötigten. Dadurch wurden die Toten im Jenseits zu den „Gehörnten" (dem späteren Teufel) und dadurch erhielt auch die Jenseitsgöttin die Gestalt einer Kuh, Stute, Ziege, Bache usw.

Die Gestaltverwandlung der Signy könnte aus dem von dem arabischen Reisenden um 922 n.Chr. über die Wikinger berichteten Brauch abstammen, daß bei der Bestattung eines Fürsten eine Dienerin anstelle der Königin getötet und mitbestattet wurde, nachdem die Freunde des Toten sich mit ihr vereint hatten. Diese Vereinigung war die rituelle Darstellung der Wiedervereinigung von König und Göttin im Jenseits. Die Sklavin als „Ersatz" für die Königin in dem Bestattungsritual ist letztlich auch eine magische Verwandlung einer Frau in eine andere Frau.

Signys Verwandlung läßt sich somit auch aus der Krönungssymbolik der Germanen erklären.

Es hat den Anschein, daß die Wielandsage und die Völsungen-Saga sich in etwa auf der gleichen Entwicklungsstufe in der allmählichen Umdeutung der früheren Mythen der Götter in die Sagen der Helden befinden.

<u>XXXVIII 1. b) Völsungen-Sage</u>

Nach dem Tod ihres Mannes Sigmund (dem Vater von Sigurd Fafnir-Töter) schützte sich die Königin Hiördis dadurch, daß sie ihre Rolle mit ihrer Zofe tauschte.

Da schaute sie sich um und siehe, da kamen viel Schiffe an Land gesegelt. Da sprach sie zu ihrer Zofe: „Laß uns unsere Kleider wechseln und Dich bei meinem Namen nennen und sagen, daß Du die Tochter des Königs bist. "

Und dies taten sie. Die Wikinger erblickten das große Gemetzel der Männer und sahen zwei Frauen in den Wald laufen. Ihnen schien, daß hier Großes geschehen sein mußte und sprangen von ihren Schiffen an das Ufer.

Ihr Anführer war Alf, Sohn des Hjalprek, König von Dänemark, der mit seiner Streitmacht an diesem Land entlangsegelte.

So liefen sie auf das Schlachtfeld zu den Gefallenen und sahen, wie viele dort tot lagen. Da befahl der König, der Frauen zu suchen und sie zu ihm zu bringen. Und dies taten sie.

Er frug die Frauen, wer sie seien. Da antwortete von den beiden, so seltsam es auch scheinen mag, die Zofe und erzählte von dem Fall von König Sigmund und von König Eylimi und vielen anderen großen Männern und wer sie waren und welche Taten sie vollbracht hatten.

Da frug der König sie, ob sie wüßten, wo der Schatz des Königs verborgen sei. Da sprach die Zofe: „Ihr vermutet recht, daß wir darüber genau Bescheid wissen. "

Mit diesen Worten führte sie sie zu dem Platz, an dem der Schatz lag. Dort fanden sie einen über die Maßen großen Hort. Den Männern schien, daß sie noch nie so viele wertvolle Dinge auf einem Haufen gesehen hatten.

All dies trugen sie auf die Schiffe des Königs Alf und Hjordis und die Zofe gingen mit ihnen. Da segelten sie zurück in ihre eigene Heimat und sagten, daß auf diesem Schlachtfeld der berühmteste der Könige gefallen sein muß.

Der König saß auf der Ruderbank am Heck des Schiffes, während die Frauen ihren Platz auf dem Vorderdeck am Bug saßen. Aber er führte Gespräche mit den Frauen und schätze ihren Rat sehr.

So kam der König mit großen Schätzen heim in sein Reich und er war ein Mann, der sehr schön anzuschauen war. Als er jedoch wieder eine Weile zuhause war, frug ihn die Königin, seine Mutter, warum die schönere der beiden Frauen weniger Ringe und weniger wertvolle Kleidung trug.

„Mir scheint," sprach sie, „daß die, die Du für die Geringere gehalten hast, die mit der edleren Abstammung ist."

Er antwortete: „Auch ich habe bemerkt, daß sie nicht wie eine Zofe ist. Als wir uns das erste mal trafen, grüßte sie die edlen Männer in gebührender Weise. Schau, wir werden sie auf die Probe stellen."

Als einmal zusammensaßen und tranken, setzte sich der König zu den Frauen und sprach mit ihnen und sagte: „Auf welcher Weise wißt ihr, welche Stunde angebrochen hat, ob die Nacht schon alt ist und ob ihr nicht bald das Licht des Himmels wieder sehen werdet?"

Da sprach die Zofe: „Dies nehme ich als Zeichen: Als ich jünger war in meiner Kindheit, wollte ich in der Morgendämmerung stets viel trinken; nun jedoch, da dies nicht mehr so ist, wache ich noch immer zu derselben Zeit auf. Durch dieses Zeichen weiß ich darum."

Da lachte der König und sprach: „Schlechte Manieren für eine Königstochter!"

Da wandte er sich Hjordis zu und frug sie dieselbe Frage. Sie jedoch antwortete: „Mein Vater gab mir einst einen kleinen Goldring, der die Eigenheit hatte, daß er an meinem Finger kalt wurde, wenn die Morgendämmerung nahte. Dies ist das Zeichen, durch das ich darum weiß."

„Genug Gold hat nun die Zofe getragen! Aber nun sprecht, denn ihr habt es lange genug vor mir verborgen: Aber auch, wenn Ihr es mir von Beginn an gesagt hättet, hätte ich Euch behandelt, als ob wir desselben Königs Kinder wären. Ich werde Euch besser behandeln, als Ihr es mit mir getan habt, denn Ihr sollt meine Frau sein und ich werde euch die gebührende Wittum zahlen, wenn ihr mir ein Kind geboren habt."

Daraufhin sprach sie und sagte die ganze Wahrheit über sich selber: Da wurde sie in großen Ehren gehalten und für die edelste aller Frauen gehalten.

Die Männernamen „Alf" und „Hjalprek" bedeuten „Elf, wohlwollender Totengeist" bzw. „helfender König" – zwei für germanische Verhältnisse sehr friedfertige und konstruktive Namen …

Ein Wittum ist die lebenslange Unterhaltszahlung für eine Witwe.

In dieser Saga dient der „Rollentausch" nur dem Schutz der Königstochter. Ob diese Szene mythologische Wurzeln hat, ist ungewiß.

XXXVIII 1. c)   Die Saga über Thorstein Eystein-Sohn

In dieser Saga findet sich ein ganz ähnlicher Rollentausch wie in der Völsungen-Saga:

Die Königstochter Ingigerd rief ihre Namensschwester Ingigerd Kol-Tochter zu sich und sprach zu ihr: „Ich möchte, daß Du mir vertraust," sagte sie, „und mit niemandem darüber sprichst, solange Du lebst. Du sollst meine Kleidung anziehen, da wir uns so sehr gleichen. Du sollst Tochter des Königs Hergeir genannt werden und ich werde Deine Kleider anlegen und mit den anderen Dienerinnen fliehen. Du darfst dies niemals verraten solange wir beide leben. Und wenn die, die nun gekommen sind, siegen werden, dann wird der Königssohn Halfdan um Deine Hand anhalten und Du wirst entweder mit ihm oder mit Ulfkell verheiratet werden – und sie sind beide eine gute Partie, egal was geschieht."
Sie sagte, daß sie dies gerne tun würde und so führten sie es durch.

XXXVIII 1. d)   Die Saga über Thorstein Viking-Sohn

Da ergriff Ogautan die Macht in dem Königreich und verlieh sich selber den Titel eines Königs.
Er bat Ingeborg, seine Frau zu werden, aber sie lehnte diese Bitte geradeheraus ab und sagte, daß sie sich lieber selber töten als die Frau des Mörders ihres Vaters zu werden wolle – und dazu noch solch eine groben Kerl wie Ogautan, „denn Du," sprach sie, „bist mehr wie der Teufel als ein Mann."
Darüber wurde Ogautan wütend und sagte. „Ich werde Dich für deine üble Rede belohnen und ich verfluche Dich hiermit, sodaß Du dieselbe Gestalt wie meine Schwester Skellinefja haben sollst und auch dasselbe Wesen – soweit es möglich ist, daß Du ihr gleichst! Und Du sollst durch meinen Zauberspruch daran gebunden sein, in der Höhle zu wohnen, die tief in dem Fluß ist, und Du wirst niemals Deinem verzauberten Zustand entkommen können, bis ein edler Mann willens ist, Dich zu nehmen und schwört, Dich zur Frau zu nehmen! Und weiterhin wirst Du nie dem Zauber entkommen, solange ich lebe! Und meine Schwester wird aussehen wie Du!"
Da sprach Ingeborg: „Ich verfluche Dich, daß du dieses Königreich nur eine kurze Zeit besitzen wirst und niemals etwas Gutes von Deiner Herrschaft haben wirst!"
Die Zaubersprüche, die Ogautan ausgesprochen hatte, erwiesen sich als wahr und wirksam, denn Ingeborg verschwand.

Ogautans Schwester Skellinefa, die in einer Höhle auf dem Grunde eines Flusses lebt, ist offensichtlich Hel. Das bedeutet, daß dieser Verwandlung wohl die Aufspaltung des Bildes der Jenseitsgöttin in die schöne, ersehnte Wiederzeugungs-Geliebte Freya und der häßlichen, gefürchteten Jenseits-Herrin Hel zugrundeliegt.

Natürlich wurde Ingeborg später von Thorstein erlöst und verwandelte sich in ihre frühere Gestalt zurück (siehe „Ingibjörg" in Band 29).

XXXVIII 1. e)   Hrolf Kraki und seine Berserker

In der folgenden Episode aus der Hrolf-Saga wird die Zurückverwandlung einer häßlichen Frau beschrieben:

In einer Julnacht, als König Helgi zu Bett gegangen war und draußen eine übles Wetter war, klopfte es eher zaghaft an der Tür. Es schien ihm, daß es nicht sehr königlich wäre, irgendeinen armen Kerl draußen stehen zu lassen, wenn er ihm doch Unkunft anbieten konnte. Daher stand er auf und öffnete die Tür.

Da sah er das arme Ding, das gekommen war.

Sie sagte: „Du hat wohlgetan, König," und kam herein.

Der König sprach: „Nimm dies Stroh und leg das Bärenfell über Dich, damit Du nicht frierst."

Sie sagte: „Laß mich in Dein Bett, Herr, und laß mich neben Dir liegen. Mein Leben hängt davon ab."

Der König sagte: „Mir kommt zwar bei Deinem Anblick das Essen hoch, aber wenn es ist, wie Du sagst, dann leg Dich in Deinen Kleidern hier an die Kante. Das wird mir schon nicht schaden."

Da tat sie wie geheißen. Der König wandte ihr seinen Rücken zu. In dem Haus begann Licht zu scheinen. Nach einer Weile geschah es, daß der König sich umdrehte und neben sich eine Frau liegen sah, die so schön war, wie er noch nie eine gesehen zu haben glaubte. Sie trug ein seidenes Kleid. Voller Zuneigung drehte er sich rasch zu ihr.

Sie sprach: „Nun will ich fortgehen," sprach sie, „und Du hast mich von einem fürchterlichen Fluch erlöst, mit dem mich meine Stiefmutter belegt hatte. Ich habe viele Könige in ihren Hallen besucht – daher brauchst Du nun nicht in Scham zu versinken. Ich will nun nicht länger hier bleiben."

„Nein," sprach der König, „das steht Dir nicht frei. Du wirst nicht so schnell von mir fortgehen und wir werden uns nicht so voneinander trennen. Es wird eine schnelle Heirat sein müssen, fürchte ich, denn ich mag Dich sehr."

„Es ist an Dir, dies zu entscheiden, Herr," sagte sie und sie schliefen diese Nacht zusammen.

Doch als der Morgen anbrach, sprach sie diese Worte: „Du hattest Deinen Willen mit mir, aber wisse dies: Wir werden ein Kind haben. Tue, wie ich sage, König, und komme und sehe unser Kind im nächsten Winter an Deinen Bootsschuppen – oder Du wirst dafür bezahlen, wenn Du nicht tust, was ich Dir gesagt habe."

Danach ging sie fort.

König Helgi war nun ein wenig glücklicher als zuvor. Die Zeit verging und er vergaß alles. Und nach drei Jahren, so wird erzählt, kamen drei Reiter zu dem Gebäude, in dem der König schlief. Es war Mitternacht. Sie kamen mit einem kleinen Mädchen und setzten sie neben dem Haus nieder.

Die Frau, die das Kind gebraht hatte, sprach diese Worte: „Wisse dies, König," sprach sie, „Deine Sippe wird dafür bezahlen, daß Du nicht das getan hast, was ich Dir gesagt habe. Aber Du sollst Milde haben, weil Du mich von jenem Fluch befreit hast. Und wisse dies: Das Mädchen heißt Skuld. Sie ist unsere Tochter."

Nach diesen Worten ritt sie fort. Es war eine Elfen-Frau gewesen. Der König hörte nie wieder von ihr.

XXXVIII 1. f) Wulfdietrich-Lied

In diesem Lied verwandelt sich die Riesin Else in die schöne Jungfrau Siegeminne.

Sie führt' ihn hin im Lande, / den Fürsten ausersehn,
Wo sie einen Jungbrunnen / vor dem Berge wußte stehn.
Der war warm zur Hälfte, / zur Hälfte war er kalt.
Da sprang sie in den Brunnen / und befahl sich Gottes Gewalt.

Da wurde sie verwandelt: / Einst raue Els genannt,
Nun hieß sie Siegeminne, / die schönst ob allem Land.
Drinnen in dem Brunnen / ließ sie die raue Haut.
Nie eines Menschen Auge / hatt ein schöner Weib erschaut.

Am Leibe wohl geschaffen / war sie überall,
Gedreht wie eine Kerze / die Hüfte hin zu Tal.
Ihre lichten Wänglein / waren rosenklar;
Von Seiden trug sie Kleider, / das sag ich euch fürwahr.

Diese Verwandlung ist ein aus alten Liedern bekanntes Motiv: Hel als gefürchtete Göttin des Totenreiches wird wieder zur ersehnten Wiederzeugungs-Geliebten. Ursprünglich sind beide dieselbe Gestalt gewesen.

„Willst Du mich nun minnen?",   /   fragte sie zuhand.
Antwort gab Wolfdieterich,   /   der Held von Griechenland:
„Ihr seid so schön geworden   /   und so minniglich:
Euer Leib ist gar verwandelt,   /   der erst einem Teufel glich."

„Darum sollst Du mich minnen,   /   Du tugendreicher Mann."
Antwort gab Wolfdieterich,   /   der Degen lobesam:
„Wenn ich nun selber wäre   /   wie vor einem Jahr,
So wollt ich gern euch minnen,   /   das sag ich euch fürwahr."

Da sprach Frau Siegeminne: /   „Willst Du sein wie Du gewesen,
So spring in den Brunnen,   /   alsbald wirst Du genesen.
So schön wirst du wieder   /   wie ein Kind von sieben Jahr,
Und auch dazu gar minniglich,   /   das sag ich Dir fürwahr."

Da sprang in den Brunnen   /   der tugendreiche Mann.
Zu einem Bette führte   /   sie den Verjüngten dann.
Da legt' er sich schlafen,   /   der getreue Wolfdietrich,
Zu seiner schönen Frauen;   /   sie waren beide minniglich.

Der Jungbrunnen ist aus den Motiven der Wiedergeburt, dem Brunnen als dem Eingang zum Jenseits und evtl. auch aus dem Wiedergeburts-Trank („Göttermet") entstanden.

XXXVIII 1. g)   King Henry

Das Thema der Vereinigung eines Königs mit einer Riesin findet sich auch in englischen Volksliedern. Ein Beispiel dafür ist das Lied über King Henry, das vor allem durch die Band „Steeleye Span" bekannt geworden ist.
Auch in diesem Lied findet sich die Zurückverwandlung der „häßlichen Frau".

Niemals soll ein Mann heiraten
dem eines dieser drei Dingen fehlt:
ein Vorrat an Gold, ein offenes Herz
und eine Fülle an Mitgefühl.

Und dies hatte von König Heinrich,
auch wenn er ganz alleine lag,
denn er war zu einer Halle gegangen, in der es spukte,
sieben Meilen vor der Stadt.

Er jagte die Hirsche vor sich her
und die Ricken das Tal hinab,
bis König Heinrich den größten Bock
in der ganzen Herde geschossen hatte.

Seine Jäger folgten ihm zu der Halle
um ihn laut zu feiern,
als sich ein heftiger Sturm erhob
und die Erde erschüttert wurde.

Dunkelheit bedeckte die ganze Halle
in der sie mit ihrem Fleisch saßen,
die Jagdhunde jaulten, verließen ihr Fleisch
und krochen zu Heinrichs Füßen.

Immer lauter heulte der Wind
und zerbrach das verschlossene Tor
und herein kam ein grausiger Geist
und stampfte über den Boden.

Ihr Kopf stieß gegen den Firstbalken des Hauses
ihre Mitte konnte man nicht umfassen,
alle Jäger ergriff die Furcht, sie flohen aus der Halle
und ließen ihren König allein.

Ihre Zähne waren wie Zaunpfähle
ihre Nase wie eine Keule oder ein Stampfer
und sie schien nichts weniger zu sein
als ein Teufel, der aus der Hölle kam.

„Etwas Fleisch, etwas Fleisch, König Heinrich,
gib mir etwas Fleisch,
geh und töte Dein Pferd, König Heinrich,
und bring es her zu mir."

Er ging und schlachtete sein nußbraunes Roß
und es erfüllte sein Herz mit Schmerz
als sie es mit Haut und Knochen verschlang
und nur Fell und Haare übrigließ.

„Mehr Fleisch, mehr Fleisch, König Heinrich,
gib mir mehr Fleisch,
geh und töte Deine Jagdhunde, König Heinrich,
und bring sie her zu mir."

Und er schlachte seine guten Jagdhunde
und es erfüllte sein Herz mit Schmerz
als sie sie mit Haut und Knochen verschlang
und nur Fell und Haare übrigließ.

„Mehr Fleisch, mehr Fleisch, König Heinrich,
gib mir mehr Fleisch,
geh und töte Deine Jagdfalken, König Heinrich,
und bring sie her zu mir."

Und er schlachte seine guten Jagdfalken
und es erfüllte sein Herz mit Schmerz
als sie sie mit Haut und Knochen verschlang
und nur Federn übrigließ.

„Einen Trank, einen Trank, König Heinrich,
gib mir einen trank,
nähe das Fell Deinen Pferdes zusammen
und bringe mir darin einen Trank."

Und er nähte seine Rosses blutiges Fell zusammen
und leerte einen Schlauch Wein hinein
und sie trank es alles in einem Zug aus
und ließ keinen Tropfen darin.

„Ein Bett, ein Bett, König Heinrich,
bereite mir ein Bett;
Du mußt die grüne Heide ausraufen
und es weich für mich machen."

Und er raufte die grün Heide aus
und bereitete ihr ein Bett
und er nahm seinen Umhang
und breitete ihn darüber.

„Zieh' nun Deine Kleider aus, König Heinrich,
und lege Dich an meiner Seite nieder;
schwöre nun, schwöre nun, König Heinrich,
daß Du mich zur Braut nimmst."

„Oh Gott bewahre," sprach König Heinrich,
„daß es jemals dazu kommen soll,
daß ein Teufel, der aus der Hölle kommt,
sich an meiner Seite ausstrecken wird."

Als die Nacht vorüber und der Tag gekommen war
und die Sonne in die hohe Halle schien,
lag die schönste Frau, die man je gesehen hatte
zwischen ihm und der Wand.

„Ich habe so manchen edlen Ritter getroffen,
der mir zu speisen gab,
aber niemals zuvor einen tugendhaften Ritter,
der mir all' meine Wünsche erfüllte."

XXXVIII 2.   Zusammenfassung

Die Verwandlung einer häßlichen Frau oder Riesin in eine schöne Frau bzw. umgekehrt beruht auf der Aufspaltung des Bildes der einstigen Jenseitsgöttin in die die in die schöne, ersehnte Wiederzeugungs-Geliebte Freya und der häßlichen, gefürchteten Jenseits-Herrin Hel. Da beide Bilder jedoch zusammengehörten, ergab sich bei der Übertragung der Mythen in den Bereich der Sagen die naheliegende Möglichkeit, eine Verwandlung zwischen beiden einzuführen.

In der Völsungen-Saga dient die Verwandlung einer Frau in eine andere jedoch dazu, das moralische Problem des Inzests zu entschärfen (siehe „Inzest" in Band 51)

J Die Verwandlung in eine Pflanze

XXXIX Die Verwandlung in eine Pflanze

XXXIX 1. Germanen

Dies Motiv ist ausgesprochen selten.

XXXIX 1. a) Der Seherin Vision

Die Verwandlung der beiden ersten Menschen Ask und Embla in zwei Bäume ist eigentlich die Erschaffung der beiden aus zwei Bäumen – die Bäume sind keine Gestalt, die sie angenommen haben, sondern ihr Ursprung. Man könnte also eher von der Menschen-Verwandlung zwei Bäume sprechen …

XXXIX 1. b) Skaldskaparmal

Da wandelte Loki (der die Gestalt eines Falken angenommen hatte) *sie in Nußgestalt, hielt sie in seinen Klauen und flog was er konnte.*

Iduns Äpfel, die den Asen ihre ewige Jugend verleihen, werden an dieser Stelle aus der Thiazi-Mythe zwar nicht den Nüssen gleichgesetzt, aber Idun wird immerhin von Loki in eine Nuß verwandelt, was vermuten läßt, daß es zwischen Idun und ihren Nüssen denselben Zusammenhang gegeben haben könnte wie zwischen Idun und ihren Äpfeln. Dann würden Iduns Nüsse genauso wie ihre Äpfel den Göttern (und den Toten) die ewige Jugend geben.

XXVIII 2. Zusammenfassung

Es finden sich bei den Germanen nur zwei engere Zusammenhänge zwischen einer Pflanze und einem Menschen: die Entstehung der beiden ersten Menschen aus zwei Bäumen sowie die Verwandlung der Idun in eine Nuß.

Die Entstehung der beiden ersten Menschen aus zwei Bäumen ist jedoch keine Pflanzen-Verwandlung und die Verwandlung der Idun in eine Nuß ist ein einzelnes Motiv, das möglicherweise nur erklären soll, wie Loki als Falke die Göttin Idun tragen konnte.

K Die Vervielfältigung von Körperteilen

XL Die Vervielfältigung von Körperteilen

XL 1. Germanen

An einigen Stellen der Mythen der Germanen treten „Monster" auf, die mehr Körperteile als üblich haben. Da die Zahlen bei den Germanen eine feste Symbolik hatten, lassen sich diese Schilderungen auch symbolisch auffassen.

XL 1. a) Dreiköpfige Riesen

Der Tyr-Riese Trivaldi („dreifacher Herrscher") hat drei Köpfe. Da es drei Welten gab (Hel/Utgard, Midgard und Asgard) und die „Drei" die Zahl des endloses Zyklus gewesen ist, werden die drei Köpfe des Tyr-Trivaldi ein Hinweis auf seinen Zyklus von Tod und Wiedergeburt gewesen, bei dem er abwechselnd in den drei verschiedenen Welten weilte.

Der Tyr-Riese Jarnhauss hat drei Köpfe, die zudem noch unsichtbar sind.

Auf dem kleineren der beiden Goldhörner von Gallehus wird eine dreiköpfige Göttin dargestellt, die in der einen Hand eine Sichel hält und mit der anderen Hand die Hals-Leine einen Ziegenbock hält. Diese Göttin gehört anscheinend zu dem dreiköpfigen Tyr-Trivaldi und wird die Jenseitsgöttin sein, die zum einen wie Hel den Tod bringt und zum anderen aber wie Freya die Wiedergeburt gibt. Der Ziegenbock wird das Tier sein, daß generell für die Toten und auch für Tyr geopfert wurde, um ihnen magisch die Zeugungskraft des Ziegenbocks zu übertragen, damit sie sich erfolgreich wiederzeugen können.

Siehe dazu auch „Trivaldi" in Band 5, „Die Goldhörner von Gallehus" in Band 57, „Die Zahl 3" in Band 47 und „Inzest" in Band 51.

XL 1. b)   Achtarmige Götter/Riesen

Der Tyr-Riese bzw. Tyr-Held Starkad wurde mit acht Armen geboren. Da die Zahl acht die Vollkommenheit symbolisierte, sollten diese acht Arme vermutlich seine vollkomme Kraft darstellen – auch sein Name bedeutet „der Starke im Kampf".

Dieser Riese/Held ist eine Saga-Variante des wiedergeborenen Tyr. Dazu würde auch gut passen, daß Thor ihm sechs seiner Arme ausgerissen haben soll, damit er ein normaler Menschen wird – in den neueren Mythen tötet Thor regelmäßig den Tyr-Riesen (Hrungnir, Geirröd, Thrym, Riesenbaumiester u.a.).

Die acht Beine des Odins-Rosses Sleipnir haben eine andere Symbolik: Sie sind durch der Zusammenlegung der beiden Alcis-Rosse des ehemaligen Göttervaters Tyr entstanden.

Siehe dazu auch „Starkad" in Band 39 und „Die Zahl 8" in Band 47.

XL 1. c)   Mütter mit neun Körpern

Der Gott Heimdall wurde von neun Müttern geboren. Da dies ja schon rein physisch undenkbar ist, werden seine „neun Mütter" eine „neunfache Mutter", d.h. eine Mutter mit der Symbolik der Zahl neun gewesen sein. Diese Zahl stellt das Jenseits bzw. den Weg in das Jenseits dar. Der Göttervater Heimdall, der ursprünglich vermutlich eine Variante des Tyr gewesen ist, wird daher von der Jenseitsgöttin geboren worden sein.

Diese neun Mütter sind die neun Töchter der Meeresgöttin Ran, die die Frau des Riesen Ägir ist, der wiederum der Gott Tyr in der Waserunterwelt ist. Das leuchtende Gold in seiner Halle ist die Sonne in der nächtlichen Wasserunterwelt – aus diesem Motiv entstand die beliebteste und evt. auch ältestes Kenning: „Sonne im Wasser" = „Gold".

Heimdall und Ägir sind somit Teil eines der vielen „Drei-Generationen-Mythen", die einen endlosen zyklischen Vorgang darstellen.

```
                    Ägir – Ran
                        |
              X – neun Töchter
                        |
           Heimdall – X
```

Siehe dazu auch den Band 8 über „Heimdall", „Ägir" in Band 10, „Udr" (eine der neun Schwestern) in Band 35, „Die Zahl 9" in Band 47 und „Inzest" in Band 51.

XL 1. d)   Riesin mit 900 Köpfen

Im Hymir-Lied wird gesagt, daß Tyrs Großmutter 900 Köpfe hat. Dies wird eine Steigerung der „9 Mütter" des Heimdall gewesen sein und sie als Jenseitsgöttin gekennzeichnet haben.

Die Multiplikation mit „10" machte etwas zu einer wichtigen Sache in dem betreffenden Bereich und die Multiplikaiton mit „100" machte sie zu der größten Sache in diesem Bereich. Die „9", die „90" und die „900" sind somit allesamt Zahlen-Adjektive, die etwas als „zum Jenseits gehörend" kennzeichnen, wobei in etwa die „9" der Positiv, die „90" der Komperativ und die „900" der Superlativ dieses Zahlen-Adjektivs sind.

Siehe dazu auch „Hymir" in Band 6 und „Die Zahl 900" in Band 47.

XL 2.   Indogermanen

XL 2. a)   der vierköpfige Dhyaus

Am besten ist dieses Motiv aus Indien bekannt, in deren Mythen sehr häufig Gottheiten mit mehreren Gesichtern oder Armen auftreten. In den meisten Fällen sind es vier Gesichter wie z.B. bei Brahma.

Dies entspricht dem vierköpfigen Apollo der Griechen und dem vierköpfigen Svantevit der Balten. Die Vierköpfigkeit scheint somit ein Merkmal des indogermanischen Sonnengott-Göttervaters Dhyaus gewesen zu sein. Sie wird vermutlich die vier Himmelsrichtungen symbolisiert haben.

XL 2. b)   die dreifache Sonne

Bei den Griechen und Kelten hat die Sonne drei Beine (Triskelis). Auch bei den Germanen ist die „3" mit dem Sonnengott-Göttervater assoziiert worden, wie u.a. das dreickige Hrungnir-Herz zeigt. Die „3" ist offenbar die Zahl der Sonne gewesen. Möglicherweise gehören auch noch der dreiköpfiger Cerberus und das Dreibein-Symbol (Tisch) der Griechen zu dieser Symbolik.

Auch bei den Persern wurde die „3" mit dem Sonnengott assoziiert – sie ist allerdings auf dessen Feind, den dreiköpfigen Dämon Azi Dahaka übertragen worden.

XL 2. c) der achtarmige Sonnengott

Schließlich gibt es sowohl bei den Germanen als auch bei den Indern achtarmige Gottheiten – bei den Germanen ist dies der Göttervater als Starkad. Die „8" und daher auch die Achtarmigkeit stellte die Vollkommenheit insbesondere der Sonne und des Sonnengott-Göttervaters dar.

Es ist jedoch unsicher, ob die acht Arme des Starkad bei den Germanen und einiger Gottheiten bei den Indern ein altes Motiv oder eine Parallel-Entwicklung sind.

XL 2. d) der vielgliedrige Sonnengott

Ob es außer dem vierköpfigen Göttervater und dem dreiköpfigen Sonnengott noch weitere Gottheiten mit vervielfältigten Körperteilen gegeben hat, ist unklar.

XL 3. andere Völker

In China und in Japan finden sich das dreibeinige Sonnenrad und die dreibeinige Kröte.

XL 4. Zusammenfassung

Die vervielfältigten Körperteile von Gottheiten und Riesen in den germanischen Mythen stellten ursprünglich durch Zahlen ausgedrückte Eigenschaften dieser Wesen dar. Die vervielfältigten Körperteile waren sozusagen Adjektive, die die Eigenschaften dieser Wesen beschrieben haben.

Siehe dazu auch den Band 47 über die Symbolik der Zahlen.

XLI Übersicht

Der Gestaltwandel läßt sich am einfachsten verstehen, wenn man die Tiergestalt als eine Art Adjektiv auffaßt – so wie auch die Zahlen als Adjektive verwendet worden sind.

Gestaltwandel-Adjektive	
„Adjektiv"	*Bedeutung*
Vogel (und Insekten)	Seelenvogel: Aufenthalt im Jenseits
Adler (größter Raubvogel)	Seelenvogel des Göttervaters
Herdentier	Fruchtbarkeit und Zeugungskraft im Diesseits und im Jenseits
Stier, Hirsch (größte Herdentier)	Göttervater bei der Wiederzeugung
Raubtier	Stärke
Bär (größtes Raubtier)	Stärke des Göttervaters
Schlange	Ahnengeist in der Erdunterwelt
Drache (größte Schlange)	Göttervater in der Erdunterwelt
Wassertiere	Ahnengeist in der Wasserunterwelt
Wal (größtes Wassertier)	Göttervater in der Wasserunterwelt

Diese historische Erklärung der Entstehung der Tierverwandlungs-Symbolik sagt natürlich nichts darüber aus, was man in magischer Hinsicht erleben und erreichen kann, wenn man sein eigenes Krafttier erkannt hat und sich mit ihm verbindet. So ist z.B. die Wolfs-Kampfekstase der Ulfhedinn und die Bären-Kampfekstase der Berserker ausgesprochen wirkungsvoll gewesen …

(Siehe dazu auch mein Buch „Krafttiere – Tiergöttinnen – Tiertänze").

Gestaltwandel-Adjektive	
„Adjektiv"	*Bedeutung*
3 Köpfe, Beine u.ä.	endloser Zyklus, Sonne, Sonnengott-Göttervater
4 Köpfe u.ä.	vier Richtungen, Allmacht
8 Arme	Vollkommenheit (des Sonnengott-Göttervaters)
9 Gestalten, 900 Köpfe	Jenseits, Jenseitsgöttin

Die Verwandlung eines Mannes in einen anderen Mann stammt aus der rituellen Wiederzeugung im Bestattungsritual: Die Freunde des Toten vereinten sich mit der Frau des Toten, die anschließend getötet und mit dem Toten mitbestattet wurde.

Die Verwandlung einer Frau in eine andere Frau ist durch die Aufspaltung der Jenseitsgöttin in die beiden Bilder der gefürchteten Totenreich-Herrin (Hel) und der ersehnten Wiederzeugungs-Geliebten (Freya) entstanden. Die Jenseitsgöttin wechselt in den Mythen und insbesondere in den Sagas auf verschiedene Weisen zwischen diesen beiden Gestalten hin und her.

Die Verwandlung eines Mannes in eine Frau ist am unklarsten. Am ehesten läßt sich diese als Beleidigung und als Todesfluch („Nid") aufgefaßte angedrohte Verwandlung als eine Identifizierung eines Mannes mit der in dem Bestattungsritual getöteten Frau, die die Jenseitsgöttin repräsentiert, erklären.

Die ältesten nachweisbaren Tier-Verwandlungen sind die in einen Stier, einen Hirsch, einen Panther und einen Vogel, da diese bereits in den Höhlenmalereien dargestellt werden.

Verzeichnis der Themen

(die Zahl ist die Nummer des Bandes, in dem sich das Thema findet)

Eugel 7
Eule 40
Eyrgjafa 35
Faden 55
Fafnir (Zwerg) 32
Fährmann 49
Fala 35
Falkenkleid:
- der Freya 40
- der Frigg 40
Falke 40
Fallar 32
Farbauti 6
Farn 45
Farseti 6
Faulheit =>
Feuersitzen 55
Feima 35
Fenchel 45
Fenja 28
Fenrir 6
Fenrir 43
Fernhypnose 64
Ferse 63
Fessel 66
Fessel-Zauber 64
Feuer 55
Feuersitzen 55
Feuerzauber 64
Fialar 32
Fid 32
Fieberkraut 45
Fili 32
Fimafeng 39
Fimbulwinter 55
Finger 63
Finnalf 5
Finnar 32
Finnmark-Riese 34
Fiölkald 34
Fiölmor 39
Fiölnir 20

Fiölvör 35
Fiörgyn 20
Fiörgyn 23
Fisch 44
Fjölverkr 34
Fjötra 29
Flachs 45
Flegda 35
Fleur-de-lys 55
Fleggr 34
Fliege 40
Fluch 68
Flügel des Wieland 40
Flügelschuhe 67
Flugschuhe des Loki 40
Fluß 49
Freya 22
frühe Skaldenlieder 78
Freyr 15
Fried 29
Friedenszauber 6
Fridr 29
Frigg 21
Folde 20
Fonn 34
Forat 35
Forelle 44
Fornjotr 6
Forseti 19
Frägr 32
Franmar 37
Frar 32
Freki 43
Frosti 32
Frosti 34
Fruchtbarkeit 64
Fuchs 43
Frauenhaarfarn 45
Frühling 54

Frühlingstagund-
nachtgleiche 54
Fulla 29
Fullas Haarreif 60
Fullafle 34
Fundin 32
Fuß 63
Fylgia 50
Fynir 6
Fynir 34
Galar 32
Galarr 34
Galdr 64
Gallapfel 45
Gandalf 32
Ganglati 34
Ganglot 6
Gangr 34
Gangr 33
Gans 40
Gänsefuß 45
Garm 43
Gautan 39
Gautrek-Saga =>
Snotra
Geban 20
Geburts-Orakel 64
Gefäße 57
Gefion 20
Gefion-Geliebter 6
Gefiun 20
Gefjon 20
Geist 50
Geier 40
Geirahöd 31
Geiravör 31
Geirdriful 31
Geirönul 31
Geirröd 5
Geirrota 31
Geirskögul 31
Geitir 6

Geitla 35
Geitir 35
gelb 46
Geliebter der Gefion 6
Gerber-Schaber 67
Gerdr 28
Geri 43
Gespenst 50
Gestaltwandel =>
Verwandlung
Gesang 68
Gestilja 35
Getreide 45
Gewöhnlicher
Flachbärlapp 45
Geysa 35
Gialar 32
Gift 70
Gifur 43
Gigas 6
Gilling 6
Gillings Frau 28
Ginnar 32
Ginnungagap 49
Gjalp 35
Glamr 34
Glatundshundr 43
Glaumar 34
Glaumarr 34
Glaumr 6
Glenr 48
Glitni 5
Glöd 35
Gloi 32
Glück 64
Glückstrank 70
Glumra 35
Glymra 35
Gna 29
Gneip 35
Gnepja 35

Goi 34
Gold 55
Goldalter 55
Goldemar 7
golden 46
Goldhelm 66
Goldhörner von
Gallehus 57
Göll 31
Golnir 5
Göndul 31
Gorr 34
Görsemi 29
Götter 36
Götterdämmerung 55
Götterkampf 55
Göttermet 69
Götter-Tiere 44
Gottesurteil 64
Gurgelbiß 55
Grab 49
Grani 6
grau 46
Grendel 5
Grendels Mutter 35
Greppur 34
Grer 32
Grid 28
Grid 35
Grim 5
Grim 39
Grima 35
Grimhild 31
Grimling 5
Grimnir 5
Grim Struppig-Wange 79
Grip 35
Gripir 34
Grissa 35
Groa 28
Grottintanna 35

Grotunagard 52
grün 46
Gryla 35
Gudr 31
Gudrun 31
Gudmund 5
Gullnir 5
Gullveig 29
Guma 35
Gundelrebe 45
Gunn 31
Gunnlöd 28
Gunnthinga 31
Gürtel 60
Gusir 6
Gygr 35
Gylfaginning 77
Gyllir 5
Gyllir 34
Gyma 20
Gymir 5
Haarband 60
Haare 63
Habicht 40
Hafle 34
Hafli 5
Hafthi 39
Hagen 16
Hahn 40
Hala 35
Halfdan 39
Halfdan Brana-Ziehsohn 79
Halfdan Eisteinson 79
Hamdir 39
Hamingja 50
Hammer 66
Hand 63
Handschuhe 60
Hanf 45
Hannar 32
Hantel-Symbol 55

Har 32
Hära 35
Hardbeen 6
Hardgreip 35
Hardgreipir 34
Hardverkr 34
Harek Eisenkopf 6
Harfe 57
Harz 45
Hase 44
Hasel 45
Hastingi 34
Hati 5
Hati 43
Hattatal 77
Haudr 20
Haugspori 32
Haym 34
Hecht 44
Hedin 39
Hedin und Högni 79
Hefring 35
Heid 35
Heiddraupnir 5
Heide 49
Heidrek 39
Heidungi 6
Heilige Hochzeit =>
Wiederzeugung 55
Heiliger Hain =
Weltenbaum 52
Heilung 64
Heilziest 45
Heimdall 8
Heimir 39
Heinir 34
Heith 35
Heithdraupnir 5
Hel 26
Helblindi 20
Helgi 39
Helgi Thorisson 79

Hel-Haut 49
Helidi 27
Hellebarde 66
Helreginn 5
Helm 66
Hengikefta 35
Hengiköpt 6
Hengjankapta 35
Hepti 32
Herbst 54
Herbsttagundnacht-gleiche 54
Herche 20
Herdentiere 42
Herdentierfell 42
Herfjötur 31
Hergrim Halbtroll 5
Hergunnur 35
Heri 32
Herja 31
Herkir 6
Herkja 35
Hermodr 37
Hertha 28
Hervor => Heidrek
Hervor und Heidrek => Heidrek
Herz 63
Hexe 58
Hianka 31
Hidde 34
Hild 31
Hildolf 5
Hildolf 20
Himingläva 35
Himmel 52
Himmelsrichtungs-Mandala 54
Himmelsträger-Zwerge 32
Hirsch 42
Hjaltrimul 31

310